KB210142

Searching for Sunday

교회를 찾아서

사랑했던 교회를 떠나 다시 교회로

이 도서의 국립중앙도서관 출판시도서목록(CIP)은

서지정보유통지원시스템 홈페이지(http://seoji.nl.go.kr)와

국가자료공동목록시스템(http://www.nl.go.kr/kolisnet)에서

이용하실 수 있습니다. (CIP제어번호 : CIP2018032855)

Searching for Sunday

교회를 찾아서

사랑했던 교회를 떠나 다시 교회로

레이첼 헬드 에반스 지음 · 박천규 옮김

비아

| 차례 |

일러두기

· 성서 표기와 인용은 『공동번역 개정판』(대한성서공회, 1999)을 따르
되 원문과 지나치게 차이가 날 경우 『새번역』(대한성서공회, 2004),
『개역개정판』(대한성서공회, 1998), 『메시지 완역본』(복 있는 사람,
2016)을 병행사용하였습니다.
· 역자 주석의 경우 *표시를 해 두었습니다.
· 단행본 서적의 경우 『 』표기를, 논문이나 글의 경우 「 」, 영화, TV 프
로그램, 음악 작품이나 미술 작품의 경우 《 》표기를 사용했습니다.

자기 안위만을 신경 쓰고
폐쇄적이며 건강하지 못한 교회보다는
거리로 나와 다치고 상처받고 더럽혀진 교회를
저는 더 좋아합니다.

… 우리가 길을 두려워하기보다는,
우리에게 거짓 안도감을 주는 조직들 안에,
우리를 가혹한 심판관으로 만드는 규칙들 안에,
그리고 우리를 안심시키는 습관들 안에 갇혀 버리는 것을
두려워하며 움직이기를 바랍니다.

아직도 우리의 문밖에는 수많은 사람이 굶주리고 있고,
예수님께서는 우리에게 끊임없이 이렇게 말씀하고 계십니다.
"너희가 그들에게 먹을 것을 주어라." (마르코의 복음서 6:37)

— 프란치스코 교종, 『복음의 기쁨』 中

감사의 말

이 책을 쓰기 위해 자료를 수집하면서 나는 세례와 성찬과 고백과 치유에 대한 놀라운 통찰을 알려준 지혜롭고 훌륭한 여성들에게 얼마나 많은 빚을 지고 있는지 알게 되었다. 그들의 통찰은 이 책의 뼈가 되고 살이 되었다. 나는 노라 갤러거Nora Gallagher, 새라 마일스Sara Miles, 바바라 브라운 테일러Barbara Brown Taylor, 나디아 볼츠-웨버Nadia Bolz-Weber의 저작을 읽고 또 읽으며 하느님의 은총에 대한 그들의 탁월한 통찰에 놀라곤 한다.

또한 나는 쇼나 니퀴스트Shauna Niequist와 레이첼 마리 스톤Rachel Marie Stone에게 감사의 말을 전한다. 그들이 들려준 음식과 만찬의 이야기는 성찬에 대한 글을 쓸 수 있는 배경이 되어 주었다. 나를 비롯하여 수많은 사람에게 진실만을 전하라고 가르쳐준 헤더 코프

Heather Kopp, 캐시 에스코바Kathy Escobar, 베카 스티븐스Becca Stevens, 크리스티나 클리블랜드Christena Cleveland에게도 감사를 전한다.

이 책을 준비하면서 알렉산더 슈메만Alexander Schmemann의 『세상에 생명을 주는 예배』와 후스토 곤잘레스Justo Gonzalez의 『초대·중세·현대 교회사』 시리즈를 탐독했다. 둘은 내 글이 가야 할 방향과 함께 많은 생각거리를 던져주었다. 그리고 본인의 삶과 언어로 영감을 주는 브라이언 매클라렌Brian McLaren에게 많은 빚을 졌음을 밝힌다.

난초꽃을 보내준 앤 보스캠프Ann Voskamp과 저녁 식사와 와인을 내어준 글레넌 도일 멜턴Glennon Doyle Melton, 새라 베시Sarah Bessey, 크리스틴 하우워턴Kristen Howerton, 젠 햇메이커Jen Hatmaker, 제이미 라이트Jamie Wright와 타라 리브세이Tara Livesay에게 감사를 전한다. 초고를 읽고 내가 이상한 게 아니라고 장담한, 명석한 프레스턴 얀시Preston Yancey에게도 감사의 말을 전한다.

분주한 삶 가운데 우리와 함께해준 친애하는 벗 크리스와 티파니 후즈Chris & Tiffany Hoose, 다시 모든 것을 제쳐두고 창작 활동에 매진했던 나를 이해해주고 사랑해준 부모님과 동생 어맨다Amanda와 매제 팀Tim에게 그 어느 때보다 감사하다는 말을 하고 싶다. 그리고 내 곁에서 지치지 않는 응원과 사랑과 유머(나는 그의 유머를 늘 당연시해온 것 같다)로 언제나 함께해준 남편 댄Dan에게는 어떻게 해도 고맙다는 말을 충분히 할 수 없을 것 같다.

이 책을 쓰면서 나는 내가 경험한 교회 이야기와 그 이야기 속에서 만났던 사람들을 새로운 관점으로 이해하게 되었다. (내 가족을 제외하고) 내 신앙 형성에 가장 많은 도움과 영향을 주었던 브라이언과 캐리 워드Brian & Carrie Ward를 향한 사랑과 감사의 마음이 이 책에서 잘 드러났기를 바란다. 그들이 보여준 우정과 섬김은 내 삶을 변화시켰다. 내게 예수님을 가르쳐준 대학교회와 그레이스 바이블 교회, 그리고 성 루크 성공회교회 공동체에게 감사의 말을 전한다.

탁월한 에이전트이자 완벽한 동료, 그리고 좋은 친구인 레이첼 가드너Rachelle Gardner와 언제나 나를 응원해주고 내게 도전을 주고 무엇보다도 내게 음식을 만들어준 매니저 짐 샤피Jim Chaffee에게도 감사의 말을 전한다.

토머스 넬슨Thomas Nelson 출판사의 출판팀은 최고다. 브라이언 햄턴Brian Hampton, 크리스틴 패리쉬Kristen Parrish, 채드 캐넌Chad Cannon, 스테파니 트레스너Stephanie Tresner, 벨린다 배스Belinda Bass, 에밀리 리네버거Emily Lineberger, 헤더 스켈턴Heather Skelton, 그리고 내 담당 편집자인 제이미 차베스Jamie Chavez에게 감사를 전한다. 이들의 노력 덕분에 우리의 작업은 언제나 즐거웠다. 특히 이들의 인내에 감사드린다.

내가 페이스북에 무작정 던졌던 교회와 신학에 대한 질문들에 답해준 모든 사람에게도 감사를 전한다. 특히 이 책의 제목을 정해준 스티븐 맥키니-휘태커Stephen Mckinney-Whitaker와 집필 작업 막바지에 이르러 하느님 나라에 대한 통찰을 나눠준 스탠리 헬턴Stanley Helton, 스티브 쉐퍼Steve Schaefer, 젠 로저스Jen Rogers와 레이 홀렌바흐Ray Hollenbach에게 감사드린다.

마지막으로 내 블로그 rachelheldevans.com의 구독자들을 기억한다. 그들의 도움으로 나는 글을 쓰고 책을 낼 수 있었다. 그 누구보다도 여러분의 이야기와 통찰, 질문, 반발이 이 책을 만들었다. 그런 의미에서 이 책은 우리의 공동 저서라고 해도 좋을 것이다. 우리가 함께할 다음 프로젝트가 기대된다.

추천의 말

문득 어떤 두려움이 찾아올 때가 있다. 레이첼 헬드 에반스가 더는 글을 쓰지 않는다면 어떻게 될까. 굶주린 듯이 탐독하며 나는 일평생 이러한 책을 기다렸음을 깨달았다. 레이첼이 열렬히 사랑하는 예수는 내가 오래전 사랑에 빠졌던 바로 그 예수, 교회와 내 마음의 위선이 나를 엉망으로 헤집어놓기 전에 만났던 그 예수다.

『교회를 찾아서』는 내가 교회와 나 자신을 용서하고 하느님과 다시 사랑에 빠지도록 도와주었다. 책을 읽는 동안 이때까지 하느님과 나 사이에 쌓였던 장애물들이 하나둘씩 제거되는 것 같았다. 그리고 마지막 페이지를 덮었을 때 나는 다시 하느님을 마주하고 있었다. 레이첼이 이야기하는 그리스도교는 그녀 자신에게, 교회에게, 교회가 외면하는 이들에게 끊임없이 다가오는 드넓은 은총을 일상에서 되새기는 훈련이다. 그녀가 묘사하는 신앙은 어떤 집단에 속하는 것이라기보다는 어떤 흐름에 합류하는 것이다. 이 흐름은 언제나 그녀를 그녀가 두려워하는 사람과 장소로 인도한다. 흐름에 몸을 맡긴 레이첼은 그녀가 만나는 사람을 사랑할 뿐만 아니라 바로 그녀 자신이 (사랑받는) 그 사람임을 깨닫는다. 『교회를 찾아서』는 우리에게 '그들'과 '우리' 사이의 벽을 허물라고 말한다. 오직 '우리'만이 있을 뿐이라고 우리를 설득한다. 레이첼의 이야기는 우리에게 많은 위로가 되지만 동시에 우리를 겁나게 한다. 나는 아마도 신앙의 민낯은 위로와 공포를 오가는 아찔한 모습일 것이라는 생각을 한다.

이 책은 내가 제일 좋아하는 작가가 쓴, 내가 가장 좋아하는 책이다. 이제부터 사람들이 내 신앙에 대해 물으면 나는 이 책을 건넬 것이다. 레이첼 헬드 에반스를 만나게 되어 너무나 기쁘다.

– 글레넌 도일 멜턴

들어가며

새벽

어떻게 동이 트는지 알려줄게요,
해를 머금은 띠 한 올씩.

- 에밀리 디킨슨Emily Dickinson

독일 신학자 디트리히 본회퍼Dietrich Bonhoeffer는 다음과 같은 글을 남겼다.

이른 아침은 부활하신 그리스도의 교회에 속한 시간이다. 새벽 여명이 밝아올 때마다 교회는 죽음과 악마와 죄를 이기고 그 발 아래 굴복시키셨으며, 인류에게 새 생명과 구원을 선사하신 그

아침을 기억하게 된다.[1]

"새벽 여명이 밝아올 때마다" … 이른 아침에는 부활의 신학적 의미는커녕 아주 단편적인 기억조차 떠올려내지 못하는 내게 안타까운 소식이 아닐 수 없다. 나는 아침형 인간이 아니다. 나는 쏟아지는 아침잠에서 허우적댄다. 해가 뜨는 광경을 보는 기쁨은 오로라나 곱슬머리처럼 내가 결코 가질 수 없는 자연의 신비로 남아있다. 부활의 순간에도 나는 자고 있었을 것이다. 2,000년 전 어느날 아침 막달라 여자 마리아가 내게 찾아와 같이 향료를 손에 들고 예수님의 무덤으로 가자고 물어봤다면 나는 베개에 얼굴을 파묻은 채 끙 앓는 소리를 내며 불쌍한 마리아를 혼자 보냈을 것이다. 경건한 사람들은 나 같은 올빼미족을 언제나 괴롭혔다. 기도서에 따르면 아침 기도는 새벽 4시 반과 아침 7시 반 사이에 해야 한다. 어떻게 그때 하느님과 이야기를 나눌 수 있는지 나는 도저히 상상할 수 없다. 하다못해 내 남편조차 그 시간에 내가 하는 말은 알아듣지 못한다. 하지만 교회에서 추앙하는 대다수 성인은 아침형 인간이었다고 전해진다. 어렸을 때는 목사님들이 경건한 목소리로 당신들이 아침 Q.T. 시간을 어떻게 보냈는지 이야기하곤 했다. 그런 이야기를 들으며 나는 하느님과 만날 수 있는 시간은 아침으로 한정된 것일까 하는 생각이 들곤 했다.

---

[1] Dietrich Bonhoeffer, *Life Together: The Classic Exploration of Christian Community*, trans. John W. Doberstein (New York: Harper & Row Publishers, 1954), 42. 『신도의 공동생활』(대한기독교서회)

그뿐만이 아니다. 전 세계에서 이름난 성당들은 대부분 서쪽에 입구가 있고 동쪽에 제대가 있다. 오랫동안 바람에 깎이고 이끼로 얼룩진 묘비들이 있는 유럽의 교회 묘지들을 가보아도 고인들의 발이 해가 떠오르는 동쪽을 향하게 하는 관습을 지키고 있다. 이때 해는 예수님을 가리키는 일종의 상징이다. 여기에는 예수님이 예루살렘에 다시 돌아오실 때 그분의 얼굴을 보기 위해 일어나고자 하는 신자들의 희망과 기대가 담겨 있다. 나 또한 이를 희망한다. 다만 그분이 미국 동부 시간 기준으로 아침 9시가 지난 다음 오시기를 간절히 바랄 뿐이다.

교회는 새벽을 자신의 시간으로 자랑해왔지만 우리 세대는 그 시간에 계속 잠을 잔다. 미국의 경우 그리스도교 신앙을 배경으로 하는 18~29세 청년 중 59%가 더는 교회에 다니지 않는다. 2000년을 기점으로 성년이 된 세대 중 1/4은 자신이 그 어떤 종교에도 속하지 않는다고 말한다. 통계에 따르면 오늘날 청년 세대는 이전 청년 세대(이른바 X세대)보다 더 많이, 베이비붐 세대보다는 두 배나 더 많이 교회를 떠났다. 언론에서는 8백만여 명의 청년이 서른 살이 되기 전에 교회를 떠나리라고 예상한다.[2] 올해로 32세인 나는 턱걸이로 이른바 밀레니얼millennial 세대에 들어간다('턱걸이'인 이유는 내가 아직도 시트콤 《프렌즈》Friends 수 회분을 녹화한 '비디오테이프'를 갖고

---

[2] 이 책의 통계는 다음의 책에서 가져왔다. David Kinnaman, *You Lost Me: Why Young Christians Are Leaving the Church ... And Rethinking Faith* (Grand Rapids, MI: Baker Books, 2011), 『청년들은 왜 교회를 떠나는가』(국제제자훈련원)
그리고 다음 자료를 참조하라. 'Religion Among the Millennials', *the Pew Research Center's Religion and Public Life Project*, http://www.pewforum.org/2010/02/17/religion-among-the-millennials.

있기 때문이다). X세대에도 한 발을 걸치고 있지만, 나는 밀레니얼 세대가 지닌 성격과 태도에 가장 깊은 동질감을 느낀다. 그렇기 때문일까. 여러 교회의 지도자들은 내게 청년들이 교회를 떠나는 문제를 두고 이런저런 강연을 해달라고 부탁한다.

이 문제에 대해서는 이미 너무나 많은 글이 나왔고 또 나오고 있다. 나는 여기서 오늘날 젊은 세대가 종교로부터 멀어지고 있는 현상을 빚어낸 사회적, 역사적 흐름을 일일이 열거하지는 않을 것이다. 복음주의 그리스도교를 괴롭히는 문제들은 다른 교단들의 문제들과는 다르다. 로마 가톨릭이 직면한 문제는 성공회가 직면한 문제와는 또 다르다. 영미권 그리스도교의 문제는 그리스도교가 성장세를 보이고 있는 다른 지역(특히 제3세계와 아시아)들의 문제와 다를 수밖에 없다.

이 책에서 다루려는 이야기는 바로 나 자신의 이야기다(오늘날에는 커다란 문제와 관련해 '자신의 이야기'를 하는 것이 하나의 주된 경향으로 자리 잡았다).[3] 복음주의 배경에서 자라난 것, 하느님과 관련해 믿고 있던 모든 것을 의심하게 된 것, 교회를 사랑했고, 교회를 떠났고, 교회를 그리워했던 것, 교회를 찾아 헤매던 와중에 전혀 예상치 못했던 곳에서 다시 교회를 발견한 이야기 말이다. 이 이야기에는 내가 만났던 친구들에 관한 이야기, 독자들의 댓글, 편지에 담긴 이야기도 포함된다. 내게 그들의 이야기는 탈교회 시대의 미개척지, 각자의 고유한 순례길에서 보낸 엽서로 다가왔다. 나는 교회 지도

---

[3] David Kinnaman, *You Lost Me*와 같은 책은 그 대표적인 경우다.

자들이 원하는 '답'을 줄 수 없다. 그러나 내가 속한 연령대의 많은 이가 묻고 있는 질문들을 보여줄 수는 있다. 그리하여 오늘날 젊은 세대가 갖고 있는 고민과 그들이 품고 있는 희망 중 일부를 전할 수는 있다. 나는 언제 어디서든 그렇게 말하려 노력한다. 최근 테네시주 내슈빌에서 열린 한 대회에서 3,000명이 넘는 청소년 사역자들을 앞에 두고 왜 오늘날 청년 세대가 교회를 떠나는지를 설명할 때도 나는 내 이야기, 우리 이야기를 했다. 사역자들에게 오늘날 청년 세대는 이른바 '문화전쟁'culture wars에 지쳤다고, 그리스도교가 특정 정당, 권력과 결합한 모습에 지쳤다고 말했다. 그리고 오늘날 청년 세대는 자신들을 단순히 무엇을 '반대'함으로써가 아니라 무언가를 '지지'함으로써 드러내고자 한다고 이야기했다.

우리는 과학과 신앙, 혹은 지적 양심과 신앙 사이에서 양자택일 하기를 바라지 않는다. 우리는 교회가 의심, 질문, 진실을 이야기 할 수 있는 안전한 공간이기를 바란다. 그러한 의심, 질문, 진실이 (교회와 우리 자신에게) 불편한 것일지라도 말이다.

우리는 교회에서 어려운 문제들(성경 해석, 다종교 현상, 성性, 인종차별과 화해, 사회 정의)에 관해 이야기 나눌 수 있기를 바란다. 그러나 이에 대해 교회가 어떤 정해진 각본에 따른 단순한 답안을 제시하지는 않기를 바란다.

우리는 우리의 모든 것을, 우리가 느끼는 모든 것과 품고 있는 모든 생각을 갖고 교회로 들어가기를 바란다. 우리는 가면을 쓰고 교회에 가기를 바라지 않는다.

또한 나는 교회가 내 성소수자LGBTQ '친구'들을 환대하지 않을 때, 나 또한 거부당하고 있다고 이야기했다. 모든 청년이 결혼하거나 아이를 낳아야 하는 것은 아니라고, 그러므로 공동체를 세울 때는 사람을 중심으로 세워야 한다고 말했다. 그리고 흔히 사역자들이 생각하듯 멋진 찬양팀과 고급스러운 카페, 유행하는 청바지를 입은 설교자가 청년들의 마음을 사로잡지는 않는다고 이야기했다. 우리 세대는 평생 광고의 홍수 속에 자랐고 거짓말로 포장된 광고는 쉽게 알아차릴 수 있다. 우리에게 교회는 상품을 사는 공간이 아니며 유희를 만끽하는 공간도 아니다.

젊은 세대라고 해서 꼭 멋들어진 그리스도교를 찾는 것은 아니다. 모두가 그렇듯 젊은 세대 또한 참된 그리스도교, 진실한 그리스도교를 찾는다. 과거 모든 세대의 그리스도교인이 그랬고 미래에 다가올 그리스도교인이 그러하듯 우리는 예수님을 찾는다. 언제나 낯선 곳에 계시는 예수님, 빵과 포도주를 통해, 세례를 통해, 말씀을 통해 만나는 예수님, 우리가 겪는 고통, 공동체, 보잘것없는 사람들 가운데 계시는 예수님을 말이다. 이 예수님을 만나기 위해 카페는 필요하지 않다. 커다란 무대나 화려한 조명기구 또한 마찬가지다.

물론 그때 나는 화려한 조명과 무대 장치로 뒤덮인 커다란 무대 위에서 이러한 이야기를 했다. 이런 행사에 참여할 때마다 내 마음은 썩 편치 않다. 그때 내가 하는 이야기에 다른 사람들이 귀를 기울이지 않아서가 아니다. 내가 하는 이야기가 거짓이어서도 아니다. 무대 위에서 이야기를 전하는 건 언제나 벅찬 일이다. 나는 학자가 아니며 통계를 전문적으로 분석하는 사람도 아니다. 교회의 교육부서에서 일한 적도 없고 공동체를 공식적으로 맡아 이끈 적도 없다. 진실을 말하자면, 나는 번번이 일요일 아침을 침대에서 꿈쩍도 하지 않고 보낸다. 내가 하느님을 믿는지 확신이 서지 않을 때, 일요일 아침 시사 프로그램에 흥미로운 사람이 나왔을 때는 더욱 그렇다. 또 하나 진실을 말하면, 내게 다른 그리스도교인들 앞에서 교회에 관해 이야기한다는 것은 내 삶에서 가장 소중하고, 복잡하고, 아름답고도 고통스러운 관계에 대해 30분 안에 소리 한 번 높이지 않고, 울음을 터트리지 않고, 욕 한 번 내뱉지 않으면서 이야기하는 것과 같다. 오늘날 교회를 두고 강연을 열 때는 주최 측에서 나보다는 더 감정을 잘 제어할 수 있는 사람을 강연자로 섭외하는 게 좋지 않을까 하는 생각이 종종 들 때가 있다. 누군가 아무렇지 않게 "요즘 어느 교회에 다니시나요?"라고 물을 때 별다른 고민과 고통 없이 물음에 답해줄 수 있는 사람 말이다.

내가 (적어도 처음에는) 이 책을 쓰기 싫었던 이유는 아마도 여기에 있는지도 모르겠다. 이 책을 쓰지 않으려고 부단히 애를 썼다. 출판사에서 연락이 올 때마다 이리저리 답을 피하면서 애매하게 통화를 마쳤고 편집자들의 마음이 변하길 바라면서 이와는 다른 주제를 다룬 책을 제안했다. 마음을 다잡고 원고를 쓰긴 했으나 집필 시간은 처음 생각했을 때보다 두 배나 더 걸렸다. 초고를 쓰다 차를 노트북에 흘려 원고의 절반이 날아갔다고 생각했을 때는 하느님께서 교회에 관한 책을 쓰기를 바라지 않으신다고 생각한 적도 있었다(다행히 원고는 대부분 복구할 수 있었으나 지금도 노트북 캡스록

Caps Lock 키는 가끔 먹통이 되곤 한다).

좀 더 근본적으로 교회에 관한 이야기를 쓰기 주저했던 이유는 여전히 이 이야기가 어떻게 끝나는지 모르기 때문이다. 나는 여전히 신앙의 사춘기를 겪고 있다. 제도 교회를 대표하는 모든 이와 모든 그리스도교 단체를 경멸 어린 눈길로 바라보고, 소리를 고래고래 지르며 마음의 문을 닫았던 기억이 지금도 여전히 내 안에 남아있다. 나는 분노하며 심술을 부린다. 동시에 나는 순진하게 희망을 품는다. 나는 나만의 길을 만들어가려고 애쓰지만, 아직까지 옛 모습에서 완전히 벗어나지 못했다. 과거를 부정하고 귀를 틀어막고 독립을 외치며 지금까지 걸어온 길의 반대 방향으로 있는 힘껏 달리는 것 외에 다른 길을 찾지 못했다. 교회를 다루는 책은 나처럼 종이 한 장 차이로 아슬아슬하게 교회에 남아있는 그리스도교인이 아니라 계획을 잘 세우고 이를 이루기 위한 방법을 잘 짜는 사람들이 쓰는 게 온당할 것이다.

하지만, 그럼에도 나는 지금 이 글을 쓴다. 고등학교 졸업사진 속 한없이 서툴고 어색한 표정을 한 소녀였던 나도 세상에 들려줄 이야기가 있다고, 이 세상에 작은 희망을 전해줄 수 있다고 생각하기 때문이다(설사 그 이야기가 수백 쪽에 걸쳐 "나도 그랬어"라고 말하는, 지극히 소심한 내용이라 할지라도 말이다). 내가 이 책을 쓰는 이유는 가끔 안전한 확신보다 불안함과 연약함 가장자리에서 진리를 발견할 수 있다고 믿기 때문이다. 의심과 불안, 그리고 일요일 아침 늦잠을 자고 싶은 충동에도 불구하고, 침실 창문 사이로 스며드는 새벽빛을 머금은 띠를, 흐릿하지만 희망을 품고 있는 빛이 지평선과 마주하고 있음을 보았기 때문이다. 교회에 대한 믿음을 잃었을 때도 나는 부활을 믿었고 또 믿는다. 나는 일요일 아침에 깃든 희망을 믿는다.

이 책은 성사sacraments에 맞추어 순서를 짰다. 교회를 떠났던 나를 다시 교회로 부른 건 성사였다. 내 신앙이 추상적인 몇몇 개념과 명제를 단순히 인정하거나 부인하는 데 머물러 있을 때 성사는 내게 만지고 느낄 기회를 주었다. 나는 성사를 통해 일상에서 하느님을 만지고, 그분의 냄새를 맡고 그분의 소리를 들으며 그분을 볼 수 있었다. 성사는 하느님을 머리가 아니라 삶으로 받아들일 수 있게 해주었다. 성사는 내게 그리스도교 신앙이란 단순히 믿는 것이 아니라 살아내야 하고, 나누어야 하며, 먹고 말하고 타인의 삶을 통해 드러나야 함을 가르쳐주었다. 성사는 내가 아무리 노력을 한다 할지라도 결코 홀로는 그리스도교인이 될 수 없음을, 우리 모두는 공동체가, 교회가 필요함을 알려주었다. 바바라 브라운 테일러는 말했다.

우리는 정보의 홍수 속에 살고 있고, 미디어는 한 번에 소화하기 벅찰 정도로 너무 많은 뉴스를 쏟아낸다. … 우리에게 필요한 것은 하느님에 대한 더 많은 정보가 아니다. 우리에게 필요한 것은 성육신을 삶으로 받아들이고 살아내는 것이다. 하느님께서는 인간이 되심으로써 당신을 지적으로 받아들였던, 이젠 모래처럼 메말라 버려 너무나도 절절하게 생명의 빵을 필요로 하던 이들을 살리셨다. 그들은 이 하느님을 자신의 몸으로 알고 싶어 한다. 하

느님에 '관한' 정보나 앎이 아닌, 하느님을 더 알기를 바란다.[4]

그래서 이 책에서는 총 일곱 부분, 즉 세례baptism, 고백confession, 성품holy orders, 성찬communion, 견진confirmation, 도유anointing of the sick, 혼인marriage으로 나누고 이들의 심상을 통해 교회에 관한 이야기를 전하고자 한다. 로마 가톨릭과 정교회의 경우 이 일곱 가지를 성사로 제정했지만 꼭 이 일곱 가지만 교회의 성사라고 간주할 필요는 없다. 순례의 성사, 발 씻김의 성사, 말씀의 성사 등 … 우리를 향해 다가온 은총을 밖으로 드러내는 것이라면 그 무엇이든 성사라 할 수 있다. 성사라는 심상을 빌려 교회에 관해 이야기하는 것은 어떤 신학, 교회론을 제시하려는 데 그 목표가 있지 않다. 내 목표는 다분히 문학적이다. 일곱 가지 성사는 내 이야기라는 자그마한 천막을 땅에 고정해 주는 못과 같다. 구태여 성사를 고른 이유는 그리스도교계에서 성사는 보편적으로 받아들이는 것이기 때문이다. 설사 딱히 성사를 내세우지 않는 교단, 혹은 교회라 할지라도 성사가 가리키는 진리들은 대부분 수용한다.

> 교회는 우리가 사랑받고 있다고 말한다(세례).
> 교회는 우리가 망가진 존재라고 말한다(고백).
> 교회는 우리가 부름을 받았다고 말한다(성품).
> 교회는 우리를 먹인다(성찬).

---

[4] Barbara Brown Taylor, *An Altar in the World* (New York: HarperOne, 2009), 45. 『세상의 모든 기도』(함께읽는책)

교회는 우리를 환대한다(견진).

교회는 우리에게 치유의 기름을 붓는다(도유).

교회는 우리를 하나 되게 한다(혼인).

　물론 교회는 거짓을 말할 수 있다. 교회는 사람들에게 상처를 입힐 수 있다. 악영향을 미칠 수도 있으며 누군가를 배제할 수도 있다. 이 책에서는 교회의 밝게 빛나는 면과 어두운 그늘을 함께 살펴볼 것이다. 하지만 다른 무엇보다 이 책에서 전하는 일곱 가지 신비가 교회란 무엇인지, 교회의 존재 이유를 고민하는 세대가 "주님을 맛들이고 깨닫"(시편 34:8)는 데, 교회를 포기하지 않는 데 도움을 주었으면 한다. 이 성사들을 통한 이야기가 우리가 얼마나 서로를 필요로 하는지를 깨닫게 해주었으면 한다.

　나는 여러 그리스도교 전통(침례교, 메노나이트, 성공회, 로마 가톨릭, 오순절파, 독립교회 등)에서 나온 이야기를 수록했고, 알렉산더 슈메만(정교회)과 나디아 볼츠-웨버(루터교), 윌리엄 윌리몬William H. Willimon(감리교)과 새라 마일스(성공회)의 글을 많이 인용했다. 또한 이 책에는 평신도와 사제, 친구와 독자, 그리스도교인과 비그리스도교인의 이야기가 실려 있다. 그러므로 이 책은 나의 이야기지만 동시에 무수한 사람들의 이야기이기도 하다.

　이 책의 제목은 『교회를 찾아서』이다. 하지만 이 책은 단순히 일요일에 찾는 교회에 관한 이야기가 아니다. 이 책은 부활의 일요일을 찾는 사람들에 관한 이야기다. 하느님께서 죽은 것들에 생명을 불어넣는 다채로운 방식에 관한 이야기기도 하고, 포기하고 내려놓는 것, 그리고 다시 시작하는 것에 관한 이야기기도 하다. 그리고 때때로 예수의 부활과 영원한 삶이란 무의미한 인간의 삶을 어르고 달래주는 푹신한 침대 같은 거짓말은 아닐까 의심이 솟구친다 할지라도, 언젠가 삶을 마감하고 묘지에 묻힌다면 내 시신의 발은 해가 떠오르는 방향에 두게 하는 것이 좋겠다고 생각하게 된 까닭에 관한 이야기이기도 하다. 혹시 또 모르니까.

1부

세례

Baptism

제1장

물

*… 하느님의 말씀에 의해서 땅이 물에서 나왔고
또 물에 의해서 이루어졌습니다.*

- 베드로의 둘째 편지 3:5

태초에 하느님의 영이 물 위를 휘돌고 있었다. 고대인들은 이 세계가 시작될 때 어둡고 깊은 물이 온 세상을 뒤덮고 있다고, 태초의 바다가 끝없이 펼쳐져 있다고 여겼다. 하느님께서는 물과 물 사이를 갈라놓으셨다. 하늘 아래 있는 물이 모여 바다, 강, 이슬, 샘이 되었고 남은 물들은 마치 유리와 같은 창궁으로 모였다. 창궁에는 달이 오가는 문과 비를 내보내는 창문이 있었다. 고대 중동 사람들은 우주가 이런 물과 물 사이에 모든 생명이 떠다니는 모습

(마치 자궁에 있는 태아처럼 연약한 모습)을 하고 있다고 이해했다. 그러니 하느님의 영이 조금이라도 숨을 내쉴 때는 물이 이 세상을 덮칠 수도 있다고 생각했다. 노아의 홍수 이야기는 "땅 밑에 있는 큰 물줄기가 모두 터지고 하늘은 구멍이 뚫렸다"(창세 7:11)는 문장으로 시작한다. 태초에 물과 물 사이를 갈라놓으셨던 하느님께서는 세상을 다시 시작하고 싶어 하셨다. 그래서 그분은 세상을 물로 씻어버리신다.

변화무쌍한 티그리스, 유프라테스, 나일 강의 흐름에 의존해야 했던 고대인에게 물은 삶과 죽음의 원천이었다. 바다는 괴물, 짓궂은 영들, 사람을 삼켜버리는 커다란 물고기로 가득했고, 변덕스럽기 그지없는 강은 농사와 교역의 성패를 좌우했다. 하느님께서는 물을 통해 당신의 뜻을 드러내셨다. 적국의 강을 피로 바꾸셨고, 사막의 바위에서 물이 솟아나게 하셨다. 우물가에서 부부의 연을 맺어주셨으며 정의와 공의가 강물처럼 흐르는 미래를 약속하셨다. 인간도 물을 통해 하느님에게 응답했다. 탄생, 죽음, 섹스, 생리, 제사, 분쟁, 범죄 등을 이유로 정신과 육체가 정화되기를 바랄 때 고대인은 물로 자신을 씻는 예식을 행했다. 다윗왕은 고백했다.

정화수를 나에게 뿌리소서,
이 몸이 깨끗해지리이다.
나를 씻어주소서,
눈보다 더 희게 되리이다. (시편 51:7)

이러한 고대의 상상이 문자 그대로 참이라 생각한다면 이는 순진한 일이다. 우리는 우리 선조가 그랬듯 물이 우리 삶에서 반드시 필요한 것임을, 그러나 동시에 위험하다는 것을 알고 있다. 물은 어머니의 자궁 속에서 우리를 형성한다. 양수는 우리의 폐, 뼈, 뇌가 될 태아의 조직이 자라나는 터전이다. 물은 난폭한 쓰나미가 되어 해변을 덮쳐 가을 낙엽을 날리는 바람처럼 자동차를 들었다 놓기도 한다. 물은 순식간에 배를 삼켜버리기도 하고, 영겁의 세월을 거쳐 땅에 장엄한 계곡을 새기기도 한다. 우리는 수 조원을 들여 화성에서 물의 흔적을 (침팬지가 이웃 침팬지의 털에서 숨은 벌레를 찾듯) 찾으려 한다. 우리는 갓난아이의 이마를 물로 적시며 아이가 하느님의 자녀가 되었다고 말한다. 물은 고문의 도구가 되기도 하고, 슬픔을 담아낸 눈물방울이 되기도 한다. 지금 이 순간에도 물은 보이지 않는 질병과 세균을 싣고 매일 4,000명이 넘는 아이들의 생명을 앗아간다. (기후 변화로 수온이 오른다면) 물은 온 땅을 덮어 우리 모두를 사라지게 할 수도 있다.

또한 물은 나일 강가에서 아기 모세를 실어 날랐듯 우리를 위해 태어난 아기를 한 여인의 몸에서 이 세상으로 실어 날랐다. 그렇게 하느님께서는 육체를 입으셨다. 이제 태초에 물 위를 거니셨던 그분의 머리에 한 광야의 설교자가 당혹감을 감추지 못한 채 손을 얹는다. 그분은 물 아래로 들어가셨다가 나오신다. 나오신 하느님께서는 마시면 영원히 갈증에서 벗어나는 물로 채워진 삶, 다시 태어나는 삶에 대해 말씀하셨다. 그분은 친구들과 물고기를 잡으셨고 물로 친구들의 발을 씻겨주셨다. 그분은 당시 종교에서 부정하다고, 접촉해서는 안 된다고 여기던 이들에게 손을 내미셨고 어루만지셨다. 그분은 흙에 침을 뱉어 눈먼 이의 눈을 뜨게 하셨고, 악령들을 꾸짖으셔서 그들이 호수로 들어가게 하셨으며, 성난 파도 위를 유유히 걸으셨다. 그분은 목이 마르다고 말씀하시기도 했고, 사람들 앞에서 눈물을 흘리시기도 했다. 로마 총독이 물로 손을 씻으며 자신의 책임을 회피하자 그분은 십자가에 매달리셨다. 십자가에 매달린 그분의 옆구리에서는 피와 물이 쏟아졌다. 그리고 요나처럼, 그분은 사흘 동안 죽음에 삼켜진 채 잠잠히 계시다 마침내 죽음을 이기셨다. 그분은 죽음이라는 심연에서 솟아오르셔서 다시 한 번 숨을 내쉬셨다. 강가에서 친구들과 재회하신 다음 그들에게 두려워말고 이 세상 모든 사람에게 세례를 베풀라고 말씀하셨다. 태초에 물 위를 휘돌고 있던 그분의 영이 그분의 친구들에게 부어졌다. 이제 모든 물은 거룩하다.

제 2 장

신자의 세례

물은 모든 것을 기억한다.
그래서 물은 항상 흘렀던 곳으로 돌아가려고 한다. 영원히.

- **토니 모리슨** Toni Morrison

나는 아버지에게 세례를 받았다. 그분은 내가 물이 허리 깊이까지 차오른 침례탕에 들어갈 때 옆에 있었다. 아버지는 목사 안수를 받았지만 목회를 하지는 않으셨다. 이러한 사실은 내 신앙생활에 적지 않은 영향을 미쳤다. 목사 자녀와 견주었을 때 사람들은 (목회를 하지 않는) 신학교 교수의 딸에게는 상대적으로 엄격한 잣대를 들이대지 않았다. 주일학교에서 질문을 던지면 교회에 있는 분들은 상냥한 목소리로 집에 가서 아침 식사를 할 때 아버지와 이야기해 보는 게 어떻겠냐고 말하곤 했다. 아버지는 고대 히브리어를 알고 계셨고 하느님께서 어떻게 해를 창조하시기 전에 빛을 창조하셨는지를 설명해주실 수 있었다.

그래서 나는 아버지가 해준 말을 거의 다 믿었다. 그분이 내가 열세 살이 되지 않아 세례를 받지 못한다고 해서 지옥에 갈 일은 절대로 없을 거라 말했을 때도 그 말을 '거의 다' 믿었다. 당시 나는 내가 신앙을 스스로 고백해야 하는 나이가 되었음을 알고 있었다. 이는 곧 패밀리 레스토랑에서 더는 '어린이' 가격으로 식사를 하거나, 공짜로 식사할 수 없음을, 부모님의 신실함에 기대어서는 천국에 갈 수 없음을 뜻했다. 게다가 당시 내 주변에는 구원을 받기 위해서 세례를 꼭 받아야 한다고 믿는 그리스도교인들이 있었다. 5학년 때 나는 같은 반 친구를 통해 교단주의denominationalism라는 현실에 처음 눈을 떴다. 그때 친구는 내게 하루라도 빨리 세례를 통해 구원을 받으라고 말했다. 나는 유치원생일 때 이미 예수님을 받아들였다고 말했지만, 친구는 세례를 받지 않으면 교통사고가 나거나 미끄럼틀에서 떨어져 불상사가 생길 때 곧바로 악마에게 끌려갈 거라고 했다. 구름다리 한쪽에 매달려 있던 또 다른 친구는 일반의가 전문의를 추천하듯 능숙하게 말했다. "우리 목사님은 성령으로 세례를 받기 전에 먼저 물로 세례를 받아야 한다고 말씀하셨어. 빨리 그것부터 해결하는 게 좋을걸." 나는 말했다. "우리 아빠는 신학교를 다녔는데, 세례를 받지 않아도 천국에 갈 수 있다고 말씀하셨어." 이 시점에서 나는 그리스도교 사립 초등학교인 파크웨이 크리스천 아카데미를 나왔음을 고백해야겠다. 그곳에서 서로

"우리 아빠가 말하는 성경 이야기가 맞아. 너희 아빠 말은 틀려"라고 놀려대는 건 흔한 일이었다.

당시 초등학교 친구 중 대다수는 길 건너에 있는 오순절 교회에 출석했다. 그들은 학교에서 기도 제목을 나누는 시간에 마귀가 침실에 몰래 들어와 방 불을 켜거나 화장실 물을 내리는 문제에 관해 이야기하곤 했다. 그들에게 그건 일종의 영적 전쟁이었고 매우 심각한 문제였다. 친구들은 내가 '악마의 휴일'인 핼러윈에 여러 집을 돌아다니며 과자를 받는 것을 보고 나와 (이를 허용한) 우리 부모님을 '자유주의자'로 간주했다. 아버지는 마귀란 우리를 시험하는 존재지 화장실 물을 대신 내리는 존재가 아니라고 자신감 있게 말했지만, 당시 내게 그 말은 별다른 위안이 되지 않았다. 어두운 밤이면 어느 순간 어둠의 천사가 핼러윈에 받는 과자에 눈이 멀었던, 하지만 세례를 받는 것에는 별다른 신경을 쓰지 않았던 나를 잡아갈까 봐 이불 속으로 들어가 눈을 질끈 감곤 했다. 세례를 받을 수 있는 나이가 되자 다양한 교리를 알게 되었다고 생각한 나는 만약의 경우를 대비하기로 했다. 부모님이 하루라도 빨리 목사님과 만나 세례받을 시기를 정해주기를 바라는 마음에, 저녁 식사를 할 때면 일부러 세례에 관한 질문들을 하나둘씩 던졌다. 이가 다시 나기도 전에 세례를 받는 아이들도 있다는 것을 알게 되었을 때 내 질투심과 불안은 극에 달했다.

당시 우리 가족이 다녔던 교회는 성경에 적힌 대로 온몸을 물에 담그는 침례를 했다. 우리는 이를 '신자의 세례'Believer's baptism라고 불렀다. 우리가 16세기 스위스에 살았다면 '재세례'second baptisms를 주장하는 급진적인 종교개혁가들을 이단으로 여긴 프로테스탄트 들에 의해 물에 빠지거나 불에 타 죽었을 것이다(흥미로운 사실 하나. 종교개혁 이후 순교한 그리스도교인 수는 로마 제국 시대에 순교한 그리스도 교인 수보다 많다).[1] 내가 정교회 가정에서 태어났다면 태어난 지 얼 마 되지 않았을 때 성부, 성자, 성령의 이름으로 물에 세 차례 잠겼 다가 대부, 대모의 품에 안겼을 것이다(아마도 내 눈은 놀라움과 충격 으로 휘둥그레졌을 것이다). 우리 가족이 로마 가톨릭 신자였다면 하 얀 세례 가운을 입고 머리에 신부님이 부어주는 (원죄의 얼룩을 씻어 내는) 성수를 받았을 것이다. 우리가 안식교 신자였다면 두 명의 증 인이 세례대 옆에 서서 내 몸이 물에 완전히 들어가는 것을 확인했 을 것이고, 장로교 신자였다면 하느님과 언약을 맺은 가족의 구성 원이 되었음을 상징하는 물 몇 방울을 이마에 뿌리는 것으로 세례 의식이 끝났을 것이다. 오늘날에도 세례를 두고 격렬한 논쟁이 이 어지고 있지만, 다행히 요즘에는 자신과 입장이 다른 사람을 화형 대에 보내기보다는 못마땅한 표정으로 흘겨보는 방법을 선호하는 듯하다.

나는 어떤 식으로 세례를 받느냐는 크게 중요한 문제가 아니라 고 생각한다. 다만 '신자의 세례'는 세례를 가리키는 적절한 표현 은 아닐지도 모른다. 이 표현은 세례를 받을 때 받는 사람의 '의지' 를 유난히 강조하는 듯한 인상을 주기 때문이다. 아기일 때 겁에 질린 채 사제의 손에서 바둥거리다 세례를 받든, 성인일 때 목사의

---

[1]   Justo Gonzalez, *The Story of Christianity, Volume II: The Reformation to the Present Day* (New York: HarperOne, 2010), 71. 『종교개혁사』(은성)

손에 밀려 강에 들어가 세례를 받든 그건 크게 중요한 문제가 아니다. 중요한 것은 우리가 우리에게 예수님을 소개해 준(혹은 소개해 줄) 사람들, 신앙의 길로 초대한 이들의 손을 통해 세례를 받는다는 것이다. 이와 관련해 윌리엄 윌리몬은 말했다.

> 세례를 받는 사람은 순전히 '받는' 사람이다.
> 당신은 당신 자신에게 세례를 줄 수 없다.
> 세례는 당신을 위해, 당신에게 주어지는 것이다.[2]

세례는 교회가 새로운 구성원을 받아들이는 활동이지 회사에서 직원을 뽑는 행위가 아니다.

나를 키운 교회는 미국 남부 복음주의 노선을 따르고 있었고 대다수 구성원이 대학 미식축구에 열광했다. 당시 앨라배마 크림슨 타이드는 진 스털링스Gene Stallings의 지도 아래 12번째 전국 대회 우승을 향해 질주하고 있었다. 토요일 경기가 끝난 다음 날 아침, 버밍햄 바이블 채플 안에는 앨라배마주 제2의 종교(누군가에게는 제1의 종교라고도 할 수 있을) 앨라배마 크림슨 타이드의 신도들이 쓴 빨강과 하얀색이 어우러진 머리 리본과 넥타이, 스포츠 재킷과 블라우스들로 가득했다. 물론 오번 대학교의 팬들도 있었지만 그들은 앨라배마주에 있는 민주당 지지자들만큼이나 찾기 어려웠다. 하지만 무엇보다 찾기 힘든 사람은 '외국인'이었을 것이다. 교회의 유

---

2 William Willimon, *Remember Who You Are: Baptism, A Model for Christian Life* (Nashville, TN: Upper Room Books, 1980), 37.

일한 '외국인'은 이탈리아계 사람인 마리온 아저씨네 가족이라고 다들 말하곤 했으니 말이다. 어쨌든 그렇게, 앨라배마산 소나무로 만들어진 천장 아래 우리는 모여 개신교인의 모범을 좇아 진지한 분위기 속에 소박한 강대상을 바라보곤 했다. 예수와 교회에 관한 가장 오래된 기억은 헤어스프레이 냄새를 풍긴다. 그때는 80년대였으니 말이다.

당시 나는 복음주의evangelicalism가 18세기 경건주의Pietism와 미국 대각성 운동American Great Awakenings에 뿌리를 둔, 상대적으로 역사가 오래되지 않은 근대 그리스도교의 특정 흐름이라는 것을 몰랐다. 당시 나는 '복음적'evangelical 이라는 말을 '참된'real 혹은 '진정한'authentic이라는 뜻으로 이해했다. 여러 그리스도교인이 있지만, 그중에서도 우리와 같은 '복음주의 그리스도교인'evangelical Christians이 있고, 오직 복음주의 그리스도교인만이 구원에 대한 확신이 있다고 생각했다. 우리가 보기에 다른 그리스도교인들은 미적지근했고 언제나 하느님의 품에서 내쳐질 위기에 처해있었다(로마 가톨릭 신자들은 새삼 말할 필요도 없었다. 그들은 어떻게 손쓸 방법이 없는 상태에 놓여있었다). 당시 미래에 내 남편이 될 사람은 앨라배마에서 1,500km가량 떨어진 뉴저지주 프린스턴에서 몽고메리 복음주의 자유교회가 주최한 나무 자동차 경주대회에 참가해 연신 승리를 구가하고 있었다. 훗날 그는 '자유교회'가 복음주의 그리스도교인들에게서 자유로운 교회를 뜻하는 줄 알았다고 했다(마치 무설탕sugar-free 껌에 설탕이 없는 것처럼). 그래서 그는 어머니에게 이렇게 물어봤다고 한다. "하지만 복음주의 그리스도교인이 착한 편인 건

맞잖아요?" 누가 가르쳐주지 않아도 우리는 편 가르는 법에 대해서는 누구보다 빨리 익힌다.

우리가 다녔던 바이블 채플 교회의 조지George 목사님은 뉴올리언스 출신이었다. 목사님은 금색 줄이 있는 넥타이와 남부 늪지대 특유의 느린 말투로 자신의 출신을 사람들에게 각인시키곤 했다. 그분은 통통한 체구에 재기가 넘쳤고, 낚시하다 물고기를 놓친 이야기, 악어에게 잡아먹힐 뻔한 이야기를 설교 예화로 즐겨 쓰셨다. 목사님은 탁월한 이야기꾼이었다. 그러나 어머니는 예배가 끝나고 나면 종종 목사님에게 목사님의 이야기는 성경을 배포하는 기드온 협회the Gideons와 관련된 기적 이야기(일설에 따르면 개가 자신의 노숙자 주인이 갖고 있던 낡고 헤진 기드온 성경을 입에 물고 나타났다고 한다)만큼이나 형편없다고 놀리곤 했다. 어머니는 목사님의 이야기도, 기드온 협회의 이야기도 실제 일어난 일이라고 여기지 않았다.

하지만 조지 목사님의 유명한 설교를 들을 기회는 그리 많지 않았다. 나와 동생 어맨다는 예배 중간에 주일학교로 자리를 옮겨야 했기 때문이다. 3대에 걸쳐 초등학교 교사를 했던 어머니는 아이들은 자신의 연령에 적합한 교육을 받아야 한다는 신념을 갖고 있었고 설교자가 대속에 관하여 설교를 할 때 아이들이 부모 곁에서 주보에 낙서하도록 내버려 두지 않았다. 어머니는 어렸을 때 일주일에 세 번, 혹은 네 번 독립 침례교회에서 어른들과 함께 예배를 드려야 했다. 하지만 그녀는 이를 우리에게 강제하지 않았다. 어머니는 아버지와 다른 사람들에게 우리 가족은 일주일에 두 번(수요일 저녁에 한 번, 일요일 아침에 한 번)만 교회에 갈 것이라고 분명하게 이야기했다. 우리 가족은 보수적인 그리스도교인이었지만 율법주의자는 아니었다.

하지만 교회에 참여하는 시간은 단순히 교회 앞 안내표지에 적혀 있는 예배 시간처럼 일정한 시각에 시작해 분명하게 끝나는 게아니다. 어렸을 때부터 나는 이 사실을 알았다. 후덥지근한 차 안에서 아버지와 같이 앉아 땀을 줄줄 흘리며 어머니가 신자 모임을 마치고 오기를 기다리는 동안(이 시간은 마치 학교 수업 마지막 시간처럼 느껴졌다), 나는 교회가 끈질기게 우리를 놓아주지 않음을 알았다. 어맨다와 내가 결혼식에 참여한 신부처럼 하얀 드레스를 입고집안을 이곳저곳 뛰어다니던, 황금빛으로 물든 일요일 오후에도교회는 짙은 그림자를 드리우고 있었다. 자정이 지난 늦은 밤, 온가족이 독감에 걸려 교회에 기도를 청하자 다음 날 교회는 닭요리를 들고 집에 찾아왔다. 교회는 학교 버스를 기다릴 때 이야깃거리가 되어주었고 금요일에는 보모가 되어주었다. 교회는 나를 놀렸고, 내 땋은 머리를 잡아당기며 장난을 치기도 했다. 교회는 내게노래하는 법을 알려주었다. 교회는 아버지가 40세 되던 날 깜짝생일파티를 열어주었고, 내게 미리 계획을 알려주었다. 교회는 내가 참여한 것보다 더 깊숙이 내 삶에 들어왔다. 그리고 나는 이 사실이 기쁘다.

세례를 받던 일요일은 우리 가족이 통상적으로 보내던 일요일과는 분명 달랐다. 이른 저녁, 바이블 채플 교회 출입로에서 어맨다와 나는 자동차 뒷좌석에 앉아 세례 예식을 기다렸다. 뭔가 어색했다. 내가 세례를 늦게 받게 된 이유 중 하나는 부모님이 어맨다도 같은 날 함께 세례받기를 원했기 때문이다. 어맨다는 세 살 많은 나보다 언제나 성숙했다. 언니와 함께 세례를 받는 것만으로도 그녀가 얼마나 성숙했는지를 짐작케 해준다고 나는 생각한다. 그녀는 조숙했고 웃을 때 생기는 보조개가 매력적이었다. 피부는 올리브 같았고 이끼와 같이 푸르스름한 빛이 감도는 눈은 그녀의 마음속에 있는 기쁨과 고민을 단번에 숨겨버릴 만큼 깊었다. 교회에서 가장 까다롭고 엄한 장로님도 그녀를 보면 입가에 미소를 지었다. 어맨다는 신뢰할 만한 사람, 감수성이 예민한 사람이었으며, 투명하고 선한 사람이었다. 이 세상에 사는 그 누구라도 그녀를 만난다면 그녀를 울리고 싶어 하지 않을 것이다.

어맨다는 매주 수요일 저녁마다 열렸던 교회 성경 구절 암송 수업 때도 탁월한 실력을 발휘했다. 이런 어맨다를 조지 목사님은 미스 어와나AWANA라고 불렀다. 어와나는 '부끄러울 것이 없는 인정받은 일꾼'(2디모 2:15)Approved Workmen Are Not Ashamed의 약어였는데 내용과는 달리 사회주의자를 찬미하는 표현이 아니라, 스프링 노트에 적힌 성경 구절을 잘 외운 사람을 가리키는 말이었다. 그리고 미스 어와나에게 교회는 배지와 핀을 선물했다. 성경 구절 암송 수업과 관련된 기억은 맛난 설탕 쿠키, 갓 코팅된 암송 구절 종이의 향으로 가득하다. 어맨다는 매주 손에 리본과 트로피를 들고 쿠키와 코팅된 종이 향을 풍기며 집으로 왔다. 하지만 그녀는 으스대지 않았고 나와 상을 나누곤 했다. 가끔 내가 빈손으로 집에 돌아갈 때면 어맨다는 자신이 받은 왕관 모양의 플라스틱 핀을 내 손에 쥐여 주었다(왕관은 성경 구절을 잘 외운 것에 대해 천국에서 받을 상급을 상징했다). 어맨다는 나를 항상 우러러보고, 믿고, 응원했다. 나는 그럴만한 사람이 아니었기에 그런 동생이 두려웠다. 적어도 사춘기 전까지 나는 그녀에게 좋은 언니였던 것으로 기억한다. 하지만 사춘기 특유의 실존에 대한 고민에 휩싸인 후부터는 어맨다가 (너무나도 당연히) 사랑받고 있다는 사실이 싫었다. 언젠가 동생이 집에서 말썽을 피웠지만 충분한 벌을 받지 않았다고 느꼈을 때, 나는 그녀를 위선자라고 조롱하면서 야유를 담아 찬송가 《거룩, 거룩, 거룩》을 불렀다. 그건 그때까지 내가 누군가에게 한 일 중 가장 잔인한 일이었을 것이다. 어맨다의 영혼은 너무나 따사로웠고 내가 순전히 나 자신의 즐거움을 위해 그녀 안에 있는 소중한 무언가에 상처를 입혔음을 곧바로 알아차렸다. 나는 내가 상상했던 것보다 훨씬 더 악할 수 있는 존재였다. 당시 나는 세례의 물도 이런 죄는 씻어낼 수 없을 거라 확신했다.

세례를 받던 날, 나와 어맨다는 어머니를 따라 예배당 옆에 있는 탈의실에서 티셔츠와 청반바지 위에 세례용 드레스를 입었다. 나는 부쩍 커진 가슴 때문에 마음을 졸였다. "신앙의 장애물"은 남들보다 빨리 컸다. 주일학교 친구들이 내 가슴을 바라볼 때면 나는 바빌론의 창녀가 된 것 같은 기분이 들었다(나는 대학교를 졸업하고 나서야 외적 '정숙'을 강조하는 문화에서 벗어나는 법을 익혔다. 너무 늦은 감이 있지만 말이다). 옷이 물에 젖어 내 몸이 비치게 되면 누구에게도 달가운 일이 아니리라고 생각했다. 다행스럽게도 어머니는 미리 스포츠 브래지어와 속셔츠, 두툼한 면 티셔츠를 겹겹이 입혔고, 우리는 두 팔을 낀 채로 물에 들어갔다. 세례를 마치고 어머니는 걸레 마냥 축 처져있던 내 갈색 머리를 빗으로 다듬어 주고 내 팔에 있는 습진과 움츠린 어깨, 벌어진 이를 차례로 살폈다. 나는 얼굴에 화장하기를 거부했고 어머니는 이 때문에 짜증이 났다. (물에 들어갔다 나와) 창백한 얼굴을 한 내가 하얀 드레스를 입자 경사로운 날에 전혀 어울리지 않을 법한 풍경이 펼쳐졌기 때문이다. 물론 곱슬머리를 양 갈래로 땋은 어맨다는 천사처럼 아름다웠다. 프레셔스 모먼트 인형이 가슴 크고 무서운 표정을 지은 귀신 옆에 서 있었다. 어머니가 긴장으로 가득 찬 순간을 가로지르며 쾌활한 음성으로 말했다. "다행이야. 헤어드라이어를 잊지 않고 가져왔어." 안도의 순간이었다.

아버지가 내게 신학을 가르쳤다면 어머니는 교회 생활을 할 때 어떻게 살아야 하는지를 가르쳤다. 하지만 나는 전자를 후자보다 훨씬 중요하게 여겼고 이는 어머니를 종종 난처하게 했다. 11살 아이에게 안네 프랑크Anne Frank가 구원을 받았는지 알 수 없다고 말하는 것과 그런 질문이 결혼식 전날 신부를 위해 열리는 파티 자리에서 나오는 것이 부적절하다고 설명해주는 것은 다른 차원의 일이었다. 하지만 당시 내가 궁금해한 내용은 대부분 그러한 것들이었다. 내가 어머니의 아름다움과 매력을 물려받았다면, 어맨다의 성품을 공유했다면, 어떻게 이야기를 해주어도 그냥 넘어갔겠지만 나는 그렇지 못했다. 교회를 다니는 소녀라면 지옥의 영원한 저주를 이야기하기 전에 오늘 날씨나 미식축구 경기를 이야기해야 한다고 여기던 미국 남부의 종교 문화가 내게는 거추장스럽게 보였다. 내성적인 내게는 수다의 기술이 부족했다. 게다가 나는 일부러 어머니를 의식하고 립스틱을 바르지 않았고, 교회 갈 때 입는 옷이나 지갑에 신경을 쓰지 않았다. 나는 스스로를 (내 영웅 로라 잉걸스 와일더Laura Ingalls Wilder처럼) 말괄량이로 여겼지만, 스포츠나 야외 활동을 좋아하지는 않았다.* 다행히 어머니는 언제나 약자에 대한 애정을 가지고 있었고 난 어머니가 항상 내 편이라고 믿었다.

세례 예식에 대한 기억은 별로 없다. 다만 세례대에서 본 예배당 모습이 사뭇 달라 보였던 것은 기억난다. 마치 파노라마 사진을 보는 것 같았다. 그리고 미지근한 물에 잠긴 일, 물에 잠겼을 때 보인 아버지의 얼굴, 나를 물로 이끈 친숙한 팔, 내 코를 막아 주었던 친숙한 손, 성부와 성자와 성령에 관해 이야기를 해주던 친숙한 목소리, 나를 (아버지가 나를 그네에 태워 밀고 당기듯) 물속으로 밀어 넣었다가 다시 끄집어낸 친숙한 힘까지 모든 것이 참으로 편안했다. 어머니가 팔을 벌려 나를 수건으로 덮었을 때 무척 반가웠던 것도 기억난다. 어맨다 차례가 되어 그녀가 물속으로 들어간 모습을 함께 본 것도 기억한다. 그녀의 좁은 어깨 때문에 침례탕을 채운 물은 더 깊어 보였다. 세례 예식이 끝난 뒤에는 이를 축복하는 연회宴會가 이어졌는데 어떤 분이 내가 가장 좋아하는 달걀 미모사 Deviled Egg를 만들어 오셨던 것이 기억난다.

하지만 무엇보다도 기억나는 건 세례를 받은 후 세례란 다시 태

---

* 로라 잉걸스 와일더(1867~1957년)는 미국의 작가이자 초등학교 교사이다. 유년기의 체험을 바탕으로 어린이를 위한 가족 역사소설 『초원의 집』Little House on the Prairie 시리즈를 집필했고 후에 TV 드라마로 제작되어 큰 인기를 끌었다. 미국 아동도서관협회에서는 1954년 로라 잉걸스 와일더 상을 제정해 그녀의 문학적 업적을 기리고 있다.

어나는 것이라고 하는 데 왜 즉시 거룩해지지 않는지, 혹은 하느님을 향해 더 가벼운 마음으로 다가갈 수 없는지가 궁금했다는 것이다. 오순절 교회에 다니던 학교 친구들의 말처럼 성령의 또 다른 세례를 받아야 하는 건지, 아니면 준비를 충분히 하지 못해서 그런 건지 어리둥절했다. 그 당시 나는 삶에서 일어나는 커다란 일들(결혼, 여행, 가까운 사람의 죽음, 출산)을 겪는 와중에도 나는 여전히 나로 있다는 것을 깨닫지 못했다. 어쩌면 인생에서 가장 기이하면서도 놀라운 점은 이러한 일들이 바로 과거의 나와 똑같은 나에게 일어난다는 것이다. 기록에 따르면 마르틴 루터Martin Luther는 어두운 나락에 빠져 허덕일 때마다(자주 일어나던 일이다. 그는 극적인 삶을 살았던, 극단적인 사람이었으니 말이다) 스스로를 이렇게 타이르고 위안을 얻었다고 한다. "마르틴, 침착해. 너는 세례를 받았어."

그가 위안을 얻은 이유는 실제로 세례받았던 때가 특별히 기억나서도 아니고, 세례를 무엇이든 이루어주는 일종의 마법으로 여겨서도 아니다. 그가 위안을 얻은 이유는 세례가 무엇을 의미하는지를, 바로 자신이 하느님께서 사랑하시는 하느님의 자녀임을 기억했기 때문이다. 궁극적으로 세례는 이름을 얻는 예식이다. 예수님이 요르단강에서 나오셨을 때 하늘에서 소리가 들려왔다.

이는 내 사랑하는 아들, 내 마음에 드는 아들이다. (마태 3:17)

예수님은 세례를 받고 나서야 하느님의 사랑을 받게 된 것이 아니다. 그분을 향한 하느님의 사랑은 그침 없이 이어지고 있었다.

세례는 예수님이 받는 하느님의 사랑, 영원한 사랑이라는 현실에 "사랑하는 아들"이라는 이름을 붙였다. 이와 관련해 내 친구 나디아는 말했다.

하느님의 활동은 한 사람의 정체를 밝히는 데서 시작된다.[3]

우리도 마찬가지다. 세례를 통해 하느님께서 사랑하시는 자녀라는 우리의 정체가 드러난다. 그렇게, 우리는 우리의 이름을 얻으며 교회라는 거대하고 아름답지만 문제투성이인 가족의 일원이 된다. 그리고 강가에 있던 사람들, 헤어드라이어나 달걀 미모사를 들고 기다리던 이들은 우리를 반긴다. 일반적으로 세례대가 교회의 입구 근처에 있는 이유를 여기서 찾을 수 있다. 교회 예배당 중앙 통로가 하느님을 향한 그리스도인의 삶이라는 여정을 상징한다면 이 여정은 세례부터 시작되기 때문이다.

우리가 하느님께서 사랑하시는 자녀라는 것은 정말로 기쁜 소식이다. 하지만 (유감스럽게도) 우리는 우리의 형제, 자매를 선택할 수 없다. 루터교 목사인 나디아는 근본주의 성향인 그리스도의 교회The churches of Christ 전통에서 자랐다. 내가 자랐던 복음주의 전통처럼 그리스도의 교회는 여성 목사 안수를 금했다. 루터교로 옮기고 난 뒤, 그녀는 자신의 영적 조력자에게 다시 세례를 받게 해달라고 요청했다. 그는 지혜롭게 하느님께서 하신 일은 무효로 만들

---

[3]   Nadia Bolz-Weber, *Pastrix: The Cranky, Beautiful Faith of a Sinner & Saint* (New York: Jericho, 2013), 138.

수도, 다시 할 수도 없다면서 그녀의 요청을 거절했다. 나디아는 그녀가 첫 번째로 속했던 교회의 방식에 공감하지 못했고 그 공동체를 떠났지만, (그리스도인으로서) 그녀의 정체성에서 그들을 솎아낼 수는 없었다. 그들은 여전히 그녀의 가족이었다.

나디아처럼 나는 내가 자란 복음주의 전통과 오랫동안 (종종 거친 방식으로) 씨름했다. 때로는 처음 받았던 세례로 내 옷에서 남아 있는 물을 쥐어 짜내려 했고 머리에 젖은 물을 다 털어내려 했다. 여성 성직자를 인정하고 민주당을 지지하고 진화론을 인정하는 다른 공동체에 다시 세례를 해달라고 부탁한 적도 있었다. 하지만 예수님은 변변찮고 실수투성이인 사람들을 통해 당신을 알리는 특이한 습관을 갖고 계시다. 내가 하느님의 사랑을 받는 자녀임을 처음 말해준 사람들, 나를 '그리스도인'이라고 처음 불러준 사람들 또한 변변찮고 실수투성이인 사람들이었다. 나는 내 신앙 여정의 종착지가 어디인지 알지 못한다. 하지만 어디서 시작되었는지는 분명하게 알고 있다. 그리고 이것은 절대 변하지 않는다.

나는 아버지에게, 그리고 어머니에게 세례를 받았다. 조지 목사님과 주일학교 선생님들에게, 내 동생에게, 매년 부활절 때 느릿하게 《갈보리 산 위에》The Old Rugged Cross를 불렀던 중고차 판매원에게, 내 머리에 자신의 코딱지를 묻히던 남자아이에게, 말을 할 수 없었던 휠체어의 소녀에게 세례를 받았다. 나는 앨라배마주에게, 레이거노믹스Reagonomics에게, 복음주의와 파크웨이 크리스천 아카데미와 바이블 채플에게 세례를 받았다. 나는 마틴 루터 킹Martin Luther King Jr.과 조지 월리스George Wallace, 빌리 그레이엄Billy Graham에

게 세례를 받았다.* 나는 낚시 무용담을 설교 예화로 쓰고, 러시 림
보Rush Limbaugh의 방송을 청취하며, 나를 사랑하면서도 상처를 주
는 사람들에게 세례를 받았다.** 나는 물과 영으로, 그리고 하느님
께서 기쁜 마음으로 모으신 원자와 유전자, 경험의 기기묘묘한 조
합으로 세례를 받았다. 이런 방식으로 그분은 당신의 터무니없을
정도로 자비로운 활동을 보이셨다. 그렇게, 그분은 나를 '사랑하는
자녀'라 부르셨다.

---

* 조지 윌리스(1919-1998)는 미국의 정치인이다. 1960년대 앨라배마 주지사를
   지냈고, 오랫동안 인종 분리 정책 철폐에 저항했으나 훗날 인종 차별주의적
   인 사상을 버리고 자신의 과거를 참회하여 화제가 되기도 했다.
** 러시 림보(1951~)는 미국의 보수주의 방송인, 정치평론가다. 1988년에 시작
   한 토크쇼인 러시 림보 쇼는 600개 라디오 채널을 통해 정오부터 3시간 동
   안 전국에 생방송 되며 주당 청취자 수가 평균 2,000만 명에 이른다.

제3장

부활절 벌거벗은 채

사랑을 받고 있다는 확신에 찰 때 사람은 얼마나 용감해지는가.

- 지그문트 프로이트 Sigmund Freud

1920년대, 오늘날의 시리아에 있던 로마 국경도시 두라 에우로포스의 사막 폐허를 탐험하던 고고학자 일행이 로마 가정집으로 보이는 곳의 벽에서 조잡한 프레스코화를 발견했다. 그림은 목욕탕을 둘러싸고 있었으며 양을 어깨에 걸친 목자, 우물가의 여인, 배 위에 있던 일행이 지켜보는 가운데 물 위를 걷고 있는 두 사람, 무덤을 향해 걸어가는 세 명의 여인을 담아내고 있었다. 고고학자들이 발견한 로마 가정집은 세계에서 가장 오래된 그리스도교 교회였으며 목욕탕은 그 교회에 있던 세례대였던 것이다.

약 2,000년 전, 동이 트지 않은 부활절 아침, 그곳에서는 흔들리는 촛불들이 그림을 비추고 있었을 것이다. 새로이 그리스도교인이 된 이들은 벌거벗은 채, 차가운 물로 가득 찬 세례대 앞에 무릎을 꿇고 있었을 것이다. 한 사람씩, 여성과 남성 따로, 사람들이 보는 가운데 그리스도교 신경의 내용을 믿는다고 고백하고, 사탄과 그가 거느린 마귀들을 부인한 후 성부, 성자, 성령의 이름으로 각기 한 번씩 물에 들어갔을 것이다. 오늘날에도 정교회 사제들은 세례를 집전하며 세례받는 이에게 묻는다.

"당신은 사탄, 사탄이 부리는 모든 마귀, 그가 저지르는
모든 활동, 모든 유혹, 모든 교만과의 관계를 끊겠습니까?"
"예, 끊겠습니다."
"당신은 그리스도와 하나가 되겠습니까?"
"예, 하나가 되겠습니다."
"그분 앞에 절하십시오."
"성부, 성자와 성령 아래 절합니다."

예식이 끝나면 세례를 받은 사람들은 그리스도를 통해서 새로운 생명을 받았음을, 그리스도 안에서 새로운 삶을 살게 되었음을 뜻하는 하얀 겉옷을 입었다. 그들의 머리 위에는 왕 같은 제사장을 상징하는 기름이 부어졌다. 그다음 다른 신자들과 함께 (새로이 세례받는 이들은 처음으로) 성찬례에 참여했다. 초대교회에서는 매년 엄숙한 부활절 전날 밤을 마무리하며 이 같은 세례 의식을 되풀이

했다(세례를 받을 사람들은 며칠 동안 금식하면서 세례를 준비했다).[1]

오늘날 대다수 교회는 아침 6시에, 발가벗은 채 물에 들어갔다가 사탄과 마귀를 부인하면서 부활절 예식을 시작하지는 않는다. 그런 식으로 예식을 한다면 (세련된 수난 연극을 하거나 상금이나 상품을 내걸고 부활절 달걀 찾기를 하는) 지금보다 훨씬 더 적은 사람들이 교회를 찾을 것이다. 그러나 역사적으로 그리스도교인의 삶은 세례를 받으며 악과 죽음이라는 두 가지 불편한 진실을 공개적으로 인정하는 데서 시작된다. 또한 세례를 통해 그리스도교인은 이 악과 죽음 둘 중 어떠한 것도 삶에 종지부를 찍을 수 없다는 대담한 주장을 한다.

물론, 나는 하이브리드 차를 몰며 공영 라디오 방송을 듣고 뉴욕 타임스를 읽는 진보주의자 못지않게 마귀를 내쫓는다는 생각을 불편하게 여긴다. 신약성경에서 마귀를 내쫓는 이야기를 접할 때마다 나는 마귀에 들린 사람들은 정신 질환이나 발작과 같은 증상을 앓고 있던 사람들이었으며 마귀를 쫓는 행위는 이를 치유하는 행위였다는, 좀 더 '세련된' 해석에 마음이 끌린다(하지만 잘 생각해보면 이는 선뜻 받아들이기 어려운 이야기를 또 다른 차원에서 받아들이기 어려운 이야기로 대체하는 것에 불과하다). 그러나 요즘 나는 이런 식의 성경 해석은 뭔가 중요한 것을 결여하고 있다고, 즉 악의 본성

---

[1] 초대교회에서 세례가 어떻게 이루어졌는지 살펴보기 위해서는 다음의 책들을 참고하라. Justo L. Gonzalez, *The Story of Christianity, Volume I: The Early Church to the Dawn of the Reformation* (New York: HarperOne, 2010), Alexander Schmemann, *For the Life of the World* (New York: St. Vladimir's Seminary Press, 1973), William Willimon, *Remember Who You Are*.

과 형태에 관한 진실을 놓친 해석이라고 생각하게 되었다. 알렉산더 슈메만이 말했듯 악은 단순히 선의 결여가 아니라 이 세상에 실제로 있는 "어둠과 비합리적인 힘"이다.[2]

실제로 우리의 죄(혐오hate, 두려움fear, 탐욕greed, 질투jealousy, 정욕lust, 물질주의materialism, 교만pride 등)는 시시때때로, 마치 대성당 문을 지키는 가고일과 흉물스러운 괴물들처럼 분명하게 우리의 삶에 나타난다. 이러한 죄들은 혼란의 소용돌이를 일으키며 (이를 마귀들의 군대라 말해도 좋을 정도로) 힘을 모아 지금도 우리의 삶을 두고 하느님과 전투를 벌이고 있다. 악마는 우리가 자신에게 속해 있다고, 자신들만이 우리에게 '이름'을 줄 수 있다고 말한다. 하느님께서 세례를 통해 우리를 "내가 사랑하는 사람"이라고 말씀하실 때, 악의 세력은 우리를 중독자, 걸레, 죄인, 패배자, 돼지, 아무런 쓸모도 없는 새끼, 사기꾼, 쓰레기라고 부른다. 하느님께서 우리를 당신의 '자녀'라고 부르시며 감싸 안으실 때, 악의 세력은 부를 추구하라고, 권력을 추구하라고, 예뻐지라고, 명성을 얻으라고, 경건해지라고, 존경을 받는 사람이 되라고, 명예로워지라고, 올바르게 살라고 우리를 다그친다. 예수님이 세례를 받으신 후 악마가 그분을 시험하며 처음 던진 말이 "당신이 만약 하느님의 아들이거든 …"이라는 것은 우연이 아니다. 우리는 모두 우리가 누구인지 말해줄 이를 기다리고 있다. 그리스도교인의 삶에서 가장 중요한 과제는 하느님께서 우리에게 주신 이름을 택하는 것, 우리가 그분의

---

2 Alexander Schmemann, *For the Life of the World*, 69.

사랑을 받고 있으며 그것으로 충분하다고 믿는 것이다.

악의 세력이 우리 안에서 만들어지는 것이든, 밖에서 온 것이든, 우리의 여러 가지 악한 성격과 모습을 가리키는 것이든, 우리를 유혹하고 망가뜨리는 죄와 체제를 가리키는 것이든 간에 악의 세력은 분명 존재한다. 누군가와 경쟁해 승리를 거두려는 성향이 우리 안에 분명하게 있고 우리를 잠식하려 하듯, 이 악의 세력은 우리를 잠식하려 한다. 그러나 오늘날 우리는 교회에서 이 악의 세력을 내쫓는 대신, 이 세력을 교회로 끌어들이려는 경향이 있다. 교회 안에서 악의 세력은 속삭인다.

> 하느님의 자녀가 되려면…
>
> 중독과 싸워 이겨야 한다.
>
> 특정 교단의 교리를 받아들여야 한다.
>
> 주일학교 선생이 되어야 한다.
>
> 함께 특정 문제를 해결하기 위해 나서야 한다.
>
> 십일조를 내야 한다. 특정 규칙을 따라야 한다.
>
> 어떠한 의심도 없이 믿어야 한다.
>
> 이성애자여야만 한다.
>
> 경건해야 한다. 선해야 한다.

그러나 슈메만은 "그리스도교인으로서 삶을 시작할 때 첫 번째로 해야 할 행동은 거부와 도전"이라고 말했다. 세례를 받는 그리스도교인은 악의 세력(악을 향한 모든 충동, 유혹, 죄, 실패, 헛된 욕구들을 포함한 모든 것) 앞에서 벌거벗은 채 당당히 말한다.

> 나는 하느님께서 사랑하시는 그분의 자녀이다.
> 나는 내가 그렇지 않다고 말하는 모든 것을 부정한다.[3]

어떤 정교회 전통에서는 예비 신자가 물에 들어가기 전에 악마의 얼굴에 정말로 침을 뱉는다. 이것은 용기를 내어 저항하는 행위다. 그리스도교인인 우리는 이를 더욱 자주 해야 한다. 세례를 다시 받지 못한다 해도, 세례받았을 때를 기억하면서 해야 한다. 매일 샤워를 할 때마다 이를 떠올려야 한다.

초대교회의 세례 예식은 이 땅의 권세들을 이기신 하느님의 힘뿐만 아니라, 죽음을 이기신 하느님의 힘을 선포했다. 초대교회의 세례대는 일종의 관 모양을 하고 있었고 사람들은 부활절 이른 아침 동이 트기 전 세례를 받으며 그리스도께서 죽음을 이기셨음을 기억했다. 그리스도교인이 물속에 들어간다는 것은 하느님께 우리 자신을 맡긴다는 일종의 항복 선언이자, 이전 삶의 방식은 죽었음을 뜻한다. 그리고 세례를 받은 뒤 물 밖으로 나온다는 것은 부활, 새로운 삶의 시작을 뜻한다. 사도 바울은 로마인들에게 물었다.

> 세례를 받고 그리스도 예수와 하나가 된 우리는 이미 예수와 함께 죽었다는 것을 모르십니까? … 우리는 세례를 받고 죽어서 그

---

3 위의 책, 71.

분과 함께 묻혔습니다. 그래서 그리스도께서 아버지의 영광스러운 능력으로 죽은 자들 가운데서 다시 살아나신 것처럼 우리도 새 생명을 얻어 살아가게 된 것입니다. (로마 6:3~4)

예루살렘의 키릴로스Cyril of Jerusalem는 갓 세례를 받은 신자들에게 말했다.

세례를 통해 그대는 죽었고 다시 태어났습니다.
구원의 물은 그대에게 무덤이자 어머니의 자궁입니다.

마르틴 루터는 세례를 "수영을 기막히게 잘하는 옛사람을 물에 익사시키는 행위"라고 표현했으며, 아르헨티나의 목사 후안 카를로스 오르티스Juan Carlos Ortiz는 다음과 같은 놀라운 세례 공식문 baptismal formula을 사용했다.

나는 성부와 성자와 성령의 이름으로 당신을 죽입니다. 그리고 나는 당신이 하느님을 섬기고 하느님을 기쁘시게 하도록 하느님 나라에서 다시 태어나게 합니다.[4]

죽음과 부활. 그리스도교 신앙이라는 모든 불가능성은 죽음과 부활이라는 불가능성의 궤도를 돌고 있다. 세례는 하느님께서 죽

---

4 Willimon, *Remember Who You Are*, 100~101, 103.

은 것들을 삶으로, 생명으로 인도하신다고 선포한다. 그러므로 하느님께서 하시는 활동에 참여하고 싶다면, 우리는 하느님을 따라 빛이 비치지 않는 바닥, 말라비틀어진 땅, 죽음에 물든 세상의 구석(이곳은 당신의 마음 어딘가일 수도 있다)까지 갈 각오를 해야 한다. 하느님께서 그런 곳에서 활동하시기 때문이다. 하느님께서는 그런 땅을 일구시는 농부이다. 세례는 우리가 거룩해지기 위해 올라가야 할 사다리나 자기 계발서 따위는 없다고 말한다. 우리에게 놓인 길은 죽음과 부활뿐이다. 다시 또다시, 매일매일 죽음과 부활을 통해 하느님께서는 우리의 가장 깊은 무덤으로 들어와 예수님을 살렸던 그 힘으로 우리의 교만, 무관심, 두려움, 편견, 분노, 상처, 절망에서 우리를 뒤흔들어 깨우신다. 하느님께서 사흘 동안 죽어 있었던 사람의 뇌 기능을 소생시키셨다는 것과 하느님께서 우리가 죽인 모든 아름다운 것을 다시 살리실 수 있다는 것, 이 둘 중에 어느 것이 더 믿기 어려운지 나는 잘 모르겠다. 둘 다 내게는 불가능해 보인다.

　오늘날 왜 사람들이 교회를 떠나는지에 대해서 모두가 각기 다른 말을 하고 있다. 어떤 이들은 이 문제를 해결하기 위해 그리스도교를 좀 더 사람들 취향에 맞추려고 한다. 알다시피, 몇몇 곳에서는 이미 이러한 일이 진행 중이다. 죄, 악의 세력, 죽음과 부활 같은 이상하고 낯선 것을 치워버리고 그 자리에 자기 계발 서적이나 특정 정치 이념이나, 혹은 정교한 신학 체계, 멋들어진 카페를 놓으려 한다. 하지만 나는 오늘날 교회에 가장 필요한 것은 이상하고 낯설었던 교회 본연의 모습을 되찾는 것이라고 생각한다. 대중 영화에서 괴짜 주인공 소녀는 (많은 소녀가 앙망하는) 댄스파티를 거들떠보지 않는다. 이런 소녀가 사람들의 시선을 끄는 화장을 하는 건 별다른 의미가 없을 것이다. 교회도 마찬가지다.

세례를 통해 신앙의 선배들은 그리스도교가 본래 담고 있는 기이하면서 낯선 진리를 실현했다. 우리는 언제나 악과 죽음에 노출되어 있지만, 그 악과 죽음은 사랑 앞에 무력하다고 그들은 선포했다. 이는 비범한 일이다.

제4장

통통한 토끼

17살이 되면, 그래서 모든 것을 알게 되면 정말 기분 좋을 거야.

— 아서 C. 클라크Arthur C. Clarke

콜럼바인 고등학교 총기 난사 사건 다음 날 나는 학교에 갔다. 물론 학우들은 대부분 학교에 나오지 않았다. 버스를 타러 집을 나서면서 난 어머니에게 말했다. "복음을 전할 완벽한 기회에요. 모두 두려움에 떨고 있으니까요." 테네시주 데이턴에 있는 레아 카운티 고등학교는 콜로라도 주 컬럼바인 고등학교에서 정확히 2,121km 떨어져 있다. 내가 등교하기 전날인 1999년 4월 20일, 컬럼바인 고등학교에서 에릭 해리스Eric Harris와 딜런 클리볼드Dylan Klebold가 돌격소총 2정과 99개의 폭탄 그리고 산탄총 2정을 검정

트렌치코트에서 꺼내어 12명의 학생과 교사 한 명을 살해하고 자살한 사건이 일어났다. 뉴스에 따르면 어떤 학생들은 살해당하기 전에 하느님을 믿느냐는 질문을 받았다고 했다. 버스 창에 파란 아침 빛이 물드는 동안 나는 하느님께 기도했다. 우리 학교에도 이와 유사한(그날 아침 전국의 수많은 부모와 학생과 선생이 우려했던) 사건이 일어난다면 나 또한 신앙을 고백할 힘을 달라고 말이다.

당시 고등학교 4학년이자 성경 클럽의 회장이었던 나는 이번 참사를 통해 미 전국의 고등학교마다 부흥의 바람이 불 것이라고 확신했고 그 바람을 타고 뭔가를 하고자 했다. 나와 어맨다가 세례를 받은 지 2년 후, 온 가족이 테네시주로 이사 와서 공립학교에 다니게 되었을 때부터 나는 부흥을 꿈꾸었다. 하지만 저 유명한 1925년 스콥스 원숭이 재판Scopes Monkey Trial의 무대였던 데이턴에 사는 거의 모든 사람이 이미 교회를 다니고 있었다는 사실이 내 꿈이 현실이 되는 걸 가로막고 있었다.* SYATPSee You At the Pole(매년 9월 4번째 주 수요일 아침, 학교가 시작하기 전 초,중,고,대학생들이 자신들의 학교 국기 게양대에 모여 나라, 학교, 가족을 위해 기도하는 모임) 시간에는 기도를 하러 온 학생들이 너무 많아 원이 두 겹으로 만들어질 정도였다. 내가 이곳에 오기 전부터 부흥은 테네시 계곡을 드리운 안개

---

* 스콥스 재판은 1925년 7월 21일, 미국의 테네시주에서 열린 과학 교사 존 스콥스에 대한 재판이다. 당시 존 스콥스는 공립학교 내에서 진화를 가르치지 못하도록 한 테네시주 법률을 어기고 학교에서 진화를 가르쳤다는 이유로 벌금형을 받았다. 결과적으로 스콥스는 재판에서 패했지만 각 주에서 진화론 교육을 금지한 반진화론 법안이 정치와 종교를 분리하는 헌법에 어긋난 법안임이 주목받는 계기가 되었으며 이후 교육자나 교육학자 대신 과학자들이 직접 과학 교과서를 집필하게 되었다.

처럼 깊이 물들어 있었다.

　그래도 나는 이곳에 있는 모든 그리스도교인을 '복음주의' 그리스도교인으로 회심시키고 그들의 마음에 하느님을 향한 불을 지피겠다는 굳은 다짐을 하면서 등굣길에 나섰다. 매일 아침 들었던 디씨 토크DC Talk, 오디오 아드레날린Audio Adrenaline의 노래는 이런 내 마음을 북돋아 주었다. 검정 유성펜으로 빨간 덕트 테이프에 '하느님은 킹왕짱'이라고 쓰고 그것을 스티커인 양 내 가방에 덕지덕지 붙였다. 친구들과 금요일에 있었던 미식축구 경기에 관해 이야기하는 와중에도 어떻게 하면 예수 그리스도의 죄 사함과 대속으로 대화의 주제를 자연스럽게 돌릴 수 있을지 고민했고, 과학 수업 시간에는 실험을 같이하던 친구와 진화론을 두고 토론했다. 컬럼바인 참사가 일어난 다음 날에는 종일 줄리 앤드루스Julie Andrews가 나오는 《사운드 오브 뮤직》The Sound of Music을 보면서(그날 학교에서는 종일 영화만 보았다) 나보다 두 자리 앞에 앉아있던 치어리더에게 속삭였다. "오늘 죽는다면 어디에 영원히 있을지 확신할 수 있겠니?" 이 물음은 진심에서 우러나온 말이었다. 내가 그녀를 비롯해 모든 사람의 영혼과 종말에 지대한 관심이 없었다면 그녀의 차가운 눈에서 뿜어져 나온 광선에 맞아 죽어도 할 말은 없었을 것이다. 하지만 대부분의 친구는 내 이야기를 들어주었고 친절하게 답했다. 지금 생각해보면 몇몇 남학생들은 내 이야기보다는 내 가슴에 더 관심이 있었던 것 같다. 어쨌든 몇몇 친구들은 쉬는 시간에 나를 찾아와 신앙의 유익함과 더불어 토요일 밤에 열리는 파티에 갈 것인지를 물어보곤 했다. 내가 있던 졸업반에는 자신이 무신론자라고 공개 선언한 두 명이 있었고 나는 그중 한 명을 전도했다. 나는 자부심으로 가득 차 있었다.

정확히 말하자면, 나는 둘 중 한 명을 청소년부 모임에 데려왔고 실질적인 회심을 불러일으키는 일은 브라이언 워드Brian Ward의 몫이었다. 그는 당시에도 지역에서 유명한 청소년부 사역자였다. 인근 지역 교회 사람들과 학생들은 브라이언이 기타를 치며 예수님에 관해 이야기하는 것을 듣기 위해 매주 수요일 밤 그레이스 바이블 교회의 '더 플래닛'the Planet 모임에 참석했다. 브라이언은 이른바 '교회에서만 통용되는 언어'를 불편하게 여겼다. 그래서 그는 '주님'과 자신의 관계에 관해 이야기하지 않았고, 어떻게 신앙생활을 하게 되었는지, 이에 대한 자신의 느낌은 어떠한지와 같은 이야기들을 하지 않았다. 그는 조지아 대학교 미식축구팀 팬이었고 낡은 야구모자와 티셔츠를 입고 에디 베더Eddie Vedder처럼 허스키하면서도 매력적인 목소리로 노래를 불렀다. 가끔은 이야기에 상스러운 말을 넣기도 했다. 우리는 그가 부모님과 적잖은 문제를 겪고 있다고 추측했는데, 이는 브라이언의 신비감을 높이는 결과만을 낳았다. 그는 이미 머리가 빠지고 있었는데 우리가 이를 놀려댈 때면 하느님께서 암곰 두 마리를 보내서 예언자 엘리사를 놀려댄 소년 42명을 죽인 이야기를 들려주었다. "암곰 두 마리라고. 성경에 적혀있어. 맹세해. 찾아봐."

매주 수요일 밤에 만나는 모임을 '더 플래닛'이라고 부르고 장소를 교회 예배당에서 시내 중심가의 가게로 옮긴 것도 브라이언의 생각이었다. 또한 그는 리더십과 찬양팀에 학생들을 참여시키고 청소년부의 미래에 중요한 의제를 결정할 때 학생들의 의견을 반영했다. 그는 우리가 보는 TV프로를 봤고 우리가 웃는 부분에서 웃음을 터트렸다. 그의 아내 캐리는 예쁘고, 친절하고, 현명했다. 나는 그들이 살던 강변의 작은 집을 내 집처럼 잘 알았다. 브라이언은 다른 청소년부 사역자들이 절박한 마음에 쓰는 무리한 방법을 택하지 않고도 교회를 매력적으로 보이게 하는 법을 알았다. 교회에 배구 네트를 달고 크리스천 록 음악을 튼다고 해서 운동선수와 음악을 하는 아이들, 음침한 복장을 선호하는 아이들, 치어리더들, 촌뜨기들, 어린 시절부터 교회에 다니던 아이들이 서로의 차이를 극복하고 그리스도의 영 안에서 즐겁게 지내리라고 생각하지 않았다. 그는 그렇게 될 거라고 섣불리 생각하는 사역자들을 안쓰럽게 여겼다. 대신 브라이언은 대여한 가게의 한구석에 푹신한 소파를 들여놓고 다른 한쪽에는 테이블 축구게임을 설치했다. 옆방에는 비디오 게임기를 갖춰 놓았고 점포 뒤에는 공연 무대를, 주차장에는 농구 골대와 배구 네트를 마련했다. 매주 같은 장소에 3시간 동안, 70명이 넘는 10대 청소년(우리가 서로를 알아가든 그렇지 않든)이 모인다는 사실 그 자체가 성공이라고 우리는 생각했다. 브라이언은 이 세상의 모든 10대가 선망할 법한 사람이었다(그는 노력하지 않아도 멋졌다). 우리는 브라이언을 정말 좋아했다.

심지어 반항적인 학생들도 브라이언을 좋아했다. 예배 시간에 손을 주머니에 넣고 브라이언과 이야기를 나눌 때면 바닥에 있는 카펫만 뚫어져라 바라보며 아닌 척했지만 말이다. 브라이언은 그들과 같이 낚시하러 가거나 볼링을 치러 갔고, 그들만의 농담을 공유했고, 많은 세월이 지난 후에는 그들의 결혼 주례를 보았다. 나는 그가 반항적인 학생들과 함께 지내는 모습을 보며 그들도 예배 시간에 우리('모범적인' 청소년부 학생들)처럼 앞으로 나와 손을 들고 열정 어린 모습으로 하느님을 찬양해야 하지 않을까 생각했다. 그러한 마음으로 브라이언을 다그치면 그는 답했다. "사람을 변화시키는 것은 내 일이 아니야. 내가 할 일은 그들을 그저 사랑하는 것뿐이야." 나는 브라이언이 거시적인 안목으로 학생들을 복음으로 인도한다는 점에서 그렇게 말한다고, 부흥의 물결이 천천히 스며들게 하기 위해 학생들과 친해지는 것이라고 생각했다. 나는 그가 나 또한 그렇게 사랑해준다고는 미처 생각하지 못했다.

청소년부 활동을 빼면 당시 교회와 관련된 기억은 거의 나지 않는다. 일요일 아침마다 수요일에 봤던 친구들은 단정한 셔츠와 치마를 입고 교회에 나왔다(당시 나는 말괄량이 시절과 작별하고 열심히 립스틱을 바르고 다녔다). 우리는 창이 없는 돔 구조를 한, 그래서 밖에서 보면 천체투영관처럼 생긴 그레이스 바이블 교회 예배당 뒤편에 앉아 예배를 드렸다. 그레이스 바이블 교회는 데이턴에서 가장 큰 독립 교회로 90년대 예배 전쟁worship war이 일어나는 와중에도 커다란 출혈을 입지 않았다(200명가량 되는 교인들은 예배 순서를 따라 전통적인 찬송가와 현대식 찬양을 번갈아 부르는 것으로 합의를 보았다). 담임 목사님이었던 더그Doug 목사님은 부모님의 오래된 친구로 아버지의 신학교 동창이었다. 아버지와 목사님은 베트남전과 관련해 신체검사를 함께 받으러 간 적이 있는데 이 이야기를 전쟁 무용담처럼 이야기하곤 했다(둘 다 병으로 차출되지는 않았지만 말이다). 더

그 목사님은 조지 목사님보다 학구적이고 성경해석에 관심이 많았다(그리고 세인트루이스 카디널스 야구팀의 팬이었다). 교회 주보에는 목사님의 설교문이 요약된 형태로 실려 있었고 대부분의 제목은 구원Salvation, 성화Sanctification, 뜻Significance 등으로 채워졌다. 나는 설교를 들으며 주보 빈자리에 설교 내용을 가득 적곤 했다. 때로는 다음 설교 주제는 무엇일까 예측해보기도 했다. 뒷자리에 앉은 남자아이들이 종이를 내 머리에 던지는 와중에도 말이다.

교회 생활을 하고 싶어하지 않는 청소년들이 청소년부 모임에만 따로 가는 일은 거의 없다. 그러나 브라이언의 관계 중심적인 사역은 내가 갖고 있던 십자군 콤플렉스에 제동을 걸었다. 그는 내가 교회에서 가르치고 모임을 이끄는 재능이 있다는 것을 발견했고 수차례 수요 모임의 인도를 맡겼다(교회에서 10대 여성이 누리기 힘든 엄청난 기회였다). 그는 내가 슈퍼볼 파티 와중에도 회개를 촉구하는 열변을 토할 필요는 없다고, 편하게 친구들과의 시간을 즐기라고 조언했다. 찬양 집회나 수련회장을 향해 울퉁불퉁한 도로를 달리는, 창은 항상 열려 있는 버스에서 머리는 엉켜져 있고 눈은 귀여운 남자아이들과 함께할 때도 말이다.

매년 봄 우리 교회 청소년부는 헤일리빌에 있는 캠프 맥스웰이 주관하는 주말 봉사 프로젝트에 참가하기 위해 앨라배마주로 가는 버스에 몸을 실었다. 캠프 맥스웰은 불우 아동과 학생을 위한 캠프 프로그램을 제공했는데, 봄마다 미 남동부에 있는 여러 교회 청소년부 학생들을 초대해 콘크리트를 붓고 나무 그루터기를 파내고 캠프 수도 시설을 고칠 기회를 주었다(이 때문에 봄이 되면 우리 교회 여자아이들은 캠프 맥스웰에서 입을 멜빵바지를 사곤 했다). 저녁이 되면 야외 예배당에서 함께 추위에 떨며 예배를 드리고 지옥 불과 유황을 강조하는 설교를 들었다(집에 돌아오는 길에 브라이언은 친절하게 설교 내용을 조정해 주곤 했다).

캠프 맥스웰에서 우리는 매년 우리의 특별함을 증명하기 위해 세척 밸브 상을 받으려고 노력했다. 세척 밸브 상은 말 그대로 변기에 달린 밸브가 송판 위에 있는 모습을 하고 있었는데 운동 경기, 게임, 성경 퀴즈, (가장 중요한) 장기 자랑 등 캠프 행사에서 가장 많은 점수를 딴 교회로 돌아갔다. 우리 교회는 강력한 우승 후보였다. 밴드 멤버, 운동선수, 공붓벌레, 배우 지망생이 모두 청소년부에 있었기 때문이다. 언젠가는 장기 자랑을 할 때 뮤지컬《스톰프》Stomp를 공연해 사람들에게 기립박수를 받은 적도 있었다.

우리 교회가 유일하게 약했던 종목은 게임이었다. 미국 교회의 맥락에서 이야기하는 '게임'은 우리가 일반적으로 알고 있는 게임과는 전혀 다르다는 걸 먼저 밝혀두겠다. 90년대 후반 미국 교회 청소년부에서 했던 '게임' 때문에 최소한 수백만 명이 전염성 단핵증에 걸렸고, 수천 명의 뼈가 부러졌고, 수십 명이 위세척을 했으며 헤아릴 수 없이 많은 사람이 오랫동안 병원에서 상담과 치료를 받아야 했을 것이다. 교회 청소년부에서 하는 '게임'이란 불안정하고 호르몬이 넘쳐흐르는 10대 청소년들을 신체적으로 힘들고 위험한 상황으로 몰아넣는 활동이 대부분이었다. 서먹서먹한 분위기를 깬다는 이유로 진행한 '게임'들은 결국 누군가 구토를 하거나 발기하는 것으로 끝나곤 했다.

구체적인 예를 열거하면 끝이 없다. 신뢰의 벽, 릴레이 경주, (폭력적으로 변한) 수건돌리기와 의자 **빼앗기**, 피구와 **빨간** 방랑자 게임(언젠가부터 금지되었는데 아마도 누군가 게임을 하다가 숨졌기 때문일 것이다) ⋯ 불이 꺼진 자그마한 방에 25명이나 되는 아이들이 숨바꼭질을 한다거나 (그 비좁고 어두운 공간에 사람들을 밀어 넣다니 도대체 무슨 생각이었을까?) 신용 카드를 입에서 입으로 전달해 옮기는 게임, 2L 우유를 멈추지 않고 다 마시면 2달러를 받는 게임도 있었다. 물 대신 레모네이드가 가득 담긴 변기통에 손을 넣어 초콜릿 바를 찾는 게임, 얼굴에 스타킹을 씌우고 바나나를 먹이는 게임, 면도 크림으로 가득한 얼굴에 치즈 볼 과자를 붙이고 얼굴에서 떨어지지 않도록 하는 게임도 기억이 난다. 나 같은 내성적인 사람에게 이런 게임들은 영원한 고통이 무엇인지를 보여주는 서커스와 같았다. 최근 나는 트위터에 당시 있었던 '게임'들과 관련한 무용담들을 올렸는데 많은 사람이 자신의 이야기를 들려주었다. 그들의 이야기는 경악스러웠다.

"맥도날드 해피밀을 갈아 만든 밀크셰이크를 먹는 걸 본 적이 있어요."

"한 남자아이의 겨드랑이에 잔뜩 바른 땅콩버터를 핥아먹는 걸 봤어요."

"팀을 나누어 각 팀에서 가장 작은 중학생 아이를 청테이프로 칭칭 감아서 벽에 붙였어요. 가장 오랫동안 벽에 달라 붙어있는 아이의 팀이 이기는 것이었죠."

"온몸에 바셀린을 바르고 깃발을 빼앗는 게임인데 깃발 대신 수

박을 빼앗아야 했어요. 학생 3명이 뇌진탕으로 쓰러졌고 청소년

부 리더는 가슴에 한 피어싱이 뜯겨 나갔죠."

"한마디만 말할게요. 살인 배구."

"양파를 사과처럼 깨물어 먹은 적이 있어요. 왜 그랬는지는 기억

나지 않아요."[1]

다행히 브라이언은 미약한 불안장애를 앓고 있었고 우리만큼이나 교회'게임'들을 싫어했다. 덕분에 우리는 캠프 맥스웰과 같은 큰 집회나 모임에서야 그런 '게임'들을 접했다. 테니스 운동화 밑창에 붙은 껌을 입으로 떼는 모습을 보며 우리는 경악했다.

추위가 가시지 않은 어느 봄날 밤, 우리 교회 청소년부가 세척 밸브 상을 받는 데 최대의 걸림돌은 '통통한 토끼'라는 게임이었다. 이 게임은 '자원자'들이 입에 마시멜로를 가능한 한 많이 집어 놓고 '통통한 토끼'라는 말을 (마시멜로를 뱉거나 숨 막혀 죽기 전에) 하는 게임이었는데 가장 많은 마시멜로를 입에 넣고 말을 하는 학생의 팀이 승리를 거두었다. 당연하지만, 우리는 모두 '통통한 토끼' 게임을 싫어했다. 우리에게 어울리지 않았을 뿐만 아니라 참가자들을 웃음거리로 삼으려는 의도가 불순해 보였기 때문이다. 하지만 세척 밸브 상을 받아 다른 교회 청소년부에게 본때를 보여주려

---

1   이와 관련해 또 다른 이야기를 보고 싶다면 다음을 보라. Rachel Held Evans,
    'It's a wonder any of us survived youth group', December 3, 2013, http://
    rachelheldevans.com/blog/youth-group-games.

면 우리 중 누군가는 나서야 했다. 환호성 소리와 함께 각 교회 대표가 나왔지만 우리는 나무 의자에 조용히 앉아 발아래에 있는 톱밥을 신발로 차고 있었다. 팔에 잔뜩 고무 팔찌를 두른 누군가 마이크를 잡고 소리쳤다. "그레이스 바이블 교회 대표 나오세요!" 몇몇 이름이 오갔지만 서로 눈치만 볼 뿐 나가지는 않았다. 브라이언도 우리만큼이나 심란해 보였다. 그때, 뒤에서 침착하고 단단한 목소리가 들렸다. "제가 할게요." 우리는 모두 뒤를 돌아보았다.

누군가 '반항아'가 무엇을 뜻하는지 묻는다면 나는 그에게 마이크Mike의 얼굴을 보여줄 것이다. 빨간 곱슬머리에 큰 키, 신랄한 말을 즐기고 성격은 무모했던 그는 대부분의 시간을 방과 후 학교나 응급실에서 보냈다. 마음에 들지 않는 게 있다면 그냥 참아 넘기는 법이 없었기 때문이다. 그는 학교도, 교회도, 캠프 맥스웰도 모두 마음에 들어 하지 않았다.

하지만 그는 항상 부드럽게 빛나는 눈을 갖고 있었고 절묘한 순간에 농담을 터뜨리는 유머 감각이 있었기 때문에 나 같은 교회 샌님들도 마이크를 좋아했다. 그의 굳게 닫힌 입가에 미소가 필 때 설레지 않은 여자아이들은 하나도 없었다. 그리고 마이크의 턱은 크고 각 졌으며 뺨은 넓었다. '통통한 토끼'를 하기 위해 태어난 사람이었던 것이다.

마이크는 말없이 걸어가 통 큰 멜빵바지를 입은 버밍햄 출신의 소녀와 공포로 몸이 얼어붙은 헌츠빌 출신의 중학생 사이에 섰다. 게임 사회자는 그에게 턱받이로 쓸 검정 쓰레기 비닐봉지를 씌었다. 마이크는 우리를 위해 나선 캣니스 에버딘Katniss Everdeen이었고 헝거 게임에서 우승을 거두었다. 덕분에 우리는 3년 연속으로 세척 밸브 상을 받았다.*

그렇게, 순교하겠다는 열망을 품고 매일 등굣길에 나섰던 한 소녀는 세척 밸브 상을 받기 위해 마시멜로를 입에 욱여넣는 소년을 보며 환호성을 지르게 되었다. 내가 일정한 사회성과 관계성을 갖게 되었다면 그것은 전적으로 브라이언 워드와 그레이스 바이블 교회 청소년부 덕택일 것이다. 대부분의 또래 친구들이 자신의 정체성을 찾기 위해 씨름을 하고 있을 때 나는 내가 누구인지 확실히 알고 있었다. 나는 예수쟁이였고 교회 청소년부라는 가족의 일원이었으며 하느님을 향한 열정으로 불타오르던 소녀였다. 그레이스 바이블 교회 공동체에서 누린 소속감, 그곳에서 받은 사랑이 얼마나 귀한지 나는 아마 죽을 때까지 헤아리지 못할 것이다. 그리고 당시 나는 내 안에서 불타오르는 열정이 꺼질 수 있다는 사실을 전혀 깨닫지 못했다.

---

* 캣니스 에버딘은 《헝거 게임》의 주인공이다.

제 5 장

충분함

우리는 대부분 교회가 용납하지 못하는 방법으로 교회를 찾게 된다.

- 플래너리 오코너Flannery O'Connor

나는 앤드루Andrew만큼 세례를 받는다는 사실에 들뜬 사람을 본 적이 없다. 이 19세 소년은 마치 졸업식이나 결혼식을 앞둔 사람처럼 들뜬 목소리로 내게 말했다. "이제 13일 남았어요! 레이첼, 제 세례식에 오지 않을래요?" 나는 순간 멈칫하다 브라우니를 둘로 나눈 뒤 큰 조각을 건네주며 답했다. "음, 테네시주에서? 세인트루이스까지 가기에는 좀 멀지 않을까?" 우리는 미주리주 컬럼비아시의 한 감리교회 지하에 있는 접이식 원탁에 둘러앉아 참가 중인 대회의 오후 시간을 건너뛰고 점심 후식으로 나온 케이크와 파이를 먹고 있던 차였다(미 남부 침례교회의 간판 요리가 가정식 칠리 요리라면 감리교회의 간판 요리는 페이스트리라고 할 수 있다. 나는 단 한 번도 감리교회에서 나온 레몬 바를 먹고 실망한 적이 없다). 우리가 처음 만난 건 그날 오전, 내가 발표를 마치고 나서였다. 연노란색 머리와 보조개가 움푹 들어간 얼굴을 한 대학생이자 내 블로그의 애독자였던 앤드루는 강당에서 나를 보자마자 아이처럼 웃으며 달려와 나를 안아주었다. 주변 사람들이 당황해하자 나는 말했다. "괜찮아요. 인터넷을 통해 알고 있던 사람이에요."

앤드루는 손에 들린 브라우니를 유심히 살피며 말했다. "솔직히 세례를 받을 거라곤 상상도 못 했어요. 세례를 받을 자격이 있다고 생각하지 못했거든요." "어떤 교회에 다녔는데?" 그는 말 대신 자신의 스마트폰을 꺼내 손가락을 움직였다. 한 사진을 찾은 앤드루는 내게 스마트폰을 건네주었다. 금이 가 있는 화면에는 어느 교회의 소식지가 보였다. 화면을 확대하자 동성 간 결혼을 다룬 글이 눈에 들어왔다. 글쓴이는 동성혼이 얼마나 역겨운 일인지를 성토하고 있었다. 글 제목 왼쪽에는 정장을 입은 백발 남성의 사진이 있었다. 어딘가 낯익은 눈이었다.

"제 아버지세요. 목사님이고 제가 커밍아웃을 하자마자 이 소식지를 만들어 돌리셨죠." 덜컥 마음이 내려앉았다. 나처럼 청소년기에 교회에서 사랑과 포용을 경험한 이가 있는 것만큼, 앤드루처럼 청소년기에 교회에서, 심지어는 집에서도 이방인처럼 배제와 차별을 경험하는 이들이 있다. 앤드루는 미 남부 작은 근본주의 장로교회 목사의 일곱 자녀 중 여섯 번째 아이로 태어났다. 그는 자신이 자라난 신앙 공동체를 좋아했다. 성경을 강조하고 전도에 헌신하며 가족과 같은 공동체의 분위기를 사랑했다. 하지만 10대에 들어서자 그는 CCM을 듣지 못하게 하거나 제임스 흠정역 성경만 읽게 하는 교회의 엄격한 지침 때문에 갈등했다. 앤드루의 아버지는 경건과 의, 자기 절제를 강조했지만 앤드루는 부드럽고 열린 영혼을 갖고 있었으며 하느님과의 친밀한 관계를 중시했다. 그의 아버지가 강대상에서 설교할 때 그는 자신의 기도 일기장에 하느님과 대화를 나누듯 글을 써 내려갔다. 가끔 반항할 때도 있었지만(앤드루는 18세 때 처음으로 영화관에서 영화를 보았다. 부모님 몰래 친구들과 같이 본 영화는 《헝거 게임》The Hunger Games이었다), 예수님을 깊게, 열정을 다해 사랑했다. 그래서 앤드루의 시름은 더 깊어질 수밖에 없었다. 그의 친구들이 여자에 관해 이야기할 때 그의 눈에는 남자가 들어왔다. 어렸을 때부터 성적 지향은 선택의 문제이며 동성애는 가증스러운 행위라는 이야기를 들었던 앤드루는 자신의 충동이 죄의 결과는 아닐까 두려움에 떨었다. 그는 이 죄에서 자신을 깨끗이 씻어달라고 셀 수 없이 많은 낮과 밤을 하느님께 빌었다. 2012년 그는 자신의 기도 일기장에 적었다.

주님, 저는 무섭습니다. 저는 버림받기 싫습니다. … 제가 무슨 일을 겪고 있는지 정말 신경 쓰시는 건가요? 왜 저를 이렇게 만드셨나요? 이를 통해 저에게 가르쳐주시고자 하는 바가 있으신 건가요? 아버지, 제 손을 당신께 둡니다. 저는 당신 손안에 있습니다. … 제게 믿음을 주세요. 제발. 이제 더는 버틸 수 없습니다.

하지만 그 어떤 기도도, 성경 공부도, 자기 훈련도 앤드루의 성적 지향을 바꾸지는 못했다. 결국 수차례 우울증을 겪고 절망과 씨름했던 그는 자신이 동성애자임을 스스로 받아들였다. 그리고 집을 떠나 세인트루이스에 있는 대학에 갔고 그곳에서 자신을 있는 그대로 받아주는 새로운 교회를 찾았다. 새로운 신앙 공동체는 그가 세례를 받을 수 있도록 도와주었다. 그가 어렸을 때부터 그토록 받기 원했던 세례 말이다. 앤드루는 말했다. "저는 그때까지 세례와 성찬에 참여하지 못했어요. 아버지는 언제나 제 신앙은 성령의 열매를 맺지 못했다고 말씀하셨죠. 제가 세례를 받을 만큼 선하고 거룩해질 때까지 기다려야 한다고 하셨어요."

대학교 1학년 가을 추수감사절 연휴 때 그는 가족에게 커밍아웃했다. 결과는 좋지 않았다. 이제 그는 가족과 관계를 끊고 스스로 벌어 등록금을 내고 있으며 학교 기숙사에서 산다. 마지막으로 아버지와 대화했을 때, 아버지는 그가 지옥에 갈 거라고 말했다. 하지만 앤드루는 고통스러운 추수감사절 기간 혼자가 아니었다. 새로운 교회의 신자들이 그와 함께 기도했기 때문이다. 고통을 겪을 때마다 그는 그들이 함께함을 알고 있었다. 앤드루는 말했다. "완벽한 교회는 없어요. 하지만 이 교회는 저를 반겨주었어요."

그제야 나는 그가 왜 나를 세례식에 초대했는지 이해하게 되었다. 나는 그의 가족이었다. 앤드루가 하느님의 가족으로 받아들여진 과정은 나와는 비교할 수 없을 만큼 지난했고 고통스러웠지만, 그는 내가 그의 가족이 되기를 바랐다. 내가 그를 거절하지 않고 그의 모습 그대로를 사랑했기 때문이다. 때로 교회는 교회에서 쫓겨난 이들의 피난처가 되어야 한다.

나는 앤드루의 세례식에 가지 못했다. 그러나 그날 나는 앤드루를 위해 기도했고 그가 보낸 세례식 영상을 보았다. 영상에서, 세례를 받기 전에 그는 고백했다.

"저는 제가 죄악에 빠져있다고 생각했기 때문에 오랫동안 세례를 받지 않았습니다. 세례를 받기에는 제가 적합하지 않다고, 자격이 없다고 생각했습니다. 하지만 저는 세례가 당신을 향한, 신앙이라는 긴 여정의 시작임을 깨달았습니다. 중간이나 끝이 아니라 시작 말입니다. 세례를 받기 위해서 완전무결해야 하는 건 아닙니다. … 하느님께서 내려주시는 은총의 손길을 붙잡는 것으로 족합니다. 그분의 은총은 충분하고도 넘칩니다."

제6장

강

우리에게는 야생의 고요와 어둠으로부터 도망치려는 성향이 있다.
우리가 신들로 여기는 것들을 감싸 안은 채 성벽 뒤에서
쭈그려 앉아 있으려는, 그것들을 우상으로 만들려는 성향이 있다…
하지만 우리가 성전에 있을 때,
그 누가 사막에서 부르짖는 소리를 들을 것이며,
그 누가 바람에 흔들리는 갈대에 귀를 기울일 것인가?

- 쳇 레이모Chet Raymo

세례자 요한은 수많은 성인 가운데서도 유난히 돋보이는 인물
이다. 예복을 입고 엄중한 표정을 한 교부들 사이에서 곱슬머리와
사나운 눈, 태양에 그을린 갈색 피부와 갈비뼈가 드러날 정도로 마
른 몸, 십자가 모양의 지팡이, 혹은 "회개하라. 하느님의 나라가

다가왔다"고 적힌 두루마리를 손에 쥔 모습 … 한마디로 말해 그는 길거리에서 단둘이 마주치기 싫은 그런 남자다.

엘리사벳과 즈가리야(스가랴)가 노년에 기적처럼 낳은 요한은 아버지가 기원후 1세기 예루살렘 성전에서 정결 의식을 하는 모습을 보며 자랐을 것이다. 레위법에 따르면 유대인은 월경, 피부병, 시체와의 접촉과 같은 부정에서 자신을 깨끗이 해야 했으며 이에 따라 수많은 유대인이 절기를 준비하며 성전으로 가 물로 자신의 부정을 씻어냈다. 요한의 가족과 친구들은 그가 아버지 즈가리야를 따라 성전의 제사장이 되리라 생각했을 것이다. 그러나 요한은 성전에 머무르지 않았다. 그는 도시를 떠나 변방으로 갔다. 정결 예식을 위한 미크베מקוה를 버리고 자유롭게 흐르는 강을 택했다.[1]

요한은 메뚜기와 들꿀로 연명하며 유일하고 극적인 삶의 변화를 상징하는 세례의 자리로 사람들을 불러 모았다. 그렇게, 그는 예언자 이사야가 말한 "광야에서 외치는 이의 소리"를 실현했다. 요한은 하느님께서 활동하고 계시며 모든 것이 변할 것이라고 외쳤다. 또한 그는 하느님의 활동은 성전에 제한되지 않으며 "모든 골짜기는 메워지고 높은 산과 작은 언덕은 눞혀져 굽은 길이 곧아지며 험한 길이 고르게 되는 날, 모든 사람이 하느님의 구원을"(루가 3:5~6) 볼 것을 알고 있었다. 요한은 사람들에게 말했다.

---

[1] 요한의 생애에 대한 통찰을 준 브라이언 매클라렌에게 감사한다. *We Make the Road by Walking: A Year-Long Quest for Spiritual Formation, Reorientation, and Activation* (New York: Jericho, 2014).

너희는 주의 길을 닦아라. 그의 길을 고르게 하여라. (마르 1:3)

이제 사람들은 하느님을 찾아갈 필요가 없었다. 하느님께서 사람들에게 오시기 때문이다. 그 어떤 산과 장벽도, 이념과 의례, 혹은 규칙과 율법도 끈질기게 사랑하시는 하느님의 발걸음을 막지 못했다. 성전은 산을 허무시는 하느님을 가둘 수 없었다. 정결 예식을 치르는 장소는 강을 통해 흐르는 그분을 멈출 수 없었다. 회개란 이러한 새로운 현실에 삶의 방향을 맞추는 것을 뜻하게 되었다. 다시 말해 회개란 하느님의 길을 가로막던 예전 삶에서 돌이켜 그분의 길을 닦는 것을 의미한다. 그리고 하느님과 그분의 백성 사이를 가로막고 있는 모든 인공적인 장애물을 없애고 이 땅을 가득 채운 그분, 그분의 거침없고도 자유로운 임재를 찬미하는 것을 뜻한다. 강에서 세례를 받음으로써 우리는 그분의 길을 닦는다. 진실로, 신앙이 있는 사람은 산을 옮길 수 있다. 심지어 우리가 스스로 만들어 낸 산이라 할지라도 말이다. 요한은 말했다. "하느님의 나라는 '저 위에' 있지 않다. 바로 '여기'에 있다. 회개하라. 그분의 나라가 다가왔다. 주의 길을 닦아라. 그의 길을 고르게 하여라."

나는 세례자 요한이 했던 이 말이 필립보(빌립)가 에티오피아 여왕의 내시에게 세례를 베풀 던 때 그의 머리에 스치지 않았을까 상상해 보곤 한다. 널리 알려진 대로, 부활하신 예수님은 제자들에게 세상에 부활의 메시지를 전하고 살아가라고 말씀하셨다. 전도자 필립보는 성령에 이끌리어 예루살렘에서 가자로 내려가는 "인적이 없는" 길로 갔다. 그곳에서 그는 마차에 앉아 히브리 성경을 읽고 있는 에티오피아의 한 내시를 만나게 된다(사도 8:26~40). 당시 의례법에 따라 내시는 정결 예식에 참여하기는커녕 성전에 들어갈 수도 없었을 것이다(레위 21:20, 신명 23:2).[2] 그는 성소수자였고, 이방인이었다. 예루살렘의 어떤 종교공동체도 그런 그를 환대하지 않았다. 그가 이스라엘의 하느님을 믿는다 해도 상관없었다. 그가 세례를 받고자 성전에 갔다면 그는 문 앞에서 쫓겨났을 것이다.

자신이 따르는 종교로부터 외면당했고, 그래서 자신은 영원히 불경하다고 여긴 이 내시는 어찌하다가 이사야의 예언서를 손에 넣었다. 그리고 자신의 경험과 공명하는 한 구절을 읽게 되었다.

> 도살장처럼 끌려가는 양처럼 털 깎는 자 앞에서 잠잠한 어린 양처럼 그는 입을 열지 않았다. 그는 정당한 재판을 받지 못하고 굴욕만 당하였다. 지상에서 그의 생애가 끝났으니 누가 그의 후손을 이야기하랴? (사도 8:32~33)

필립보는 이 소리를 듣고 그가 타고 있던 마차 가까이 다가가 그에게 지금 읽고 있는 내용을 이해하겠느냐고 물었다. 내시는 답했다. "누가 나에게 설명해 주어야 알지 어떻게 알겠습니까?"(사도 8:31) 이에 필립보는 아무도 없는 광야를 마차가 달리는 동안 그에게 예수님에 관한 복음을 전했다. 하느님께서 우리와 같은 사람이 되셨

---

[2] "곱추, 난쟁이, 눈에 백태 낀 자, 옴쟁이, 종기가 많이 난 사람, 고자는 성소에 가까이 나오지 못한다." (레위 21:20)
"불알이 터진 사람이나 자지가 잘린 사람은 야훼의 대회에 참석하지 못한다." (신명 23:1)

을 때 그분 또한 고통과 아픔을 겪으셨다고 말해주었다. 필립보의 이야기에 감동한 내시는 달리는 마차 밖으로 보이는 황량한 풍경을 바라보다 갑자기 외쳤다. "자, 여기 물이 있습니다. 내가 세례를 받아서는 안 될 것이 무엇입니까?" (사도 8:36) 우리는 어린아이처럼 기쁨에 겨워 나오는 이 질문이 그의 입 밖으로 나올 때까지 얼마나 오랜 시간 그의 마음을 움켜잡고 있었는지 모른다. 아마도, 사막의 타오르는 대지 위에 떨어지는 물 한 방울처럼 그 말은 오랜 기간 그의 입가에서 맴돌았을 것이다. 필립보는 그의 출신이자 신체적 특징, 혹은 정결 예식에 필요한 미크베가 없음을 이유로 들면서 세례를 줄 수 없다고 말할 수도 있었다. 하지만 광야의 두 여행자는 더는 말을 섞지 않고 마차를 세운 뒤 물이 있는 곳으로 갔다. 그곳은 강물이었을 수도 있고 흙탕물로 채워진 웅덩이였을 수도 있다. 필립보는 하느님의 길을 가로막지 않았다. 그는 기억했다. 복음이 불편한 이유는 복음 밖에 있는 사람들 때문이 아니라 복음이 초대하는 사람들 때문이라는 것을. 그 무엇도 내시에게 주는 세례를 막을 수 없었다. 그를 막던 높은 산과 작은 언덕은 눕혀졌다. 하느님께서 길을 만드셨다. 모든 곳에 그분의 거룩한 물이 흐르게 되었다.

2,000년이 지난 지금, 세례자 요한은 여전히 우리를 광야로, 변방으로 부른다. 우리는 종교 생활을 한다는 이유로 담을 쌓고 성전에 머무는 것에 능하기 때문이다. 우리는 우리의 이념을 따라 산을 만들고 우리가 만든 신학을 따라 장애물을 세우며 우리의 (제멋대로인) 기준과 취향을 따라 바위 언덕을 쌓는다. 그러고서는 누가 교

회에 들어올 수 있는지, 없는지 누가 하느님의 공동체에 합당한지, 아닌지를 판단한다. 우리는 하느님의 길을 가로막는 데 능숙하다. 어쩌면 이는 두려움 때문인지도 모르겠다. 우리가 길을 가로막지 않으면 하느님께서는 우리가 인정하지 않는 사람들과 우리가 납득할 수 없는 방식으로 그 길을 채우실 수 있기 때문이다. 그때 우리가 세운 규칙들은 산산 조각나고 우리가 세운 신학은 모두 질문에 부쳐질 수도 있다. 그렇지만 이것은 하느님께서 우리에게 주시는 은총이다. 어쩌면 우리는 이러한 은총이 우리가 감당할 수 없을 정도로 넘쳐 길에 흐르지 않을까 두려워하고 있는지도 모르겠다. 하지만 은총은 이미 넘쳐흐르고 있다. 만물의 하느님께서 로마 제국의 십자가에 팔을 벌리고 매달린 채 당신을 못 박은 사람들을 바라보며 "아버지, 저 사람들을 용서하여 주십시오! 그들은 자기가 하는 일을 모르고 있습니다"(루가 23:34)라고 외치셨을 때 이미 은총은 우리가 감당할 수 없는 것이 되었다.

2,000년 동안 그분의 은총은 걷잡을 수없이 소용돌이치고 있다. 우리는 이 은총에 길들여져야 한다. 오늘도 세례자 요한은 우리를 부른다. 회개하라, 삶의 방향을 바꾸어라, 주의 길을 준비하고 그의 길을 고르게 하라. 바위들을 넘어 투명한 물결이 굽이치듯 하느님의 사랑이 이 세계에 넘쳐흐른다. 우리에게 남은 일은 그분의 사랑에 항복하는 것뿐이다.

2부

고백

Confession

제7장

재

아비가 자식을 불쌍히 여김 같이
주님께서는 자기를 경외하는 자를 불쌍히 여기시나니
이는 저가 우리의 체질을 아시며 우리가 진토임을 기억하심이로다.

- **시편** 103:13~14

우리는 별의 먼지로 만들어졌다. 과학자들은 우리 핏속에 있는 철분과 뼈에 있는 칼슘, 그리고 피부 속 염소가 아주 오래전 있던 별들의 용광로에서 서서히 제련되었다가 폭발하면서 우주 곳곳에 흩어졌다고 말한다. 사라진 별의 흔적에서 새로운 별이 태어나고, 새로운 별을 중심으로 행성과 혹성과 달의 천체들이 나타나 항성계를 형성했다. 거대한 먼지 덩어리가 합쳐져 지구를 빚어내고

800억 년 전 죽음의 찌꺼기들로부터 생명이 태어났다.

흙에서 흙으로, 먼지에서 먼지로.

창세기에 따르면 하느님은 남자를 땅의 먼지로 빚으시고 숨을 불어넣으셔서 살아 숨 쉬게 하셨다. 그분은 강가에 있는 동산에 남자를 두고 동산 가꾸는 법을 가르치셨다. 하느님은 이 일에 동반자가 필요하다고 생각하셨고 여자를 만들어 함께 살아가는 법을 가르쳐주셨다. 그들은 심고, 가꾸고, 웃고, 사랑을 나누며, 각기 다른 새의 소리를 감지하고 하느님과 함께 선선한 낮에 산책하는 법을 익혔다. 그들은 생명 나무 그늘 아래 부끄러움 없이 알몸으로 살았다. 하지만 남자와 여자는 무언가 '좀 더' 있기를 바랐고 삶이 충분치 않다고 생각했다. 그리하여 하느님께서 유일하게 금하신 동산의 나무에서 선악과를 탐했다. 그들은 그 열매를 먹으면 자신들도 하느님처럼 되리라고 생각했다. 하지만 이 욕심과 반역, 탐욕과 독립을 통해 그들은 두려움과 분노, 판단, 질투와 수치를 배웠다. 하느님께서 그들과 같이 걸으려 다가오셨을 때 그들은 두려워 떨며 자신들을 숨겼다. 하느님은 그들을 동산에서, 생명 나무에서 추방하셨다. 그들은 이제 자신들이 죽게 된다는 것을 깨달았다.

너는, 흙에서 난 몸이니 흙으로 돌아가기까지 이마에 땀을 흘려야 낟알을 얻어먹으리라. 너는 먼지이니 먼지로 돌아가리라. (창세 3:19)

흙에서 흙으로, 먼지에서 먼지로.

아담의 후손들은 서로 전쟁을 벌였고 도시를 불태웠다. 아담의 아들들과 이브의 딸들은 불로 그을린 재의 냄새와 금지된 열매를 맛본 쓰라린 결과를 알게 되었다. 그들은 선과 악을 구별할 수 있었지만, 다시 한번 악을 택했고, 다시 한번 하느님처럼 되고자 폭력에 흠뻑 취한 채 여정을 떠났다. 그들이 가는 길마다 파괴의 흔적이 남았고 그 흔적인 재는 우리의 파괴성을, 필멸성을, 깊은 슬픔을, 그리고 회개를 뜻하게 되었다. 이러한 비극의 여파로, 그리고 하느님의 심판을 고대하며 우리의 조상들은 좋은 옷을 버리고 무색의 삼베옷을 입고 자신들의 얼굴을 재로 검게 칠했다. 그렇게 그들은 자신들이 연약한 존재임을, 죄에 연루되어 있음을, 그럼에도 하느님께 자신들이 의존하고 있음을 의례로 표현했다. 예언자 예레미야는 말했다.

> 내 딸 내 백성아, 상복을 입고 재를 뒤집어써 보려무나. 외아들을 잃은 어미같이 곡을 하고, "침략자들이 이렇게 들이닥치다니!" 하며, 창자가 끊어지도록 목놓아 울어보려무나. (예레 6:26)

흙에서 흙으로, 먼지에서 먼지로.

선악과는 모든 비밀을 알려주지 않았다. 가장 지혜로운 사람조차 삶의 열매는 흩날리는 먼지일 뿐이라고 이야기했다. 솔로몬은 부르짖었다.

> 모든 것은 헛되기만 한데 사람이 짐승보다 나을 것이 무엇인가!
> 다 같은 데로 가는 것을! 다 티끌에서 왔다가 티끌로 돌아가는 것
> 을! (전도 3:19~20)

욥기에서 욥이 하느님을 향해 자신이 겪는 고통을 설명해달라
고 하자 그분은 되물으셨다.

> 내가 땅의 기초를 놓을 때 너는 어디에 있었느냐?
> 그렇게 세상 물정을 잘 알거든 말해 보아라. (욥기 38:4)

욥은 티끌과 잿더미에 앉아 뉘우치며 말한다.

> 부질없는 말로 당신의 뜻을 가린 자, 그것은 바로 저였습니다.
> 이 머리로는 헤아릴 수 없는 신비한 일들을 영문도 모르면서
> 지껄였습니다. (욥기 42:3)

흙에서 흙으로, 먼지에서 먼지로.

매년 한 번씩, 우리는 수요일이 되면 재와 기름을 섞는다. 촛불
을 켜고 우리의 죄를 서로에게 고백한다. 우리는 진실을 털어놓는
다. 그리고 이마에 재를 묻히고 모두(로마 가톨릭과 개신교, 유신론자

와 무신론자, 과학자와 영성가)가 고개를 끄덕일 수밖에 없는 하나의 진실을 받아들인다.

너는 먼지이니 먼지로 돌아가리라.

우리가 아는 단 한 가지 확실한 진실은 우리 모두 언젠가 죽음을 맞이한다는 것이다.

흙에서 흙으로, 먼지에서 먼지로.

하지만 오래전 하느님께서는 약속하셨다. 예언자 이사야는 "재를 뒤집어썼던 사람에게 빛나는 관을 씌우고 상복을 입었던 몸에 기쁨의 기름을 발라주며 침울한 마음에서 찬양이 울려 퍼지게 하는" 복음을 외치는 사자가 올 것이라고 말했다. 그리고 티끌과 잿더미에 앉아 뉘우치던 사람들이 "야훼가 자기의 자랑거리로 손수 심은 것, '정의의 느티나무 숲'이라" 불릴 것이라고 말했다(이사 61:3).

우리는 하느님처럼 될 수 없다. 그래서 하느님께서 우리와 같은 인간이 되셨다. 그분은 우리처럼 되셔서 우리에게 죽이는 법 대신 살리는 법을, 파괴하는 법 대신 고치는 법을, 미움 대신 사랑을, 무언가를 '좀 더' 원하기보다는 있는 그대로 살아가는 법을 보여주셨다. 우리가 그분을 십자가에 못 박았을 때 그분은 우리를 용서하셨다. 우리가 그분을 땅에 묻었을 때, 그분은 다시 일어나셨다. 사도 바울은 이러한 신비를 설명하기 위해 노력했다.

> 첫째 인간은 흙으로 만들어진 땅의 존재이지만 둘째 인간은 하늘
> 에서 왔습니다. 흙의 인간들은 흙으로 된 그 사람과 같고 하늘의
> 인간들은 하늘에 속한 그분과 같습니다. 우리가 흙으로 된 그 사
> 람의 형상을 지녔듯이 하늘에 속한 그분의 형상을 또한 지니게
> 될 것입니다. (1고린 15:47~49)

우리는 죽음을 피할 수 없지만 죽음의 힘은 패배했다. 죄의 올가미
는 풀렸다. 우리는 하느님의 길을 따라 생명으로 돌아가면서 이 승
리를 나누도록 초대받았다. 바울은 말한다.

> 심은 씨는 죽지 않고서는 살아날 수 없습니다. (1고린 15:36)

작은 씨처럼. 씨가 심긴 땅처럼. 그리고 별처럼 삶은 죽음으로, 죽음
은 다시 삶으로 나아간다. 막달라 여자 마리아가 부활한 예수님을
정원사로 오해했던 것도 놀라운 일은 아니다. 예수라는 새로운 생
명의 나무가 땅에서 솟아나 태양을 향해 가지를 뻗었기 때문이다.

제8장

제1항에 찬성을!

별을 향해 돌을 던졌는데, 온 하늘이 떨어져 버렸네.

- 그레고리 앨런 이사코프Gregory Alan Isakov

"오 신실하신 주, 내 아버지여 늘 함께 계시니 두렴 없네…" 찬송가를 무표정한 얼굴로 함께 부르고 있었지만, 내 마음은 파피루스 모양을 한 찬송가 가사 글자(사람들이 싫어하는 대표적인 글자 모양이다)를 상대로 화를 내고 있었다. 전자 드럼은 잠을 부르는 3/4박자로 일관하고 있었지만, 그레이스 바이블 교회 회중은 친숙한 옛 찬송가의 기운을 받아 그 어느 때보다 힘차게 노래를 불렀다. 분명 그들은 정해진 박자보다 더 천천히 부르고 싶어 했다. 갈색 곱슬머리가 눈을 가린 고등학교 졸업반 드럼 연주자는 1절 내내 실제 노래 박자를 두고 씨름하다 결국 200여 그리스도교인들이 신실한 주의 사랑을 나타내는 "봄철과 또 … 여름, 가을과 겨 … 울"을 질질 끌면서 부르기를 좋아한다는 사실을 깨닫고 실제 박자는 포기하기로 마음먹었다. 가사가 사계절에 다다랐을 무렵 나는 노래를 부르지 않았다. 솔직히 말하면, "그 사랑 변찮고 날 지키시며 어제나 오늘이 한결같네"라는 소절부터 입만 벙긋하고 있었다.

"변찮고 한결같다"라, 그렇다면 정말 좋을 텐데. 죄책감이 들었다. 내 오른쪽에는 유방암 생존자가, 내 앞의 앞에는 남편을 갓 떠나보낸 여인이 눈을 감고 손을 하늘을 향해 올리며 찬송을 부르고 있었다. 그들의 신앙은 결코 쉽지 않은 길을 지나왔다. 나도 알고 있었다. 하지만 나는 그들의 신앙이 원망스러웠다. 할 수 있는 일은 다 했다. 성경 구절을 암송했고 Q.T.시간을 지켰다. 유명한 그리스도교 변증가들의 책을 읽으며 공부했고 적절한 수업들을 수강했다. 내 삶의 토대를 뒤흔드는 비극적인 일도 겪지 않았고, 내가 신앙에서 떠나갔음을 정당화할 만한 불의한 일이나 배반을 겪지도 않았다. 내 신앙의 바닥을 드러낸 성가신 질문 몇 가지가 있었을 따름이다. 하지만 나는 내가 알고 있는 찬송을 마음을 다해 부를 수 없었다. 나는 아무도 볼 수 없는 싸늘한 그림자에 둘러싸여 있었다.

나와 함께 5년이라는 시간을 보낸 남편 댄은 내 곁에서, 흔들리는 배가 매여 있는 선창처럼 가만히 서 있었다. 당시 집에 도착하면 나는 교회에 갈 때 입은 옷을 벗지도 않은 채 신발을 발로 차버리고 침대로 향했다. 댄은 가만히 앉아 예배 광고 시간에 있었던 정치적인 발언, 지옥에 대한 언급, 난해한 본문을 난도질하는 단순한 해석, 폭력적이고 가부장적인 신학, 우리가 이상한 이름을 가진 민주당 후보(버락 오바마Barack Obama)를 대통령으로 뽑았기 때문에 머지않아 종말이 올 거라는 교인들의 추측 등에 대한 나의 온갖 장황한 불만을 잠자코 들었다. 내가 이런 것들에 집착하면서 성을 냈던 이유는 이것들이 내게 특별히 심각한 문제여서가 아니었고 심지어 사실이어서도 아니었다. 하지만 이러한 일들은 내 안에서 꿈틀대고 있던 추한 의심에 덧붙여 내가 교회에 가기 싫은 이유를 제공했다. 이 일들은 내가 다른 사람을 탓할 수 있게 해주었다. 교회를 그만 다녀야겠다고, 아니면 1주일만 더 다녀보고 교회에 갈지 말지를 결정해야겠다고 나는 곧잘 되뇌었다. 부모나 가족, 배우자를 잃고 슬픔에 잠긴 이들을 위한 재활 프로그램은 무수히 많다. 유산, 사랑하는 반려동물의 죽음을 받아들이는 데 도움을 주는 책도 많다. 해고를 당하거나 먼 곳으로 이사해야 하거나, 불치병을 선고받았을 때 일어나는 슬픔에 대해서는 타인과 이야기를 나누는 게 그렇게 어려운 일은 아니다. 하지만 어느 누구도 신앙을 잃고 슬픔에 잠겨 있을 때 어떻게 해야 하는지 가르쳐주지 않았다. 그것은 언제나 자신이 해결해야 할 몫으로 남았다.

　신앙과 관련된 문제는 하느님께서 사람들을 지옥에서 건지는 것에 대해 나보다 관심이 없으신 것 같다는 의심이 들면서부터 시작되었다. 고등학교를 졸업한 뒤 나는 아버지가 신학을 가르치던 그리스도교 인문교양대학liberal arts college에 들어갔다. 그리고 내가 바랐던 대로 성경적 세계관 수업 때마다 맨 앞줄에 앉아 대부분의 대학생이 싸구려 맥주를 마시듯 온갖 그리스도교 변증들을 들었다. 대학에 들어간 다음 2년 동안 나는 확신에 취해 있었다. 모든 질문에는 간편하면서도 만족스러운 답이 있었고 나는 그 모든 답을 그대로 삼켜버렸다. 그 외 대학 생활도 만족스러웠다. 기숙사에서 같은 방에 살던 친구와 장난을 치고, 교내 식당에서 감자튀김이 식어버릴 때까지 친구들과 신학 토론을 벌였으며 캠퍼스를 걸어다닐 때는 영문학 전공자들의 필수품인『노턴 영문학 개관』Norton anthologies을 들고 다녔다. 그러다 뉴욕 세계 무역센터가 무너졌고 내 조국은 이를 빌미로 먼 곳에 있는 땅을 점령했다. 그때까지 관심 없었던 세계가 매일 TV 화면을 통해 내게로 들어왔다. 온갖 소식을 다루는 화면 아래 민간인이 어떠한 피해를 당했는지 몇 줄의 글자와 숫자로 처리되어 나왔다. 이라크 내전을 통해 목숨을 잃은 여성과 아이 대부분은 무슬림이었다. 그들은 종교를 선택할 수 없었다. 그들은 태어날 때부터 이슬람교를 믿을 수밖에 없었다. 그들이 무슬림이었던 이유는 그들의 부모가 무슬림이었고 그들이 속한 나라의 국교가 이슬람교였기 때문이다. 내가 그리스도교인이 된 첫 번째 이유가 그리스도교인인 부모를 두었고 내 나라의 주된 종교가 그리스도교인 것처럼 말이다. 그렇다면 이라크의 수많은 이들을 단지 나 같은 복음주의 그리스도교인이 아니라는 이유로 그들의 목숨을 앗아가기도 한 자살 테러범과 함께 지옥에 갈 거라고 믿어야 하는 것일까? 순전히 잘못된 장소에서 잘못된 시기에 태어났다는 이유로 예수님을 들어본 적이 없는 수많은 사람이 이러한 운명에 처해야 하는 것일까?

내가 다녔던 학교는 초교파였기 때문에 수많은 답을 찾을 수 있었다. 아르미니우스주의자들은 그들이 자유 의지를 통해 결단하지 않는 이상 하느님께서도 길 잃은 이들을 구원하실 수 없다고 말했다. 칼뱅주의자들은 하느님께서 그들이 구원되기를 바라지 않으시기 때문에 그들을 구원하지 않으실 것이라 말했다. 오순절주의자들은 정글에 있는 부족에게 천사가 나타나 복음이 새겨진 바나나 잎을 건네고 이를 다른 이들에게 전하라 했다는 믿기 힘든 이야기를 들려주었다. 고학년생들은 칼 바르트Karl Barth를 인용했다. 하지만 이야기의 결론은 항상 같았다. 어차피 우리는 모두 백 번 지옥에 가 마땅한 존재이니 신앙과 관련해 괜히 이런저런 질문을 하며 씨름하지 말고 하느님께서 베푸신 구원에 감사드리라고 그들은 조언했다.

그러나 그들은 내가 가졌던 질문에 완전히 집중하지는 않았던 것 같다. 나는 우리가 주일학교에서 배웠던 식으로 구원이 이루어진다면 아우슈비츠를 비롯한 수많은 곳에서 살해당한 유대인들은 곧바로 지옥에 가게 되는 것 아니냐고 이야기했다. 그리고 홀로코스트 기념관에 수북이 쌓여 있는, 희생자들의 안경이나 가방 같은 유품들은 그들이 고통스러워하며 죽어갈 때도 하느님이 이를 철저히 외면했음을 보여주는 것 아니냐고 물었다. 그럴 때면 그들은 그런 주제는 기숙사 파자마 파티에서 이야기하기에는 적절하지 않다고 상냥하게 이야기해 주었다. 이렇게 시작된 지옥에 대한 질문들은 나를 끝이 보이지 않는 바닥까지 내려가게 했다. 이후 나는 그때까지 교회에서 배운 모든 것(구원, 종교다원주의, 성경 해석, 정치, 과학, 성gender 문제, 그리스도교 신학)에 대해 의문을 품고 질문을 던졌다. 복음주의는 내게 너무나 많은 선물을 주었지만, 그리스도교 정통의 근간을 이루는 핵심 내용과 그 주변을 맴도는 부차적인 교리들을 구별하는 법을 가르쳐주지는 않았다. 그래서 신앙의 면면을 살살이 들여다보기 위해 내 신앙의 서랍에 가득 차 있던 것들을 하나씩 꺼내어 보았을 때, 나는 니케아 신경에 대한 믿음과 젊은 지구 창조설Young Earth creationism, 공화당 후보를 지지해야 한다는 신념의 차이를 알지 못했다. 당시 나는 그 모든 것을 성경적 세계관biblical world view의 필수 요소로 알고 있었다.

대학 시절 가장 좋아하던 한 교수님이 예배 시간에 한 말이 기억난다. "우리는 성경 말씀을 믿든지 진화를 믿든지 해야 합니다. 둘 다 믿을 수는 없습니다. 우리는 하나를 선택해야 합니다." '올바른' 신앙은 언제나 신앙과 과학 사이에서, 그리스도교와 페미니즘 사이에서, 성경과 역사비평 사이에서, 교리와 긍휼 사이에서 하나를 '선택'할 것을 요구했다. 그럴 때마다 나는 숲을 산책할 때 잡초 뿌리에 걸려 넘어지듯 넘어졌다. 당연히, 나는 믿고 싶었다. 그러나 내가 바라는 신앙은 내 지성과 직관을 훼손하지 않는 신앙, 머리와 가슴으로 받아들일 수 있는 신앙이었다. 더 많은 선택을 요구당할 때마다 내 신앙은 더 희미해지고 부서졌다. 한때 내 모든 것이고 세계 그 자체였던 신앙이라는 집은 점점 더 내게서 멀어졌다. 칡넝쿨이 나무를 휘감아 올라가듯 두려운 생각이 혈관을 타고 올라와 나를 휘감았다. '이 중에 어떤 것도 진리가 아니라면 어떻게 하지? 이 모든 게 거대한 거짓이라면 어떻게 될까?'

사랑하는 사람이 떠나면 평범한 일상에서 그 사람의 빈자리를 가장 크게 느끼듯, 신앙이 무너져갈 때 가장 크게 영향을 받는 것역시 일상(교회에 있을 때, 광활하면서도 푸른 가을 하늘을 볼 때, 기도할때)이다. 당시 하느님은 내게 너무나도 낯선 존재였다. 그분은 교회 주차공간을 예비하시고, 소풍 날씨가 좋게 해달라는 기도, 자신이 지지하는 후보가 당선되게 해달라는 기도는 들어주셨지만 매일 예방 접종과 치료로 살릴 수 있는 수만 명의 아이들은 그냥 죽게 내버려 두셨다. 나는 밤마다 기숙사 침대에 누워 어두운 천정을 바라보면서 보이지 않는 하느님께 내 의심을 거두어 가달라고, "믿음 없는 나를 도와"달라고 빌었다. 성경을 읽었지만 오히려 상황만 악화할 뿐이었다. 더 많은 물음과 의구심이 솟아났다. 즐겨부르던 찬송 가사는 재가 되어 입안을 까맣게 물들였다. 신앙이 바닥까지 내려가고 있었다. 언젠가 예레미야 애가의 저자는 하느님께 "구름 속에 몸을 감추고 계셔서 우리의 기도도 다다르지 않습니다"(애가 3:44)라고 노래했다. 나도 같은 처지에 있는 것만 같았다. 부모님은 내가 이런 질문들을 던지는 것을 반기셨고 나와 이야기 나누기를 바라셨지만, 대학 친구들과 교수님들은 신앙의 위기는 하느님께 의도적으로 반역한 결과라고 이야기했다. 대학을 졸업한 뒤, 마을에는 내가 배교했다는 소문이 돌았다. 나는 내가 알지도 못하는 교회들의 중보기도 모임의 기도 제목이 되었다. 가장 친한 친구는 내 상태를 마약 중독에 견주며 당분간 나와 거리를 둘수밖에 없다는 장문의 편지를 써서 보냈다. 많은 사람이 내게 리스트로벨Lee Strobel이 쓴 『예수는 역사다』The Case for Christ를 선물로 주었다(덕분에 지금도 집 다락방 어딘가에 가득 쌓여있다). 어느 누구도 전도유망한 젊은 복음주의자 레이첼 헬드 에반스가 신앙을 잃게 되리라고 생각하지 못했다. 그래서 사람들은 나와 내 상황을 진단하고 제각각 처방전을 제시했다.

"하느님께서 쓰시는 방법은 우리가 하는 방법보다 훨씬 높아.
질문은 그만하고 이제 그분을 신뢰해봐."
"네 안에 있는 죄가 지금 네 생각을 붙잡아 흔들고 있는 거야.
회개해라. 그러면 의심의 구름이 걷힐 거야."
"성경 말고 다른 책들은 읽지 말아야 해.
그 책들이 네가 길을 잃고 방황하게 만들고 있어."
"너는 우리 교회에 와야 해."
"팀 켈러Tim Keller 목사님의 설교를 꼭 들어봐."
"레이첼, 네 안의 교만을 들여다보고 하느님께 순종해."(이 말을
들을 때마다 돈을 조금씩 받았다면 나는 백만장자가 되었을 것이다.)

내 이웃이었던 그리스도교인들은 더는 내 말을 듣고 싶어하지도, 내 고통을 함께하고자 하지도, 두려움으로 걷는 이 길을 함께 걷고 싶어하지도 않았다. 그들은 나를 고치고 싶어 했다. 그들은 나를 고장 난 장난감으로 여겼다. 그래서 내 얼굴에 웃음을 덧칠하고, 나사를 돌리면 본래 있던 곳으로 돌아가 제 기능을 할 수 있으리라고 생각했다.

돌이켜 보면, 그들의 반응은 내 상태에 대한 경멸에서 나온 것

이라기보다는 나로 인해 슬며시 드러난 자신들의 두려움을 견디지 못해 나온 것 같다. 어머니는 수차례 내가 거부당한 이유가 내가 그들과 달라서가 아니라 그들과 같기 때문이라고, 내가 궁금해하는 것들이 그들의 마음 한 구석에 숨겨두었던 것(그래서 별다른 이름을 붙이지 않았던 것)들과 다르지 않기 때문이라고 말해주었다. 하지만 20대가 대개 그렇듯 나는 어머니의 말에 귀를 기울이지 않았다. 대신, 10대 때 복음주의에 빠졌듯 의심에 빠지기로 마음을 먹었다. 잔잔한 바다를 발견하면 폭풍을 일으키려 했다. 행복하게 신앙생활을 하고 있는 이들을 만날 때마다 나는 그들의 신앙을 뒤흔들어 놓으려 했다. 잔잔한 강처럼 순탄한 삶을 살고 있는 이들에게 나는 삼지창을 든 포세이돈처럼 굴었다(구체적으로 어떻게 했는지는 애써 언급하지 않아도 될 거라 본다).

대답할 수 없는 수많은 질문 가운데 나는 너무나 외로웠다. 그래서 나는 나와 가까운 이들, 내가 사랑하는 이들에게 내 의문을 강요했다. 그들도 나처럼 의문을 품기를 요구했고 내가 생각하는 걸 이해해달라고 말했다. 그 결과 나는 함께 저녁을 먹고 영화를 보는 시간 동안 친구들에게 실존적인 위기에서 우러나오는 온갖 울분 어린 말을 기어코 토해내는 사람, 한마디로 기피 대상이 되었다. 나는 치기 어렸고, 이기적이었다. 지금도 나는 이때 소원해진 친구들과 관계를 회복하기 위해 노력 중이다.

그 당시 누구보다 그리웠던 사람은 브라이언 워드였다. 내가 고등학교를 졸업하고 몇 년 후 브라이언과 캐리는 미국에서 손꼽히는 대형교회의 청소년부를 맡아 텍사스주 댈러스로 이사했다. 연락을 주고받으면서 우리는 각자 다른 삶의 정황에서 다른 방식으로 같은 질문을 하고 같은 끔찍한 상황에 처해 있음을 깨달았다. 브라이언은 이메일을 통해 내게 몇 권의 책을 추천해주었다. 나는 그를 통해 톰 라이트N. T. Wright와 바바라 브라운 테일러, 셰인 클레어본Shane Claiborne, 그리고 스캇 맥나이트Scot McKnight를 알게 되었다. 그들은 마치 다른 세계에서 찾아온 외계인 같았다. 그들이 사는 세계에서 그리스도교인은 질문을 던질 수도 있었고, 진화를 받아들일 수도 있었으며 여성도 성직자가 될 수 있었고 전쟁에 반대할 수도 있었다. 이들의 저작과 더불어 나는『재즈처럼 하느님은』Blue Like Jazz과『새로운 그리스도인이 온다』A New Kind of Christian를 읽었다. 말라비틀어지고 갈라진 신앙에 희미한 빛이 비치기 시작했다. 이후 나는 '탈근대'postmodern라는 말을 자주 쓰게 되었다. 어느 날 나는 브라이언에게 이메일을 보냈다. "브라이언, 데이턴으로 돌아와 새로운 방식의 교회 사역을 해보는 게 어때요?" 답장이 왔다. "생각을 안 해 본 건 아니야." 대단한 답은 아니었지만, 침대에서 벗어나기 싫은 일요일 아침이 올 때면 나는 이 말을 핫팩처럼 머릿속에 담아놓고 되뇌었다. 그러고 나서 이불을 머리 위에 뒤집어쓰고 얼마나 교회에 가기 싫은지 혼자 툴툴댄 다음 다시 잠을 청하곤 했다.

교회에 돌아갈 수 있는 가장 확실한 길 중 하나는 결혼일 것이다. 댄을 처음 만난 건 대학 1학년 심리학 개론 수업 때였다. 정확히 말하면 짐 코필드Jim Coffield 교수가 진행하는 아침 9시 수업 옆자리에 앉게 되면서, 아니 솔직하게 말하면 내가 잘생기고 키 큰 뉴

저지 출신의 남학생을 발견하고 조금씩 그의 옆으로 자리를 옮기며 알게 되었다. 당시 나는 그가 수업마다 조금씩 가까운 자리로 다가가는 걸 눈치채지 못하리라고 생각했다. 그러나 댄은 이미 그 사실을 알고 있었다.

댄의 아버지는 전직 목사였다. 10대 때 그의 부모님은 이혼하셨는데 이러한 혼란 가운데에도 크게 놀라거나 흔들리지 않았다. 그는 자신의 기대와 현실의 간극을 받아들이고 끈기 있게 그 둘을 조율할 줄 아는 성숙한 사람으로 성장했다. 댄은 신앙이란 시작할 때부터 무언가를 분명하게 아는 것이 아니라 하루하루를 살아내며 조금씩 여무는 것임을 알았다. 우리는 4년간 행복하게 연애했고 뉴 유니언 침례교회(아마도 데이턴에서 유일하게 댄의 수많은 친지와 지인, 그리고 데이턴 인구의 절반 정도를 수용할 수 있는 교회일 것이다)에서 결혼식을 치렀다. 그와 결혼한 것은 지금까지 살면서 내린 최고의 결정이었다. 모든 것을 잃고 그와 결혼한 것만이 남는다 해도, 하느님께서 내게 자비로운 은총을 베풀고 계신다는 것은 충분히 확인할 수 있다고 나는 생각한다.

우리는 데이턴에서 직장을 구했고(댄은 브라이언 대학의 IT 기술자로 나는 지역 신문 기자로) 그레이스 바이블 교회로 돌아갔다. 부모님뿐만 아니라 미어터질 만큼 많은 고등학교와 대학 친구들이 그 교회에 다니고 있었다. 교인들은 따뜻했고, 정겹고, 학구적이었다. 일요일 오전 예배가 끝나면 멋지게 옷을 차려입은 아이들이 예배당을 뛰어다니곤 했다. 사람들은 내 신부 파티를 열어주었고, 수를 놓은 손수건을 주었으며, 공구가 필요할 때마다 공구를 빌려주었다. 내 요리 수첩의 절반 이상은 이들의 손글씨로 채워졌고, 내가 깜박 잊고 돌려주지 않은 접시 아래에는 이들의 머리글자가 새겨져 있었다.

오래지 않아 우리는 교회 생활에 푹 빠져들었다. 교회 생활에 빠져든다는 것은 곧 교회가 섬세하게 연출하고 조율하는 관계망과 프로그램과 행사에 참여하게 되는 것을 뜻한다. 그리고 그 결과, 성탄절마다 함께 모여 꽤 높은 수준의 연극을 할 수 있을 정도로 짜임새 있는 사회에 속하게 된다. 이 사회에서는 나이, 성별, 결혼 여부, 자녀 유무 등에 따라 개인이 감당할 몫이 형성된다. 따라서 아이가 없는 기혼녀인 나는 결혼이나 출산을 앞둔 사람들을 위해 파티를 열고 신혼부부 소모임 리더를 맡았다. 식사 모임에 가져갈 요리를 준비하는 동안 누군가 자녀계획은 어떻게 되냐고 물으면 주님께서 정해 놓으신 때에 낳을 생각이라고 답하는 것 또한 내 몫이었다.

이때 나는 교회라는 사회가 얼마나 많은 기적을 행할 수 있는지 목격했다. 암 투병 중인 교인을 대신해 구성원들은 그녀의 가족에게 한 달 동안 매일 식사를 가져다주었고, 누군가 이사를 하면 무거운 가구를 날라주기 위해 온 성인 남성 신자들로 집 앞을 가득 채웠으며 누군가 위급한 상황에 처하게 되거나 어려운 수술을 하게 되면 24시간 동안 기도와 방문이 끊이질 않았다. 누군가 장례를 치르게 되면 사람들은 장례식에 필요한 접시, 주전자, 찻잔을 한가득 보냈다. 맞벌이 부부들의 부담을 덜어주기 위해 무료로 몇 시간씩 아이들을 돌봐주기도 했다. 이러한 모습들은 활발하게 살아 숨 쉬고 움직이는 교회에서 흔히 접할 수 있다. 그리고 이것이 얼마나 중요하고 강력한 힘을 지니고 있는지는 여러분도 알 것이다. 그러나 '여신도회 다과 시간'이라는 말만 들어도 얼굴을 찌푸리게 되는 이에게 교회 생활은 '빠져드는 것'이 아니라 '순응하게 되는 것'으로 보일 수도 있다. 교회라는 사회에는 많은 규칙이 있고, 특별히 여성의 경우에는 더 많은 규칙을 지켜야 했다. 안타깝게도 나는 그때까지 출산을 앞둔 누군가를 축하해주는 모임에서 영원한 벌에 대한 고민을 접어두는 미덕을 갖추지 못했다. 나는 성경 공부나 신학 공부 모임을 이끄는 데 관심이 있었지만 그러한 모임은 남성 신자들의 조찬 모임에서나 가능한 일이었다(사람들은 남성들만 신학과 아침 식사를 좋아한다고 여기는 것 같다). 대신 나는 기저귀 모양을 한 케이크를 만들고 과일 음료를 만들며 출산 경험이 있는 여성들의 (어떤 면에서는 소름 끼치는) 이야기를 들으면서 고개를 끄덕여야 했다. 그리고 이야기가 끝나면 "그러면, 이제 레이첼의 아기는 언제 볼 수 있을까?"라는 질문을 끊임없이 받아야 했다.

일요일 저녁마다 댄과 나는 5~6쌍의 젊은 부부들과 (교회의 허락을 받아) 교회가 추천하는 그리스도교인 결혼 안내서를 읽고 이에 관해 이야기를 나누었다. 책에 담긴 지극히 전통적인 성 역할 이야기가 때때로 눈에 거슬렸지만, 그래도 이 모임을 통해 3년 차에 들어서는 부부는 자신들이 터득한 결혼 생활의 지혜와 경험담을 갓 결혼한 부부들에게 전해줄 수 있었다. 하지만 정말 재미있는 일은 대체로 결혼에 관한 이야기가 끝나고 시작되었다. 모임에 참석한 이들은 모두 친한 친구들이었고 우리는 팝콘을 먹으며 카드 게임을 하고, 정치를 비롯해 우리가 떠올릴 수 있는 모든 주제에 관해 이야기하곤 했다. 때로는 새벽 2시가 지나도록 이야기가 이어질 때도 있었다.

저녁 모임을 통해 우리 부부는 삶에서 가장 중요하고 소중한 관계를 맺게 되었다. 우리는 형식적인 이야기와 신학적인 견해를 넘어서서 자신의 거친, 있는 그대로의 이야기를 들려주고 들을 수 있는 친구들을 만났다. 우리는 가장 깊은 곳에 숨겨두었던 두려움과 의심을 고백했다. 우리는 우리의 미래에 관해 한참을 이야기했고 각자가 겪은 기쁨과 슬픔을 나누었다. 우리는 많이 다투었고 더 많이 사과했다. 부엌에서 이야기를 하다가 웃음을 참지 못해 핫초코를 내뿜기도 했고 수많은 드라마 재방송을 같이 보았다. 이 모든 것을 통해 친교와 고백이 이루어졌다. 자그마한 우리 집은 함께 모임으로써 대성당보다 더 큰 곳이 되었다. 그렇게 우리는 교회가 되었다. 모임의 구성원들은 각자가 가진 질문과 의심을 두려움이 아닌 공감으로 대했다. 누구도 다른 사람을 교정하려 하지 않았기에 무언가를 이해하거나 승인할 필요도 없었다. 우리는 그저 서로의 말에 귀 기울였다. 성스러운 시간이었다.

공식적으로 모임이 끝나고 교회에 다른 모임이 만들어지고 나서도, 몇몇은 일요일 밤마다 우리 집에 찾아오곤 했다. 결혼에 관한 책을 다 읽은 다음, 우리는 다른 책을 고르지 않았고 갓난아이들을 살펴 줄 사람을 찾는 것, 좀 더 좋은 감자튀김을 준비하는 것 말고는 별다른 조치도 취하지 않았다. 더는 공식적인 교회 소모임으로 인정받지 않았지만, 일요일 저녁 우리는 모두 교회에 있다고 생각했다.

　일요일 저녁과 달리 일요일 아침은 순탄치 않았다. 일요일 아침이 되면 내 의심은 또 다른 가족이 되어 우리 손을 잡고 교회를 찾았다. 의심은 헝클어진 머리를 휘날리면서 내 옷자락을 잡아당겼고, 부적절한 정치적인 농담과 지옥에 관한 언급을 들을 때면 내 주먹을 쥐게 하고 주변 분위기를 망치게 했다. 주중에는 독서할 때, 일할 때, 리얼리티 예능 프로그램을 볼 때 잠잠히 있다가도, 일요일 아침이 되어 새로 지은 그레이스 바이블 교회 예배당 안에 있을 때면 의심은 의자에 삐딱하게 앉아 내 귀에 끊임없이 속삭였다.

> 예배 광고 시간에 누군가 말했다. "미국은 그리스도교 국가입니다."(정말 그래?)
> 더그 목사님이 말했다. "그리스도를 모르는 사람들은 하느님의 품을 떠나 영원히 지옥에 있게 될 것입니다."(확실하니?)
> "성경이 영감으로 쓰인 하느님의 말씀이라면 우리는 그것을 역사적 사실로 받아들여야 합니다."(전부 사실이라고?)
> "하느님께서 교회에 주차장을 만들라고 하십니다."(정말 그분이 그러셨을까?)

일주일 동안 난제와 짐으로 남았던 신앙은 일요일 아침이 되면 명백한 답이 있는 것으로 제시되었고, 균열은 더욱 깊어졌다. 주일 예배 때 내 주변에 있는 사람들은 머리를 끄덕이고 손을 들고 "아멘"을 되뇌었다. 기뻐하며 기꺼이 교리를 받아들이는 그들 곁에서 그 교리들로 인해 밤을 지새웠던 내 속은 시커멓게 타들어 갔다. 매주 일요일 아침 예배 시간 나는 이 세상 그 누구보다 오랜 시간 나를 알고 사랑해준 사람들 사이에 있었다. 하지만 그 시간은 일주일 중 가장 외로운 시간이었다. 원주민들 사이에 있는 (불법)이민자, 진품들 가운데 있는 가짜가 된 것만 같았다.

매주 예배 중 어떤 때 한껏 달아오른 의심의 뇌관에 불이 붙을지 전혀 예측할 수 없었다. 한 번은 어린이 성가대가 특별 찬양 시간에 《나의 죄를 씻기는》Nothing but the Blood을 불렀다. 나는 옆에 앉아 있던 댄에게 "어린아이들이 누군가 실제로 흘린 피로 흥건히 젖기 원한다는 노래를 부르는 게 뭔가 소름 끼친다고 생각하는 건 나 혼자뿐인 거야?"라고 읊조리듯 말하고 조용히 예배당을 빠져나갔다. 언젠가 어떤 분이 하느님을 위해 싸우는 이라크 파병 미군에게 승리를 안겨달라고 기도했을 때도 나는 중얼거렸다. "이라크군도 하느님이 자기편이라고 확신하고 있지 않을까?" 어떤 때는 예배를 마치고 사람들이 모였을 때 이른바 '진보주의자'에 대한 이야기가 나왔는데 그들은 마치 페미니스트나 민주당원, 감리교도는 자신들 가운데 없는 것처럼 말했다. 여성은 절대 강대상에서 설교할 수 없고 헌금위원도 되어서는 안 되지만, 교회에서 소풍을 가면 남성 신자들에게 웃으면서 집에서 만든 파이 한 조각을 돌릴 수 있다는 오래된 선입견도 나를 불편하게 했다. 그리고 댄은 교회에서 돌아오는 차에서, 점심에도, 오후에도, 심지어 불을 끈 침대에서도 이 모든 불평을 들어야 했다. 일요일은 댄 또한 지치게 했다.

한증막처럼 푹푹 찌던 어느 여름날, 예배 시간에 불과 몇 분밖에 안 늦을 정도로 초인적인 의지를 발휘해 차를 주차장 빈 공간에 세워놓으려는 순간 우리 눈에 고속도로를 마주한 교회 잔디밭에 놓인 푯말들이 들어왔다. 애국심을 자극하는 빨간색, 하얀색, 파랑색의 푯말에는 '제1항에 찬성을!'이라고 크게 적혀 있었고 그 아래에는 '결혼 = 남성1 + 여성1'이라고 적혀 있었다. 그리고 그 사이에는 손을 잡은 가족의 그림이 있었다. 나는 분노에 으르렁거렸다. 테네시주 의회가 지난 십수 년 동안 테네시주에서 가장 큰 위기에 처한 계층이라고 판단한 백인 복음주의자들의 권익을 보호하기 위해 전혀 필요하지 않은 수많은 조항을 제정한 일은 이제 누구나 알고 있다. 한번은 그 어떠한 행위든 이슬람 신앙을 공적 장소에서 표현하면 15년 징역형을 내려야 한다는 조항이 발의되었다가 통과하지 못한 적도 있었고, 중학교 교사들이 동성애에 관해 언급하는 것 자체를 금지하는 조항이 발의된 적도 있었다. (2012년 통과된) 테네시주 하원 장전 제368항은 교사들에게 진화론과 기후 변화의 '과학적 허점과 취약함'을 학생들에게 이야기하도록 장려한다. 2013년에는 주 의회 건물을 수리하면서 설계도에 무슬림들의 발을 씻는 세족장이 있다는 소문이 돌아 이를 반대하는 운동이 일어나기도 했다(결국 걸레 세정대였던 것으로 드러났다).[1]

그해 여름, 테네시주 하원의원들은 주 헌법에 동성애 결혼을 금지하는 수정 조항을 통과시키기 위해 분주한 나날을 보냈다. 테네

---

[1] Associated Press, 'Tennessee lawmakers confuse mop sink in State Capitol for Muslim foot-washing sink' in *Chattanooga Times Free Press*, March 26, 2013, http://www.timesfreepress.com/news/2013/mar/26/tennessee-lawmakers-confuse-mop-sink-state-capitol.

시주에 있는 수많은 교회와 보수단체들은 동성애 결혼을 금지하고 싶다면 테네시주 결혼 보호 수정안에 찬성해야 한다고 온갖 방법을 동원해 사람들에게 알리고 있었다. 시내 거의 모든 교회가 수정안 제1항에 찬성한다는 푯말을 잘 보이는 곳에 놓았고 그레이스 바이블 교회 역시 마찬가지였다. 나는 중얼거렸다. "차라리 '교회에 동성애자는 출입 금지'라고 쓴 현수막을 걸어놓지." 당시 내 주변에는 성소수자 친구들이 그리 많지는 않았다. (앞서 말한) 앤드루와 저스틴Justin, 제프리Jeffry, 매튜Matthew, 킴벌리Kimberly를 만난 것, 커밍아웃을 하기 위해 데이턴에서 최대한 멀리 도망친 고등학교 동창들을 다시 만난 것은 훗날의 일이었다. 당시 내게 동성 간의 결혼 문제가 어떤 의미를 갖고 있었는지 확실히 기억나지는 않는다. 하지만 그럼에도 난 수정안에 찬성하지 않았다. 누군가의 신앙이 법으로 보호받고 누릴 수 있는 한 사람의 권리를 박탈할 수 있는지 이해할 수 없었기 때문이다. 앨라배마주 버밍햄 16번가 침례교회에서 불과 2~3km 떨어진 곳에서 어린 시절을 보내고,* 아메리카 원주민들이 추위에 떨며 지나간 '눈물의 길'Trail of Tears의 흔적이 남아 있는 곳, 학교에서 진화론을 가르쳤다는 이유로 벌금을 물린 도시인 데이턴에서 자란 사람이라면 법을 누군가를 보호하기 위해 개정하기보다는, 누군가를 배제하기 위해 개정하는 데 민감한 반응을 보이기 마련이다. 나는 우리가 그러한 권리를 갖고 있다고 생

---

* 앨라배마주 버밍햄 16번가 침례교회는 1873년에 건립된 미국에서 가장 오래된 흑인교회로 1963년 미국 인권운동의 시발점 중 한곳이다. 당시 백인 테러리스트가 가한 폭탄 테러로 5명의 어린 소녀들이 목숨을 잃은 장소이기도 하다.

각하지 않았다. 물론, 당시 많은 사람은 테네시주의 결혼 보호 수정안이 좋은 법안이라고 확신했다. 하지만 25년, 50년, 100년 뒤 사람들은 이 법을 어떻게 생각할까?

하지만 무엇보다 나를 가슴 아프게 했던 것은 동네 교회마다 수정법안을 찬성하는 푯말들이 잡초처럼 있었다는 것이다. 내게 이러한 행동은 테네시주 동쪽에 사는 모든 그리스도교인이 성소수자들에게 이곳에 있는 모든 교회는 그들을 환영하지 않으며, 그들의 정체성은 성적 지향이 전부이고, 그들이 존재하는 것만으로 정치적인 위협과 불안을 가져온다는 말을 건네는 것처럼 보였다. 우리는 손을 마주 잡은 가족의 그림을 강조하며 교회에 장벽을 세우고 있었다. 푯말들은 성스러운 예배당을 지키는 파수꾼이었다. 누구든 바이블 벨트에 속하는 보수적인 백인 중심 사회에서 살아남으려면 그곳에서 자신의 위치를 파악해야 하고 그곳에서 영위되는 삶의 방식에 순응해야 했다.

예배 광고 시간에는 어떤 남자가 밤에 열리는 '미국의 급진적 동성애 논의와 이에 대한 그리스도인의 응답'이라는 주제로 열리는 행사에 모든 신자를 초대했다. 그는 동성애자라는 말을 마치 그레이스 바이블 교회 신자들이 '진보주의자', '페미니스트', '진화론자'에 대해 이야기하듯 말했다. 그 순간 어쩌면 나 말고도 일요일 아침마다 의심이라는 통제 불가능하고 초대받지 않은 손님을 데려오는 사람들이 있을 것이라는 생각이 들었다. 앞에 서 있는 남자가 확신에 찬 목소리로 규탄하는 동안, 그리스도교인의 삶을 방해하고 위협하는 존재들은 저 '밖'이 아닌 이 '안'에 있을 수도 있다. 오늘 우연히 가족과 함께 한 자리에서, 주일 예배 찬양 인도를 했던 찬양팀 자리에서, 예배당 뒤편 청소년부 학생들이 앉는 자리에서 불편한 기색을 최대한 감추고 있을지도 모른다. 그들은 철저하게 고립된 상황에서 몸이 얼어붙도록 소름 끼치고 두려운 말을 듣고 견뎌야 했을 것이다. 성경을 무릎 위에 두고 나와 있는 끈을 손가락으로 꼬았다 풀기를 계속하면서 나는 나처럼 마음속 의심을 떨쳐버릴 수 없고 해답을 찾지 못한 마음의 짐을 지고 온 이들을 하나둘씩 발견했다. 그들의 짐은 어디서 왔을까? 성적 지향성, 피부색깔, 성별, 정신 장애, 중독, 두려움, 어떤 답을 들어도 사라지지 않는 질문, 잊고 싶은 과거, 불임, 섭식장애, 몇 달째 밀린 집 임대료, 의사의 입에서 나오는 낯선 병명, 무너진 부부생활, 보이는 죄와 보이지 않는 죄, 수치⋯ 이루 열거할 수 없을 만큼 많은 짐을 지고 있는 사람들은 일요일 아침 교회로 발걸음을 옮긴다. 그러나 사람들은 짐에 대해 이야기할 수 없었고, 짐의 무게를 견디기 힘들다고 말할 수도 없었다. 앤 색스턴Anne Sexton이 쓴 시 「개신교 부활절」의 한 구절이 머리를 맴돌았다.

예수는 십자가에 매달렸네.
그다음 사람들은 그의 손에 못을 박았네.
그다음, 그래, 그 다음에는
부활절마다 모자를 썼다네.[2]

---

[2] Anne Sexton, *Selected Poems of Anne Sexton*, edited by Diane Wood Middlebrook and Dianna Hume George (Boston: First Mariner Books, 2000).

사람들은 모자만 쓴 게 아니다. 사람들은 용기를 짜내 웃음을 짓는다. 그렇게 가면을 쓴다.

수정안에 찬성하는 운동 때문에 교회 가기를 멈추지는 않았지만, 그 후 교회에서 무엇을 하든지 내 마음은 교회에서 떠나 있었다. 하지만 그렇다고 성소수자들을 변호하고 그들을 위해 목소리를 내기는 무서웠기 때문에 나는 내 양심을 무시한 채 한동안 아무것도 하지 않았다. 그리고 매번 조신한 여성 그리스도교인이라는 역할을 제대로 수행하기 위해 애쓰면서 이런저런 논의들을 최대한 잊어버리려 했다. 하지만 침묵을 택한 내 결단은 나 자신을 두 동강 냈다. 이제 교회는 내 생각을 자유롭게 표현하고 사는 공간이 아니라 언제나 선별된 생각과 감정만을 표출하는 곳이 되었다. 교회에서 나는 내가 될 수 없었다. 여러 이유에서 나는 내가 내린 결단을 후회하지만, 당시에는 내 이야기를 들어줄 귀를 찾지 못했다. 견해 차이와 갈등에도 불구하고 나를 계속 사랑해달라고 말할 용기가 내게 있었다면 교회는 정말로 그렇게 해주었을 수도 있다. 하지만 위기에 처한 결혼 관계처럼 교회와 나의 관계는 진솔한 대화를 대체한 침묵과 지레짐작이 쌓여 끊임없이 휘청거렸다. 점차 나는 교회와 거리를 두기 시작했다. 우리와 일요일 저녁을 함께했던 절친한 친구들이 캘리포니아로 이사하고 난 뒤에는 교회 모임에도 흥미를 잃었고 그로부터 몇 달 뒤 댄과 나는 일요일 아침을 교회가 아닌 침대에서 보내기 시작했다. 그 무렵 블로그를 시작한 건 우연이 아닐지도 모르겠다. 글을 올리자 수많은 사람이 댓글로 작은 이모티콘과 함께 자기도 비슷한 감정을 느끼고 있다는 말을 남겼다.

댓글은 그리 길지 않았지만, 나는 마치 예쁘게 포장한 선물을 받은 아이처럼 흥분했다. 다행스럽게도 내가 혼자가 아님을 깨닫게 해주었기 때문이다. 나는 인터넷을 통해 성소수자와 성차별을 비롯한 수많은 교회의 입장 때문에 괴로워하고 의구심을 갖는 사람들을 만났다. 일요일 아침 예배당에서 외로움을 느끼는 사람은 나만이 아니었다.

교회에 관한 생각을 블로그에 올린다는 것은 마치 교회 바자회에 빨간 브래지어가 비치는 하얀색 면 티셔츠를 입고 가는 것과 비슷하다. 둘 다 교인들의 가십거리가 되는 것을 피할 수 없다. 하다못해 졸업 이후 발을 디딘 적이 없는 주일학교에서도 내 이름이 자주 거론되었다. 성경무오설에 대해 의혹을 가지고 있다는 소문이 부모님의 귀에 들어갔고, 페이스북 메시지를 통해 친구가 (지인의 지인의 지인을 통해 들었다면서) 불교 신자가 되었냐고 물었다. 나는 답을 보냈다. "불교? 불교에 귀의하기에 나는 자제력이 부족해." 짧은 답이 돌아왔다. "기도할게."

더그 목사님은 수많은 차이와 갈등과 다양성에도 불구하고 모두가 하느님의 은총을 경험할 수 있는 공간을 교회에 만들려 했다. 그분은 나이, 재정 상태, 학력에 상관없이 모든 사람이 자신을 찾아와 만나거나 자신이 그들을 찾아갈 수 있도록 언제나 일정을 비워 놓았다. 그분은 자신을 반대하는 사람도 교회에 있기를 바랐다. 하지만 목사님은 누군가 가십거리가 되는 것은 용납하지 않으셨다. 교회에서 널리 알려진 한 부부가 이혼 소식을 알리자 교회는 그들의 이혼에 관한 온갖 소문들로 넘실댔다. 이와 관련해 목사님은 교인들에게 짧고 명료하게 이야기했다. "말 대신 기도를 하세요." 그 말을 듣고 있던 댄과 내 눈에 목사님은 영웅처럼 보였다.

어느 날 아침 목사님이 우리를 집무실로 초청했다. 그분은 우리가 왜 교회를 나오지 않게 되었는지 직접 만나 이야기를 나누기 원했다. 그레이스 바이블 교회를 떠나면서 적지 않은 실수를 했지만, 그중에서 가장 큰 실수는 아무런 말 없이 조용히 교회를 빠져나가려 했다는 점이다. 당시 우리는 다른 사람들과 마찰을 빚는 대신 조용히 나가는 게 나은 선택이라고 생각했지만, 훗날 목회자 친구들은 그렇게 나가는 것은 전화와 문자에 아무런 응답도 하지 않고 잠수를 타는 것으로 이별을 통보하는 연인과 다르지 않다고 말해 주었다. 내가 반평생 동안 다녔던 교회는 직접 만나서 관계를 정리해야 했다. 어색하게 서로의 근황을 묻고 난 뒤 더그 목사님은 우리가 보고 싶다고 말했다. 하지만 그분은 때때로 신앙이 바뀌면 기존 교회를 떠날 수밖에 없을 때가 있음을 이해했다. 우리는 목사님 책상 맞은편 안락의자에 앉아 있었다. 댄은 초조한 듯 손가락으로 계속 무릎을 두드렸고 나는 의자 아래 깔린 카펫에 눈을 고정하며 애써 흐르는 눈물을 참았다. 그곳에서 나는 댄 또한 무덤덤한 모습과 달리 오랫동안 교회에 대한 의심과 회의를 품어왔음을 알게 되었다. 성경 주석, 신학 서적으로 가득 찬 책장이 우리 주위를 둘러싸고 있었다. 몇 년 전 바로 이곳에서 우리는 결혼 상담을 받았다. 청소년부 시절에는 숨바꼭질을 하며 이곳에 숨은 적도 있었다.

더그 목사님이 교회에 나오지 않는 구체적인 이유를 물어봤을 때, 우리는 교회의 14가지 신앙 선언을 언급했다. 그레이스 바이블 교회 정식 교인이 되려면 이 신앙 선언을 읽고 서명해야 했다. 댄은 우리가 구체적이고 확실히 명시된 것부터 이야기를 시작하는 것이 좋겠다고 생각했다. 신앙 선언이 말하는 믿음Belief은 결국 복음주의의 언어였다. 성사sacrament, 성령spirit, 전례liturgy, 전통tradition, 제자도discipleship가 아닌 저 믿음이야말로 복음주의의 특징을 잘 보여주는 말이었다. 우리는 평생에 걸쳐 교회란 같은 믿음belief을 고백하는 신앙faith의 공동체라고 배웠다. 그렇기에 다른 믿음을 가지고 있다면 그 공동체를 떠나는 것이 순리였다. 이야기는 계속 이어졌고 우리는 성경무오설의 의미에 대해, 심판과 영원한 형벌에 대해, 창세기와 그 속에 담긴 창조 활동에 관해 서로의 생각을 주고받았다. 나는 여성 지도자를 허용하지 않는 교회 방침에 대해 언급했고 목사님은 교회 방침이 여성 사역자나 여성이 설교하는 것을 금지하고 있음을 인정했다. 결혼 보호 수정안에 관한 이야기는 하지 않았다. 우리는 더는 신앙 선언에 동의할 수 없다고 말했고 그렇게 교회에 작별을 고했다.

저물던 햇빛이 창문 블라인드 사이로 들어와 우리가 있던 집무실을 드리웠을 때, 우리는 우리의 시간이 다했다는 것을 깨달았다. 일어나면서 나는 생각을 정리할 수 있는 시간과 공간이 필요하다는 말을 했고, 댄은 지금까지 교회가 우리에게 베푼 환대와 애정에 진심으로 감사드린다고 말했다. 목사님은 눈물을 글썽거리면서 우리가 원하면 이 교회는 언제나 우리를 환영할 것이라고 말해주셨다. 언제나. 주차장으로 조용히 걸으며 나는 우리가 이곳에 다시 돌아오지 않을 것을 알았다. 가끔 방문하는 것은 예외로 하더라도 말이다. 댄은 살포시 내 손을 잡았다. 그의 슬픔이 내게 전해졌다.

나는 오랫동안 자신들을 학대하고 숨 막히게 하던 권위주의적 교회에서 벗어나려 몸부림친 친구들을 알고 있다. 그곳에서 그들은 교회가 원하지 않는 방식으로 생각하고 교회가 금지하는 질문을 던졌다는 이유만으로 온갖 수모를 당해야 했다. 이혼했다는 이유만으로, 동성애자라는 이유만으로 교회에서 쫓겨난 친구들도 있다. 그들의 이야기는 더욱 많이 알려져야 하고, 더욱 많은 사람이 알아야 한다. 하지만 그들의 이야기가 내 이야기는 아니었다. 내가 다녔던 교회는 나에게 커다란 상처를 입히거나 심한 모욕을 가하지 않았다. 나를 사랑하고 내게 너그러웠던 교회를 떠난 이유는 더는 내가 믿을 수 없는 것을 믿는 척하기 싫었기 때문이다. 나는 어떤 노력을 해도 '제1항에 찬성을!'이라는 글씨 아래 손을 잡고 웃는 여인이 될 수 없었다. 아니, 되기 싫었다.

새로 덮은 아스팔트 냄새가 남아있는 주차장을 걸어 차 안으로 들어왔다. 차 문을 닫자마자 머리를 손에 파묻고 흐느끼기 시작했다. 눈물이 쏟아졌다. 하지만 그 눈물은 '내가 아이를 낳으면 아무도 나를 위해 축하 파티를 열어주지 않겠구나'라는 지극히 이기적인 생각에서 나온 눈물이었다.

제9장

더러운 빨래

교회는 가장 행복한 장소가 아니라 가장 솔직한 장소여야 한다.

- 월터 브루그먼Walter Brueggemann

미국인들에게 가장 거룩한 시간은 많은 경우 주일 예배 시간이 아니라 화요일 밤이다. 화요일 밤이 되면 교회 지하실에서 잘 나가는 회사 임원과 앳된 얼굴의 미혼모, 교외에 있는 아름다운 집에 사는 사람과 매일 밤 잘 곳을 찾아 헤매는 노숙자처럼 전혀 어울리지 않는 사람들이 모여 진한 커피와 딱딱해진 빵으로 친교를 나누고 서로 진실을 털어놓는다. 이 거룩한 활동을 통해 그들은 자신이 무력한 존재임을, 무언가에 의존할 수밖에 없는 존재임을 고백한다. 이 시간 그들은 마음의 서랍을 "신중하고도 두려움 없이 솔직하게" 열어 그 안에 있는 것들을 끄집어낸 다음 하느님에게, 자신에게, 서로에게 자신이 저지른 잘못을 낱낱이 고백한다. 그리고 도움을 요청한다. 전등불이 희미하게 깜빡이며 옅은 담배 냄새가 풍기는 지하실에서 눈물 흘리고 때로는 신경질적으로 기침을 하며, 그들은 점점 용기를 내어 자신의 어둠을 빛 한가운데로 가져온다. "안녕하세요, 제 이름은 아무개이고, 저는 알코올 중독자입니다."

알코올 중독에서 회복 중인 사람들은 내게 익명의 알코올 중독자 모임AA: Alcoholics Anonymous group만 한 교회를 발견할 수 없다고 말하곤 했다. 그들은 익명의 알코올 중독자 모임처럼 자신의 고통을 정직하게 이야기하고 각자의 망가진 삶을 나눔으로써 일치를 이루는 공동체를 본 적이 없었다. 헤더 코프는 자신의 알코올 중독과 회복 경험을 다룬 자서전에서 말했다.

> 중독자 재활 모임에서 너무나도 쉽게 느낄 수 있던 사랑과 신뢰는 그때까지 교회 안과 밖에서 경험하지 못했던, 너무나도 낯선 경험이었다. 하지만 어떻게 이런 일이 가능했을까? 어떻게 도박, 섹스, 마약, 술 등에 중독된 이들의 모임이 (내가 다녔던) 수많은 그리스도교 모임들에서 그렇게 애써도 이루어지지 않던 깊은 교제를 가능케 했을까? 수개월이 지나서야 그러한 교제를 가능케 하는 것은 바로 우리의 상처들임을 나는 알았다. 그저 믿는 바를 나누어서는 결코 이루어지지 않았던 깊은 교제 말이다.[1]

---

[1]   Heather Kopp, *Sober Mercies: How Love CaughtUp With a Christian Drunk* (New York: Jericho, 2013).

언젠가 라디오 방송에서 왜 여전히 그리스도교인으로 남아 있느냐는 질문을 받았다. 진행자는 내가 그리스도교에 대해 여러 질문을 던지고 때로는 의심을 보이면서도 왜 여전히 그리스도교 신앙을 갖고 있는지 궁금해했다. 나는 답변의 차원에서 예수님에 관해, 그분의 삶, 가르침, 죽음, 부활, 삶에서 나와 함께하는 예수님, 이 세상에 여전히 활동하고 있는 예수님을 이야기했다. 그리고 신앙은 언제나 위험천만한 일이고 예수님에 관한 이야기가 잘못될 수 있음에도 불구하고 인생을 걸어볼 만한 가치는 충분하다고 이야기했다. 그다음 내 입에서 나온 말은 지금 내가 생각해도 조금 놀라운 말이었다.

"제가 그리스도교인인 이유는 그리스도교가 죄의 존재를 인정하고 죄를 이야기하기 때문입니다. 그리스도교는 우리가 세상에서 발견하는 악이 우리 안에도 도사리고 있음을 인정합니다. 그리스도교는 인간에 대한 진실을, 즉 우리는 전혀 괜찮지 않다는 사실을 알려줍니다."

예수님의 동생 야고보는 말했다.

그러므로 서로 죄를 고백하고 서로 남을 위하여 기도하십시오. 그러면 모두 온전해질 것입니다. (야고 5:16)

어쩌면 가장 좋은 교회는 '익명의 알코올 중독자 모임'과 같은 역할을 하는 회복의 공동체일지도 모르겠다. 떨쳐버릴 수 없는 문제들을 한가득 갖고 있는 불완전한 사람들이 모여 불편한 진실을 서로에게 털어놓아도 안전한 곳 말이다. 때때로 이 진실 속에는 개인적인 차원에서 저지른 죄가 있고, 우리 모두가 집단적인 차원에서 저지른 죄가 있다. 이 진실을 마주하다 보면 우리가 겪고 있는 고통의 강을 거슬러 올라가 타인이 저지른 죄, 그리고 우리가 어찌할 수 없는 거대한 굴레와 맞닥뜨리게 될 때도 있다. 때로는 뚜렷한 이유 없이 마냥 아파하고 있음이 진실로 드러날 때도 있다. 고백을 함으로써 우리는 전혀 괜찮지 않다는 사실을 서로 인정하고 함께 치유와 화해를 구할 기회를 갖게 된다. 혼자 짐을 짊어지고 나설 필요는 없다. 대신, 우리는 함께 깊이 숨을 들이쉬고 참회의 기도를 드리며 치유의 첫 발걸음을 내디딘다.

> 자비하신 하느님,
>
> 우리는 생각과 말과 행실로
>
> 주님과 이웃에게 죄를 지었으며
>
> 또한 자주 신자의 의무를 소홀히 하였나이다.
>
> 주여, 우리의 죄를 용서하시고,
>
> 우리로 하여금 예수 그리스도 안에서 새로워지게 하소서.[2]

루터교의 '죄의 고백'은 좀 더 개인적이다.

---

[2] *The Book of Common Prayer* (New York: Seabury Press, 1979), 82. 『성공회 기도서』(대한성공회 출판사)

전능하신 하느님께,

하늘 높은 곳의 많은 천사들과 생물들과 원로들에게,

형제들과 자매들에게 고백합니다.

저는 생각으로, 말로, 행동으로,

저의 탓으로, 저만의 탓으로, 저만의 추악한 탓으로

죄를 지었습니다.

그렇기에 저는 전능하신 하느님께서

저를 불쌍히 여기시길,

저의 모든 죄를 용서하시길,

저를 영생으로 인도하시기를 간구합니다. 아멘.[3]

이 고백은 용기가 필요하지만 어디까지나 시작에 불과하다. '익명의 알코올 중독자 모임' 첫 번째 시간처럼 죄의 고백은 우리가 모두 동등한 존재, 같은 상태에 처한 존재임을 알려준다. 우리는 모두 하느님의 사랑을 받고 있으며, 동시에 부서진 채 이 세상을 살아가고 있다. 그래서 우리에게는 모두 치유와 은총이 필요하다. 죄의 고백은 우리에게 우리의 죄뿐만 아니라 두려움, 망설임, 상처, 질문, 고통을 서로 나눌 힘을 불어넣어 준다. 죄의 고백을 통해 우리는 서로에게 진실을 털어놓아도 된다는 사실을 확인함으로써 참으로 자유하게 될 수 있는 유일한 길은 서로 잇대어 의존하고 살아가는 길임을 깨닫게 된다. 그런데 왜 교회에 가면 알코올 중독자

---

3 *Lutheran Book of Worship: Pew Edition* (Minneapolis: Augsburg Fortress, 1978).

모임보다는 동창회나 아파트 주민 반상회에 간 것 같은 느낌이 드는 것일까? 왜 예배당에서 기계적으로 근황만 주고받고, 볼에 경련이 올 정도로 피로감이 드는 미소를 유지하면서 서로에게 평화의 인사를 건네는 것일까? 우리를 위해 고문당하고 조롱을 받은 이가 매달린 십자가 아래에서 왜 우리는 "어, 난 잘 지내지, 넌 어때?"라는 수박 겉핥기식 인사 이상으로 나아가지 못하는 것일까?

아마도 이러한 습관은 헬스장 회원권을 끊고 나서도 체중을 줄이기 전에는 헬스장에 얼씬거리지 않는 모습과 비슷한 것이 아닐까 생각한다. 조각 같은 몸을 가지고 있는 이들에게 도무지 내 맨몸을 보여줄 수 없다고 여기는 것이다. 어머니가 가사 도우미를 고용하지 않았던 것도 같은 이유에서였던 것 같다. 그녀는 온갖 떼, 머리카락, 이물질로 뒤덮여 있는 화장실을 쉽사리 남에게 보여주지 못했고, 그렇기에 당연히 치워달라고 할 수도 없었다. 이와 같은 모습이 나오는 이유는, 나디아의 표현을 빌리면 "실로 유서 깊은 그리스도교 전통이라 할 만한 '위선 혹은 포장'"의 충동이 우리 안에 있기 때문이다.[4] 실제로 우리는 교회를 '무언가 이루어진 이후에' 가는 곳으로 여기는 경향이 있다. 다이어트 성공 이후, 연애한 이후, 출세한 이후 … 우리는 교회에서 가장 좋은 모습만 보여주어야 한다고 생각한다. 일종의 영적 인스타그램으로 여기는 것이다. 언젠가부터 우리는 교회를 건강한 사람들이 모이는 곳이라

---

[4] Nadia Bolz-Weber, 'Being Good Doesn't Make You Free. The Truth Makes You Free', *Sojourners*, March 28, 2012, http://sojo.net/blogs/2012/03/28/being-good-doesn%E2%80%99t-make-you-free-truth-makes-you-free.

생각하게 되었다. 예수님은 누누이 아픈 사람들을 돌보기 위해 이 세상에 오셨다고 말씀하셨는데도 불구하고 말이다. 그래서 우리는 가면을 쓰고, 우리 자신을 포장한다. 아무런 도움도 필요 없는 것처럼, 아무것도 두렵지 않은 것처럼 행동한다. 하지만 하다못해 익명의 알코올 중독자 모임에서도 "안녕하세요. 제 이름은 레이첼입니다. 저는 아무런 문제도 없고 괜찮습니다" 같은 말만 주고받는다면 아무런 도움도 받을 수 없다. 디트리히 본회퍼는 나치당이 정권을 잡은 독일에서 비밀리에 학생들을 가르쳤다. 그는 그곳에서 위와 같은 현상이 일어나고 있음을 발견했다.

그리스도인은 공동의 기도서와 기도에도 불구하고, 그리고 섬김 안에 있는 모든 사귐에도 불구하고 홀로 남겨질 수 있다. 즉 사귐에 이르는 마지막 돌파가 이루어지지 않을 수도 있다. 경건치 못한 죄인들이 만나는 것이 아니라, 신실하고 경건한 자로서 교제하기 때문이다. 경건한 공동체는 그 누구도 죄인이 되는 것을 허락하지 않는다. 그래서 사람들은 저마다 자기 자신과 공동체 앞에서 자신의 죄를 숨길 수밖에 없다. 죄인이 되어서는 안 된다는 것이다. 그러므로 경건한 사람들 가운데 갑자기 죄인이 나타나는 것은 많은 그리스도인에게는 생각조차 할 수 없는 경악스러운 일이 되고 만다. 그래서 우리는 우리의 죄로 홀로 있게 된다. 거짓과 위선 속에서 말이다.[5]

---

[5] Dietrich Bonhoeffer, *Life Together*, 110.

어머니는 내게 더러운 빨래를 빨랫줄에 걸어놓으면 안 된다고 이야기하곤 했다. '참한' 여인은 자신의 문제나 비밀을 함부로 말해서는 안 된다는 뜻을 지닌 미국 남부식 표현이다(이런 생각을 하는 여인의 딸이 블로거가 된 것은 실로 하느님께서 개입하시지 않으면 불가능한 일이다). 그러나 이는 어떤 문화적 관습에서 나온 격언이지 그리스도교의 격언은 아니다. 우리는 교회에 가기 전에 우리의 삶을 샅샅이 씻고 닦을 수 없다. 우리는 있는 그대로의 모습으로 숨김없이, 거짓 없이, 두려움 없이 교회를 찾는다. 죽음에 대한 두려움, 사랑에 대한 집착, 문제투성이인 결혼 생활, 뇌리를 떠나지 않는 질문들, 눈에 보이는 것들에 대한 끝없는 소유욕을 가진 채로, 무언가(약물, 일, 인정 욕구, 권력, 탐욕)에 중독된 상태로 교회를 찾는다. 우리는 각기 다른 정치적 입장, 신학, 피부색, 사회-경제적 지위를 가지고 교회를 찾는다. 그리고 그곳이 우리의 가면을 벗고 편히 숨을 내쉴 수 있는 안전한 장소, 즉 성소이자 안식처가 되기를 바란다. 우리는 우리의 더러운 빨래를 하느님과 모든 사람 앞에 널어놓는다. 모두가 함께 더러운 빨래를 널어놓는다면 더는 두려워할 필요가 없다.

내 친구 캐시 에스코바는 덴버에 있는 대형교회에서 성공궤도를 달리다 그리스도께서 보여주신 겸손과 가난을 따라 잘 나가던 사역자 생활을 포기하고 '내려가는 삶'을 택했다. 상담 사역을 하면서 그녀는 많은 교인이 교회에서 자신의 고통과 우울증을 숨기고 있음을 발견했다. 그래서 캐시는 예수님의 산상수훈과 익명의 알코올 중독자 모임에서 활용하는 12단계 회복 프로그램에 영감을 받아 덴버에 '피난처'the Refuge라는 이름의 신앙 공동체를 세우고 활동을 시작했다. 그녀는 교회가 종교 단체가 아니라 중독자 재활 모임처럼 작동하고 사람들이 "(자신의) 회복을 위해 정직"하게끔 애 쓸 때 예측 하지 못한 다양한 사람이 모인다는 것을 깨달았다. 그 녀는 '피난처'에 대해 말했다.

> 고등학교 졸업장도 없고 장애인 판정을 받아 매달 600달러를 벌 기도 힘겨워하는 이들이 대학원 학위를 갖고 매달 6,000달러 이 상을 버는 이들과 친구가 되어 함께 뛰논다. 자녀 교육에만 열중 하던 엄마들이 약물 중독자들과 관계를 맺고 근본주의 그리스도 교 배경의 사람들이 온갖 타종교 배경을 지닌 사람들과 어울린 다. 고아, 따돌림받는 사람, 성매매 관련 업자들, 목사, 미혼모, 미혼부, 교회에 질린 사람, 그리고 그 사이에 상상할 수 있는 모 든 부류의 사람들이 함께 뒤섞여 있다. … 이는 대단한 일이다.[6]

자신을 완벽주의와 조정 강박증에서 회복 중인 사람으로 고백하는 캐시는 '피난처'에 있는 사람들이 교제하는 과정이 마냥 아름답다 고 말하지 않는다. 치유의 속도는 굉장히 느리며 다양한 사람들이 함께할 때는 수많은 불편과 갈등이 생김을 그녀는 인정한다. '피난 처' 교회는 참여하는 사람의 '편의'를 봐주는 곳이 아니다. 작은 체 구의 그녀는 금발 머리카락을 휘날리며 말했다. "대부분의 사람이

---

6   Kathy Escobar, *Down We Go: Living Into the Wild Ways of Jesus* (Folson, CA: Civitas Press, 2011), 35.

짜증 나기 위해 교회에 가지는 않잖아요." 하지만 그곳에서 캐시
는 이때까지 경험하지 못했던 자비, 은총, 사랑, 치유를 경험했다.
그리고 그녀는 다시는 '성공궤도'에 오르기 위해 애쓰지 않을 것이
라고 말했다. '피난처' 교회에서는 어떤 교리적인 진술 대신 초대
의 말을 건넨다.

피난처는 상처 입고 굶주린 이들이 그와 같은 사람들 곁에서
함께 신앙, 희망, 존엄을 발견할 수 있도록 돕는
선교 센터이자 그리스도교 공동체입니다.
우리는 파티를 열고, 이야기를 나누며, 희망을 찾고,
예수님께서 가셨던 길을 최선을 다해 살아내는 것을
정말로 좋아합니다.
우리 모두는 상처가 있습니다.
우리는 각기 다른 방식으로 굶주려 있습니다.
우리는 각자 삶이라는 여정의 다른 지점에 서 있지만
'성경'이라는 지침표가 될 만한 이야기 혹은 드라마를 나눕니다.
우리는 예수님을 따르면서 신앙을 발견합니다.
그리고 우리는 질문, 의문을 품고
하느님과 함께 정직하게 씨름하고
이를 함께 나누며 신앙을 발견합니다.
우리는 하느님의 형상을 입은 존재로서
우리 자신의 존엄성을 발견하고
서로에게 그 존엄을 일깨워주기 위해 노력합니다.

우리 모두는 받고, 우리 모두는 줍니다.

우리는 노인이며 청년이고 금수저이자 흙수저이며

보수이자 진보이고, 미혼이자 기혼입니다.

우리는 이성애자이자 동성애자이며

복음주의자이자 자유주의자이고 고학력자이자 저학력자입니다.

우리는 확신하고 망설이며

때로는 고통에 신음하고 때로는 성공에 환호성을 지릅니다.

그러나 그리스도의 사랑은 이러한 다름을 하나 되게 하셨습니다.

피난처에서는 모두가 안전합니다.

그러나 누구도 마냥 편안하지는 않습니다.[7]

모든 교회가 모두에게 안전하지만 그 누구에게도 마냥 편안하지는 않은 장소가 된다면 어떻게 될까? 모든 교회에서 서로에게 진실을 말할 수 있다면 어떨까? 그렇게 된다면 교회는 진정한 성소라고, 참된 안식처라고 할 수 있을 것이다.

---

[7] 캐시 에스코바와 피난처 교회의 허락을 구하고 사용함.
http://www.therefugeonline.org

제10장

우리가 행한 일들

*…땅에서 이뤄진 만큼 하늘에서도 이루어진다면
우리가 죽어서 가는 천국은 지옥처럼 끝내주는 난장판일 거야.*

- 조쉬 리터|Josh Ritter

예수님이 로마 제국의 십자가에 못 박혀 죽은 지 300년 후, 테오도시우스Theodosius 황제는 그리스도교를 로마 제국의 국교로 정했다. 제국의 핍박을 받았던 그리스도교인들이 제국이 되었고, 한때 어떤 폭력도 거부했던 이들이 이제 자신의 이웃을 향해 칼을 들이밀었다. 신전을 파괴했고 이교도들을 강제로 전향시키거나 그렇지 않으면 죽였다. 신앙의 선배들이 순교의 피를 흘렸던 경기장에서 그리스도교인들은 이교도의 죽음에 환호하는 관중이 되었다.

주여, 우리를 불쌍히 여기소서.

그리스도여, 우리를 불쌍히 여기소서.

1099년 7월 15일, 십자군은 아랍인 파티마 왕조가 다스리던 예루살렘을 둘러싸고 총공격을 펼쳤다. 그들은 성벽의 틈을 발견했고 성을 점령하는 데 성공했다. 십자군은 "하느님의 뜻이다!"라고 외치며 성을 지키던 모든 병사를 죽였고 연약한 아기들을 가차 없이 벽에 내던졌다. 또한 많은 유대인이 숨어있던 회당의 문을 닫고 모두 불태워버렸다. 기록에 따르면 점령군의 말들이 솔로몬의 제단에서 강처럼 흐르는 피 위를 걸었다고 한다.

주여, 우리를 불쌍히 여기소서.

그리스도여, 우리를 불쌍히 여기소서.

수 세기 동안 유럽을 휩쓴 마녀재판은 이단으로부터 교회를 지킨다는 명분을 내걸고 수십만 명(대부분 여성이었다)을 고문했다. 마녀재판 때 사용된 고문 기구는 신체를 짓이기고 떼어내 천천히 오래 고통을 주는 것으로 유명했고 사람들은 유방 분리기, 머리 파쇄기, 가리옷 유다의 의자와 같은 악명 높은 별명을 붙였다. 아이러니하게도 고문 기구에는 언제나 '오직 하느님께 영광'Soli Deo Gloria이라는 문구가 새겨져 있었다.

주여, 우리를 불쌍히 여기소서.

그리스도여, 우리를 불쌍히 여기소서.

　종교개혁자 마르틴 루터는 『유대인과 그들의 거짓말에 관하여』 Von den Jüden und iren Lügen 라는 소책자에서 영주들이 유대교 회당을 불사르고 유대인을 지역에서 추방하며 그리스도교인의 영토에서 자신의 신앙을 고수하는 유대인들을 죽여야 한다고 역설했다. 또한 그는 말했다.

　　지도자는 괴질이 온 환자를 다루는 명의처럼 냉철하게 혈과 육과
　　뼈와 관절을 베고 자르고 태울 수 있어야 한다.

훗날 독일 관리들은 루터가 쓴 글들을 홀로코스트를 종교적으로 정당화하는 근거로 내세웠다.

주여, 우리를 불쌍히 여기소서.
그리스도여, 우리를 불쌍히 여기소서.

　유럽 그리스도교인들은 자신들의 침략을 여호수아의 가나안 입성에 견주며 수십, 수백만의 원주민들을 강간하고 폭력을 휘둘러 그들의 모든 것을 빼앗고 노예로 삼았다. 죽음을 앞둔 히스파이놀라섬의 한 족장에게 그리스도교로 개종을 요구했을 때, 그는 천국이 그리스도교인들이 죽어서 가는 곳이라면, 자신은 차라리 지옥에 가고 싶다고 말했다.

주여, 우리를 불쌍히 여기소서.

그리스도여, 우리를 불쌍히 여기소서.

1637년 청교도들이 (인디언 부족 중 하나인) 피쿼트 족을 학살할 때 존 언더힐John Underhill 대위는 말했다.

가끔 성경 구절은 부모와 함께 여자와 아이들도 같이 죽이라고 말한다. … 우리의 행동은 하느님의 말씀으로부터 충분한 인도를 받았다.[1]

주여, 우리를 불쌍히 여기소서.

그리스도여, 우리를 불쌍히 여기소서.

1838년 앤드루 잭슨Andrew Jackson 대통령과 미국 정부는 16,000명이 넘는 체로키족 사람들을 테네시, 앨라배마, 노스캐롤라이나주와 조지아주에서 추방해 오늘날의 오클라호마주로 강제 이주시켰다. 강제 이주를 하는 동안 수천 명이 넘는 체로키 사람들이 추위와 기아와 피로를 견디지 못하고 목숨을 잃었다. 그들의 이야기는 이제 '눈물의 길'로 알려져 있다. 강제 이주를 진행한 다음 앤드루 잭슨 대통령은 다음과 같은 말을 퇴임 연설로 남겼다.

---

[1] John Mason, *A Brief History of the Pequot War* (Bedford, MA: Applewood Books, 2009), 81.

하느님의 섭리로 우리는 이 선택받은 땅에서 헤아릴 수 없이 많은 복을 받았습니다. 그분의 섭리 아래 이제 미국 시민 여러분은 자유의 수호자가 되었습니다. … 만국의 흥망성쇠를 자신의 손에 쥐고 있는 하느님께서는 여러분이 받은 복에 합당한 나라를 만들기를 바라고 계십니다.

주여, 우리를 불쌍히 여기소서.
그리스도여, 우리를 불쌍히 여기소서.

미국에서 남북전쟁이 일어나기 전까지 노예제도에 찬성하는 문서의 절반 이상은 목사가 썼다. 1862년 감리교 목사 J. W. 티커J.W. Ticker는 (노예제도를 유지하려는) 남부 연합군을 향해 말했다.

여러분의 대의는 하느님께서 수호하시는 대의이자 그리스도께서 세우신 대의고, 온 인류의 대의입니다. 우리는 결코 의심할 수 없는 성경의 진리를 두고 북부와 대결하고 있는 것입니다. 이 전쟁은 북부의 광신자들에게 순수한 그리스도교가 맞섬으로써 일어난 싸움입니다.[2]

노예제도에 대한 의견 차이로 인하여 미국의 감리교와 침례교는 둘로 나뉘었다.

---

[2] Mark Noll, *The Civil War as a Theological Crisis* (Chapel Hill: The University of North Carolina Press, 2006), 39.

주여, 우리를 불쌍히 여기소서.

그리스도여, 우리를 불쌍히 여기소서.

마틴 루터 킹Martin Luther King Jr.이 앨라배마주 버밍햄 감옥에 갇힌 지 이틀째 되던 날 아침, 한 간수가 그에게 신문을 건네주었다. 창살 사이로 흐릿하게 비추는 빛에 의지하여 그는 신문 둘째 페이지에 크고 굵은 글자로 적힌 문구를 읽기 시작했다. '백인 성직자들이 지역 깜둥이들에게 시위에 나서지 않도록 권고하다.' 그날은 부활주일을 앞둔 토요일, 예수님께서 무덤에 묻히셨던 날이었다.

주여, 우리를 불쌍히 여기소서.

그리스도여, 우리를 불쌍히 여기소서.

1982년 미국의 밥존스대학교 총장은 타 인종 간의 교제를 금지하는 학교 규칙을 변호하면서 기자들에게 말했다.

창세기 10장부터 분명하게 나온 것처럼 성경은 하느님께서 사람들을 다르게 창조하셨고 이 세상은 그 사람들이 분리된 상태로 유지되어야 한다고 우리에게 말하고 있습니다.[3]

대법원이 밥존스대학교의 차별적인 내규에 근거하여 교육기관의

---

[3]   Christopher Connell, 'Bob Jones University: Doing Battle in the Name of Religion and Freedom', *Change* 15, no.4 (1983): 41.

면세 자격을 박탈했을 때 밥존스대학교 이사회는 교칙을 바꾸는 대신 12만 달러가 넘는 세금을 내기로 결의했다. 밥존스대학교의 타 인종 간의 교제를 금지하는 규칙은 2000년까지 유지되었다.

주여, 우리를 불쌍히 여기소서.
그리스도여, 우리를 불쌍히 여기소서.

2013년 우간다 국회는 동성애를 범죄로 규정하고 처벌로 무기 징역을 선고하는 법을 통과시켰다. 이 법안을 제출한 국회의원 데이비드 바하티David Bahati는 기자들에게 말했다.

우간다는 하느님을 경외하는 나라이며, 우리는 거룩한 삶에 가치를 두고 있습니다. 저와 제 동료 국회의원들은 이러한 가치관을 따르기 때문에 법안을 제출했고 통과시켰습니다.[4]

아프리카에서 활동하고 있는 복음주의 그리스도교 선교사들이 이 법안의 제정에 적지 않은 영향을 준 것으로 알려졌다.

주여, 우리를 불쌍히 여기소서.
그리스도여, 우리를 불쌍히 여기소서.

---

[4] Erin Conway Smith, 'Uganda passes anti-gay bill', *Telegraph*, December 20, 2013, http://www.telegraph.co.uk/news/worldnews/africaandindianocean/uganda/10531563/Uganda-passes-anti-gay-bill.html.

성인들을 위한 감사

테오도시우스 황제가 자신의 폭력을 깨닫고 회개할 때까지 제국의 명령에도 불구하고 교회의 문을 닫았던 암브로시우스Ambrose 주교로 인하여 주님께 감사하나이다.

무절제와 폭력으로 난무하던 제국을 떠나 이후 세대에게 검소하고 사려 깊은 삶의 유산을 남긴 사막 교부와 교모들로 인하여 주님께 감사하나이다.

교회가 판매하던 면벌부와 십자군 원정을 비판하고 자신의 양심을 따랐다는 이유로 화형대에서 목숨을 잃은 얀 후스John Huss로 인하여 주님께 감사하나이다.

당대 귀족들과 교회의 반대에도 불구하고 수도원 개혁을 이끌었던 아빌라의 테레사Teresa of Avila로 인하여 주님께 감사하나이다.

콜롬비아의 흑인 노예, 특히 나병과 자신들을 노예 삼았던 이들 때문에 천연두에 걸렸던 사람들을 평생 보살폈던 예수회 사제 페드로 클라베르Pedro Claver로 인하여 주님께 감사하나이다.

매사추세츠만 식민지에서 여성은 성경을 가르칠 수 없음을 알고도 성경을 가르쳤던 앤 허친슨Anne Hutchinson으로 인하여 주님께 감사하나이다.

자신의 복음에 대한 열정을 대영제국의 노예제도 철폐에 쏟아부었던, "우리는 노예제도라는 치욕을 그리스도의 이름에서 완전히 지워버릴 때까지 결단코, 결단코 투쟁을 포기하지 않을 것이다"라고 맹세했던 윌리엄 윌버포스William Wilberforce로 인하여 **주님께 감사하나이다.**[5]

자신을 인간으로 인정하지 않던 사회에서도 스스로의 인간됨을 외쳤던 소저너 트루스Sojourner Truth로 인하여 **주님께 감사하나이다.**[*]

아우슈비츠에서 유대인을 대신해 죽음을 맞이했던 프란치스코회 수도사 막시밀리아노 콜베Maximilian Kolbe로 인하여 **주님께 감사하나이다.**

마틴 루터 킹과 팔짱을 끼고 워싱턴 D.C.로 행진한 모든(피부 색깔이 무엇이든) 성직자들, 사역자들로 인하여 **주님께 감사하나이다.**

'백인 전용 자리'에 앉고 자리를 지켰던 로자 파크스Rosa Parks로 인하여 **주님께 감사하나이다.**

---

[5] Thomas Clarkson, *The History of the Rise, Progress, and Accomplishment of the Abolition of the African Slave Trade by the British Parliament* (London: John W. Parker, 1808), 448.

[*] 이사벨라 바움프리Isabella Baumfree(1797~1883)가 1843년부터 스스로 만들어 쓴 이름으로 '진리에 머무르는 사람'이라는 뜻을 갖고 있다. 노예 제도 폐지, 여성권, 교도소 개선, 사형제 반대 등 다양한 활동을 펼쳤다. 미국 성공회와 미국 루터교에서 성인으로 추대했다.

옳은 일을 하는 것이 힘들었을 때도 옳은 일을 했던 모든 이들로 인하여 **주님께 감사하나이다.**

주여, 진노하심을 거두시어 우리를 새롭게 하시고
구원의 역사가 우리 가운데 이루어져
주님의 영광이 이 세상에 드러나게 하소서.
하느님의 아들 예수 그리스도의 십자가와 수난으로
우리가 모든 성인과 함께
부활의 영광과 기쁨에 참여하게 하소서.
주여, 우리의 기도를 들어주소서.[6]

---

[6] *The Book of Common Prayer.*

제11장

《미트 더 프레스》

비관론자의 은박지를 긁어보면 실망에 젖은 이상주의자가 나올 것이다.

- 조지 칼린George Carlin

   교회를 떠난 처음 몇 달 동안 나와 댄은 일요일 아침 늦잠을 자고, 제대로 된 아침을 차려 먹었으며 다크 로스트 커피를 마시며 《미트 더 프레스》Meet the Press를 봤다.* 물론 잠옷을 입은 상태로. 뉴욕 타임스 신문의 십자말풀이까지 더해지면 진보주의자의 천국이라 해도 과언은 아닐 것이다. 나는 교회를 떠나고 난 뒤에야 '안식일'을 체험한 그리스도교인들을 많이 알고 있다. 교회로부터의 탈

---

* 1947년 11월 6일부터 현재까지 NBC에서 방영 중인 일요 시사 대담 프로그램으로, 미국에서 가장 오랫동안 방송되고 있는 프로그램이다.

출은 인터넷을 중단하거나, 많은 수고가 필요한 일에서 해방되었을 때와 비슷한 효과를 낸다. 하루가 길어지고 깊어지며 색깔은 선명해진다. 마치 협소한 공간에서 기어 나와 신선한 공기를 들이마시거나, 질주하는 차 창문을 열고 바람을 쐴 때와 같은 경험을 하게 된다. 등산의 묘미를 알게 되고 묵주와 관상기도를 통한 새로운 영성 훈련에 흥미를 갖게 된다. 상수리나무가 있는 계곡이 예배당이고 금은화가 내는 향기가 유향이며 바위를 타고 흐르는 강물 소리가 찬송이라고 이야기한다. 종이접기나 요가처럼 새로운 취미 생활을 할까 고민하기도 하고 오랜만에 떠오르는 시상을 수첩에 적기도 한다. 물론 이러한 생활은 길어야 3주 정도다. 넷플릭스에서 보지 않은 드라마 에피소드 1화를 트는 순간 눈 깜짝할 사이에 (브래지어를 착용조차 하지 않은 상태에서) 저녁이 된다. 활력은 순식간에 사라진다.

나는 우리가 교회에 다니지 않는다는 사실이 기도 모임 구성원들의 눈물샘을 자극하지 않도록 최대한 애썼다. 한동안은 일요일에 화장을 하고 치마를 입고, 하이힐을 신고서 쇼핑을 하러 갔다. 가게에서 그레이스 바이블 교회에 다니는 누군가를 만나면 그가 내가 또 다른 교회에 다니고 있음을 암시할 필요가 있었기 때문이다. 사람들은 교회를 떠났다고 하면 걱정스러운 표정을 지었지만, 더는 교회에 다니지 않음을 알게 되면 눈꼬리를 치켜들었다. 표백제를 쓰기라도 한 듯 반짝이는 입가의 미소와 정중한 질문 너머로 한때 내가 교회를 다니지 않던 이들에게 가졌던 편견(그들은 게으르고 항상 바쁜 척하고, 자기중심적이라고 생각했다)이 보였다. 최종적으로 문제는 교회 예배 시간인 10시와 11시 사이에 쇼핑을 하는 것으로 해결했다. 그 시간 가게 계산대에서 신자를 만나게 된다면 그것은 기도 시간에 눈이 마주치는 것과 다름없다. 비슷한 시기, 내 블로그의 구독자들이 늘기 시작했다. 용기를 내어 교회를 떠나는 것에 관한 글을 써서 올리자 수많은 사람이 답글을 달았다.

> "저도 최근 교회를 떠났어요. 제가 지역 신문에 성소수자들의 혼인을 지지한다는 편지를 쓴 걸 교회에서 알게 되었고, 저에게 더는 노숙인과 저소득층에게 식사를 제공하는 봉사활동을 하지 못하게 했죠." – 레슬리Leslie
>
> "저는 아직도 교회에 다녀요. 가족이 신자들을 좋아하거든요. 하지만 정신적으로 교회를 떠난 지는 꽤 되었어요. 제가 떠난 이유를 꼽아보면 … 교회에선 두려움을 이용해 사람들을 움직이거나 침묵하게 했어요. 의문이 드는 것을 가지고 이야기해본 적도 없죠. … 누구도 자신의 문제를 솔직하게 털어놓은 적이 없고, 그런 일이 생기면 곧장 가십거리가 되었어요. 설교를 들을 때면 하느님이 과연 있기는 하나라는 의문이 들었고요." – 릭Rick
>
> "저는 아주 어렸을 때부터 교회에서 저 같은 사람은 가증스러운 존재고 죽어야 마땅하다고 들었어요. 그래서 교회를 떠났죠. 10대 때에는 자살을 두 번 시도했어요. 하느님께서 저를 있는 그대로 사랑하거나 받아주지 않으실 거라고 생각했거든요." - 팀Tim
>
> "만성 질환을 갖고 있는 저에게 교인들은 언제나 '그건 네 신앙생활이 잘못돼서 그래'라고 말했죠. 그 말에 지쳐서 교회를 떠났어

요." - 베스Beth

"많은 이유로 교회를 떠나겠다고 마음먹은 순간을 기억해요. 남편은 제 품에 안긴 채 잠을 자는 딸을 보면서 말했어요. '난 우리 딸이 우리가 자라면서 알았던, 대부분의 교회가 말하는 하느님을 알기 바라지 않아. 우리가 겪은 온갖 추잡스러운 일들을 딸이 겪게 하고 싶지 않아. 아이가 하느님을 알았으면 좋겠지만, 이 하느님은 아니야. 절대로 이 하느님은 아니야.'" - C. J.

"목사가 저를 상습적으로 추행했지만 모든 교인은 이 사실을 외면했어요. 그래서 교회를 떠났어요." - 케이트Kate

"요즘 청년들이 교회를 떠나는 이유는 그들이 소비사회에 물들었기 때문이라고 생각해요. '가장 중요한 건 나야.' '내가 이렇게 느끼기 때문에 교회를 떠나는 거야.' 교회는 원래 사람들이 좋으라고 있는 게 아니지 않나요? 교회는 예수님께 예배드리라고 있는 것이잖아요. … 교회의 고객이 되기보다는 교회에 가서 우리가 예수님께 할 수 있는 게 무엇이 있는지 물어보자고요. 그분은 우리에게 모든 것을 주셨잖아요." - 더스틴Dustin

"여기 답글에서 단 한 명만 우리가 교회에 가는 핵심 이유(하느님께 영광을 돌리는 것)를 언급했어요. … 이 말은 듣기 편한 이야기가 아닐 수도 있어요. 특히 서구문화에 흠뻑 물든 우리는 교회도 '우리가 원하는 걸' 하길 원하지요. 하지만 정말로 중요한 건 하느님께서 그분이 바라는 걸 이루시는 거예요." - 매튜Matthew

"매일 우리를 위해 기도해주는 존 … 그리고 고등부 모임을 인도하는 남편을 기억하면서 우리를 위해 기도하는 스미스 부부 때문에 교회에 남아있어요. … 메릴린은 우리가 사역자라고 매주마다 5달러 지폐를 살짝 주머니에 넣어줘요. … 브룩스는 발달장애가 있지만 예배당 맨 앞 한가운데 서서 노래하는 걸 정말 좋아해요. … 맞아요. 나머지는 절 미치게 하지만, 교회가 아니면 어디서 이런 경험을 할 수 있겠어요?" - 캐롤린Carolyn

"목사인 내가 교회에 가는 이유는 교회가 내게 돈을 주기 때문이에요. 내가 하느님을 믿는지 잘 모르겠다는 사실을 말하기 정말로 두려워요." - 익명

온라인으로 사람들과 대화를 하면서 나는 교회 '안'에 있는 사람과 '밖'에 있는 사람 사이에 있는 갈등이 생각보다 더 심각하며 오해 또한 상당함을 알게 되었다. 그들 사이에는 깊은 골짜기가 있었고 상대방의 이야기에 공감하지 못할 때 그 골은 더 깊게 파이곤 했다. 교회 '안'에 있는 사람들은 나를 포함한 청년 세대를 쇼핑하듯 자기 취향에 맞추어 교회에 다니다가 조금 힘들다 지치면 떠나는 어중이떠중이로 판단하는 경향이 있다. 하지만, 자신을 폭행하고 학대하는 남편과 이를 알고 있음에도 불구하고 이혼은 안 된다며 그를 보호한 교회를 떠난 여성의 경우도 과연 그럴까? 그녀도 소비사회의 산물이고, 자신의 경험에서 회복할 만한 충분한 시간을 두지 않았던 것일까? 시끄럽고 자극적인 예배를 견디지 못하는 자폐 장애가 있는 아이의 부모는 어떤가? 너무 이기적이고 요구사항이 많다고 해야 할까? 일요일 아침에도 일을 해야 하는 대학생은 어떤가? 부모가 양육을 잘못해 아이가 동성애자가 되었다는 말

을 목사에게 들은 부부의 경우는 어떠한가? 교회에서 질문을 던지면 상투적인 답만을 듣게 되는 회의주의자나 우울증을 앓고 있어서 아침 침대에서 일어나기를 두려워하는 여성의 경우는? 이들이 '잘못했다'고 말하는 사람은 너무나 많다. 그러나 이들 중 누구도 자신이 이미 지고 있는 짐에 죄책감과 수치심을 더하고 싶어 하지는 않는다.

반대로, 교회 '밖'에 있는 사람들은 교회 '안'에 있는 사람들이 합리적인 생각과 비판적인 사고가 불가능하고, 단순히 사교모임의 회원권을 잃기 싫어 형식적인 움직임만 되풀이하는 로봇이라고 단정하는 경향이 있다. 전통과 제도를 이용해 권력 구조를 유지하는 모습, 일부 목사들의 비행과 추행에 사람들은 비아냥거린다. 그러나 교회가 가진 모든 배제와 편견, 폭력의 이야기 반대편에는 포용과 치유, 정의의 이야기가 흐르고 있다. 교회에서 열어준 축하 파티로 힘과 위로를 얻은 미혼모 이야기를 단순히 무시할 수는 없다. 미얀마 난민을 환대하고 그들에게 영어를 가르쳐주고 일자리를 알아봐 준 곳도 교회였다. 수십 년의 시간 동안 성 평등의 메시지를 외쳤고, 결국 성 평등에 기반을 둔 정책 변화를 끌어낸 사람들이 속한 곳도 교회였다.

교회에 남거나, 떠나거나, 다시 돌아오는 이유는 우리 자신 만큼이나 복잡하고 다층적이다. 손쉽게 답을 고를 수 있는 설문 조사나 초대받은 저녁 식사에서 에둘러 말해도 될 사안만큼 간단한 일이 아니다. 모든 세부 사항을 무시하고 섣불리 타인의 삶을 판단하고, 공감을 하지 않고서 조언을 건네기란 정말로 쉬운 일이다. 소설가 제이디 스미스Zadie Smith의 말대로 "모든 사람은 그 자체로 하나의 세계"임을 망각하기란 얼마나 쉬운지 모른다. 언젠가 브레넌 매닝Brennan Manning은 고백했다.

솔직히 말해 나는 모순덩어리임을 인정한다. 나는 믿고 또 의심하며, 희망하면서 비관한다. 나는 사랑하고 증오하며, 기분이 좋으면서도 그것이 마음이 안 들 때가 있다. 나는 죄책감을 느낄 수 없는 것에 죄책감을 느끼고, 신뢰하면서 의심한다. 나는 솔직하면서 계산적이다. 아리스토텔레스Aristotle는 내가 이성적인 동물이라고 말했지만, 나는 나를 술에 취한 천사라고 말하겠다.[1]

우리가 다시 교회에 가기로 결심했을 때 댄과 나를 교회 밖으로 인도했던 충동, 의도, 희망, 불만들은 다시금 우리를 따라 들어왔다. 넷플릭스 드라마와 《미트 더 프레스》를 6개월 동안 열심히 시청하고 난 뒤의 일이다.

'레아 카운티에 있는 교회들'Rhea County churches을 구글로 검색하자 나온 지도는 마치 수두에 걸린 아이를 보는 것만 같았다. 수백 개의 빨간 점들이 모니터를 가득 채웠다. 검색 결과를 보자마자 한숨을 쉰 댄은 내게 노트북을 건넸다. 바이블 벨트에 있는 모든 교회를 일일이 검색해 알아보는 일은 아직 커피를 두 잔도 마시지 않

---

[1] Brennan Manning, *The Ragamuffin Gospel: Good News for the Bedraggled, Beat-Up, and Burnt Out* (Sisters, OR: Multnomah Publishers, 2005), 23. 『한없이 부어주시고 끝없이 품어주시는 하나님의 은혜』(규장)

은 상태의 댄에게는 무리였다. 나는 후보군을 좁히자고 말했다. 일단 남침례교(너무 보수적이다)와 유니테리언(너무 진보적이다), 그리고 여호와의 증인(너무 … 친절하다)은 후보에서 제외했다. 물론 그렇게 하더라도 수백 개의 교회가 남았다.

미국 남부 작은 마을들에는 대부분의 사람이 모이는, 중심지 역할을 하는 교회가 있기 마련이다. 일단 우리는 그런 교회들을 방문해 보기로 했다. 머지않아 우리는 지역 사회에서 가십거리가 되었다. 지역에서 1994년식 청록색 플리머스를 몰고 다니는 사람은 우리가 유일했으니 말이다. 그 낡은 차는 어느 곳(술집, 동네 병원, 제일 연합감리교회 주차장)을 가든지 항상 루머를 몰고 다녔다.

사순절 시작인 재의 수요일에는 성 매튜 교회에서 재를 받았다. 성 매튜 교회는 교인 수가 줄어들고 있는 성공회교회였고 집을 개조해 매주 감사 성찬례를 드리고 있었다. 그곳에서 드리는 성공회-가톨릭 방식의 전례("향과 종")는 경외심이 들기보다는 많이 어색했다. 성 금요일에는 성 브리짓 성당에서 거행하는 수난 예식에 참석해 수난 복음("죽이시오. 죽이시오. 십자가에 못 박아 죽이시오!")을 읽었다. 성당에는 마을에서 가장 다채로운 사람들이 모였는데 몇몇 남미 사람들과 이사한 지 얼마 되지 않은 북부 샌님들이 웅장한 십자가 아래 모였다. 성령강림주일에는 윌리엄 제닝스 브라이언William Jennings Bryan이 스콥스 재판 이후 마지막으로 공적 발언을 했던 감리교회에서 예배를 드렸다.* 그곳 예배당은 여름성경학교가 벌어

---

* 윌리엄 제닝스 브라이언(1860~1925)은 미국 정치인이자 변호사로 민주당 대통령 후보로 세 번 선출되었으며 우드로 윌슨 정부 시절 국무장관을 역임했

지는 행사장 같았다.

안전띠를 매는 동안 댄이 물었다. "어떻게 생각해?" 나는 한숨을 내쉬며 답했다. "우리가 불렀던 찬송들이 전천년설과 무천년설 둘 다 이야기하고 있다는 것을 사람들은 알고 있을까? 그리고, 모세가 민수기를 썼다고 주장하는 설교자는 도대체 무슨 생각이었던 거야? 내 말은, 모든 사람이 모세가 민수기를 쓰지 않았다는 사실 정도는 알고 있다고! 민수기는 바벨론 유수 이후 시대 유대 지도자들이 구전 전승과 기록된 전승을 모아 편집하는 과정을 거쳐 자신들의 민족적 정체성을 표현하기 위해 만든 문헌이라고. 이것은 위키피디아만 찾아봐도 알 수 있어. 좀 더 덧붙이면 구약 본문을 좀 더 그리스도론적으로 해석했으면 좋았을 것 같아." "여보, 있잖아. … 오늘 설교 주제는 겸손이었어."

주여, 저를 불쌍히 여기소서. 나는 내가 두렵거나, 무언가에 취약하다고 느낄 때 지적 유희(허세)라는 방어 기제를 사용한다. 새로운 교회를 다니고 새로운 친구들을 만난다는 것은 생각만으로도 두려운 일이었기 때문에 나는 매번 교회를 방문할 때마다 거들먹거리며 마음의 거리를 두었다. 그렇게 나는 내 지적 우위를 느낄 수 있는 거리를 유지하며 교회들을 관찰했다. 나는 그리스도교 관련 블로그를 운영하고 있기 때문에 수많은 성직자, 사역자보다 훨씬 현실 그리스도교와 교회를 잘 안다고 확신했다. 하지만 블로그에 교회일치운동과 전 세계의 다양한 교회가 빚어내는 아름다움에

다. 생애 말년에 스콥스 재판에서 진화론을 학교에서 가르칠 것을 거부하는 원고 측 변호를 맡았다.

대해 장황한 글을 쓰면서도 실제로 교회에 갈 때면 팔짱을 끼고 앉아 왜 침례교는 감리교처럼 할 수 없고, 감리교는 성공회가 될 수 없으며, 성공회는 복음주의처럼 되지도, 그렇다고 완전히 로마 가톨릭처럼 되지도 않는지 꼬치꼬치 캐묻곤 했다. 당시 나는 모든 찬송가의 가사를 해부했고 모든 설교 내용을 가지고 토론을 벌였다. 성찬례의 횟수와 세례 방식에 대해 판결을 내렸고 주보의 오타를 가지고 점수를 매겼다. 그리스도교 전통에서는 이러한 방어 기제를 교만pride이라고 부른다.

이것이 내가 뿌린 씨였음을 나는 고백한다. 당시 나는 가르침을 받는다거나 인도받는다는 생각을 비웃었다. 신뢰하는 것보다는 해체하는 것이 훨씬 안전했고, 다른 사람을 거부하는 것이 내 삶으로 들이는 것보다 훨씬 쉬웠다. 나는 내가 어떤 그리스도교인이 되기 싫다는 것은 분명히 알았지만, 어떤 그리스도교인이 되어야 할지를 상상하기에는 너무 겁에 질려 있었고 반항심에 취해 있었으며 너무나 깊은 상처를 갖고 있었다. 마치 조가비 껍질처럼 냉소적인 태도를 단단하게 유지하면 나는 보호받을 수 있을 거라고 생각했다. 아니 그렇게 믿었다. 그래서 어느 교회에 가든지 그 교회의 가장 안 좋은 모습을 보았고, 나 자신이 옳다는 것을 확인하며 슬며시 비웃음을 흘려보냈다. 많은 경우 죄는 두려움에서 시작된다. 실망에 대한 두려움, 거절에 대한 두려움, 실패에 대한 두려움, 죽음에 대한 두려움, 잊힘에 대한 두려움 … 냉소는 그다지 심각한 죄로 보이지 않지만, 나무를 말려 죽이는 뽕나무버섯처럼 천천히 희망을 죽이는 주도면밀한 사냥꾼이다. 다시 교회를 찾았을 때 나는 냉소주의에 빠져 있었다.

하지만 좀 더 근본적으로 새로운 교회를 찾으며 힘들었던 것은 옛 교회의 유령이 항상 우리에게 따라붙었다는 점이다. 좋은 의미로든, 좋지 않은 의미로든 어렸을 때부터 내 몸에 밴 복음주의 신앙은 나의 두려움, 그리움, 반응, 의심을 형성했다. 나는 주인의 목소리를 들으려는 개 마냥 귀를 쫑긋 세우고 단상에서 들려오는 소리가 복음주의 언어인지 아닌지를 가늠하려 했다. 나는 정교회나 오순절파나 인문주의나 시크교 배경에서 자란 사람과는 다른 방식으로 성스러움, 정결함, 성경적, 증언 등을 이해할 수밖에 없었다. 나는 복음주의를 기준으로 좋은 점과 싫은 점을 나눈 뒤 이를 기반으로 삼아 새로운 경험을 가늠하고 수치를 쟀다. 그래서 실제로는 선한 사람들이 모인 좋은 교회들도 화풀이로 사귀게 되는 남자친구처럼 될 수밖에 없었다. 댄이 부드럽게 타일러주지 않았다면, 나는 각 교회의 고유한 결을 결코 발견하지 못했을 것이다.

'영속적인 해체가 이루어지는, 탈-복음주의 가톨릭 교회'를 찾지 못한 우리는 주요 절기에는 전례 교회에 가고 그 외 일요일에는 익숙한 복음주의 교회에 가는 것으로 합의를 보았다. "그 외 일요일"이라는 말은 대략 한 달에 한 번이라는 의미를 가지고 있다. 우리는 매주 교회에 가지는 않았다. 예배 이후 (교회에 처음 방문한 사람과) 커피를 같이 마시는 시간을 피하려고 예배가 끝나기도 전에 교회를 몰래 빠져나가곤 했다. 몇 년 전만 해도 하느님을 향한 열정이 활활 타고 있었는데 말이다. 교회 예배당 맨 뒷자리에 앉는 일이 자연스러운 일이 되어버렸다. 예전에 누군가 부흥을 맛보게 해달라고 기도했는데 그 누군가가 바로 내가 되었다. 이제는 그러한 부흥을 믿는지도 잘 모르겠지만 말이다.

동생 어맨다는 10월, 10월이라는 느낌이 들지 않을 정도로 매섭게 추운 날 결혼했다. 그녀는 오렌지와 라벤더 꽃으로 만든 부케를 손에 쥐고 그레이스 바이블 교회 통로를 내려갔다. 결혼식 피로연이 끝날 무렵, 신혼부부 옷 안은 쌀알투성이였고(미국 결혼식에는 액땜으로 옷에 쌀알을 뿌리는 관습이 있다) 먼 곳에서 온 하객들은 옛이야기를 하면서 부모님이 결혼 선물을 차에 싣는 것을 도왔다. 그때 나는 브라이언과 캐리 워드를 발견하고 재빨리 그들 앞에 있던 의자에 앉았다. 피로연의 열기가 채 가시지 않은 어두운 방을 오렌지와 라벤더 색깔의 촛불이 희미하게 밝히고 있었다. 식탁은 장미 꽃잎으로 채워져 있었고 뛰어다니는 아이들의 소리가 들렸으며 스피커에서는 프랭크 시나트라Frank Sinatra와 에타 제임스Etta James의 노래가 흘러나왔다. 청소년부 사역자 시절보다 머리숱이 조금 줄은 브라이언은 결혼식 정장을 불편해했다. 브라이언은 타이를 풀고, 나는 하이힐을 벗어버린 뒤 옛이야기를 주고받았다. 더 플래닛과 캠프 맥스웰, 통통한 토끼 등을 이야기하면서 얼마나 크게 웃었는지 같이 청소년부 생활을 했던 친구들이 등불을 찾은 벌레마냥 하나둘씩 우리 주변으로 모였다.

손가락으로 탁자를 힘차게 두드리던 브라이언은 두려움과 흥분으로 가득해 보였다. 그런 모습을 보며 캐리의 상냥하지만 예리한 눈매만 피할 수만 있다면 곧바로 뭔가 이야기할 것 같은 느낌이 들었다. 댄이 합류했을 때 브라이언은 더는 가만히 있지 않았다. 그는 탁자를 손으로 치며 말했다. 브라이언의 눈은 촛불을 바라보는 아이의 눈처럼 반짝였다. "캐리와 나는 데이턴으로 다시 돌아와서 교회를 시작하려고 해. 함께 사역할 사람들이 필요해. 같이 할거지?" 이렇게 교회를 떠난 골칫덩어리들은 사역자가 되었다.

제12장

먼지

그리스도 예수께서 죄인들을 구원하시려고 이 세상에 오셨다는 말은
틀림없는 것이고 누구나 받아들일 만한 사실입니다.
나는 죄인들 중에서 가장 큰 죄인입니다.

- 디모테오에게 보낸 첫째 편지 1:15

예수님은 종교 지도자들이 좋아하는 부류에 속하지 않으셨다. 경전 전문가들과 율법의 수호자들은 유대 지방을 떠돌아다니는 이 급진적인 랍비에게 의심의 눈초리를 던지며 따라다녔다. 그들은 예수님에게 신학적 난제를 던져 빠져나올 수 없는 함정에 빠뜨리거나 위법 행위의 순간을 잡아내려 했다. 요한의 복음서에서 나오는 한 이야기에 따르면 어떤 바리사이파 사람들은 예수님이 치유하신 병자가 안식일에 요를 걷어들고 걸었다는 이유만으로 그를 나무랐다. 율법의 목적을 이 정도로 놓치기도 쉽지는 않은 일일 텐데 말이다. 이 세계에서 이루어지는 하느님의 활동을 보지 못하고 놓칠 확률이 가장 높은 사람은 자신이 무엇을 봐야 하고 무엇을 놓치지 말아야 하는지 정확하게 알고 있다고 확신하는 사람이라는 생각이 든다. 이런 사람은 하느님께서 자신이 생각한 규칙에 따라 활동하시기를 바라기 마련이다.

당시 종교지도자들, 종교 엘리트들에게 예수님의 행보가 특히 눈에 거슬렸던 이유는 그분이 죄인들과 거리낌 없이 지냈기 때문이다. 그분은 가난하고 아픈 사람들, 소외당하고 부정한 사람들뿐 아니라 세리와 창녀처럼 범죄 행위로 이윤을 얻는 뻔뻔한 무리와도 친하게 지내셨다. 예수님이 죄인들의 집에서 밥을 같이 먹었다는 소문이 돌았고, 누군가는 그분이 죄인들과 함께 향락을 누렸다고도 했다. 몸을 파는 사람과 술 취한 사람, 삶의 바닥을 친 방랑자들과 함께 하는 모습은 시인과 예술가들이 노래하는 것처럼 낭만적이지 않았다. 게다가 예수님은 세리들과 함께 빵을 나누어 드셨다. 그들은 가난한 자를 착취하고 로마 제국에 빌붙어 세금 징수의 앞잡이 노릇을 하던 이들이었다(증권회사 임원이나 특정 기업에 종사하는 로비스트들을 생각해보라).

예수님과 함께한 무리는 모두 외부에서 망가진 자신의 모습을 옷처럼 입고 다니던 이들이었다. 그들의 비천하고 추잡한 모습은 평범함과는 너무나 거리가 멀었기 때문에 사람들은 그들의 존재 자체를 '죄인'으로 강등시켰다. 그들은 경건한 사람들이 기쁜 마음으로 마음껏 혐오감을 분출할 수 있는 이들이었다. 경건한 사람들은 자신이 아닌, 자신 밖에 존재하는, 철저한 타자인 죄인을 통해 죄를 구체화할 수 있었다. 그들은 죄인들을 가리키고 혐오함으로써 죄란 '나' 같은 부류의 인간이 아닌 다른 누군가가, '나'와는 다른 이유를 가지고, '나'와 관계없는 문제를 일으키는 것으로 만들 수 있었다. 자신이 '옳다'고 하려면 자신과는 다른 사람을 '틀리다'라고 하면 된다. 이는 사악한 종교가 저지르는 가장 오래된 속임수다. 예수님은 이렇게 죄를 분류하는 체계가 있음을 잘 알고 계셨다. 그래서 종교지도자들이 당신과 함께하는 무리를 문제 삼았을 때 그분은 답하셨다.

성한 사람에게는 의사가 필요하지 않으나 병자에게는 필요하다.
나는 의인을 부르러 온 것이 아니라 죄인을 부르러 왔다. (마르 2:17)

예수님의 답은 한동안 종교지도자들을 잠잠케 했다. 그들은 자신들이 "성한 사람"이라고 생각했기 때문이다.

예수님을 따르던 이들이 어떤 특징을 공유하고 있는지 알기란 매우 어려운 일이다. 복음서는 유대인과 이방인, 군인과 농부, 남성과 여성, 부자와 가난한 자, 병자와 건강한 자, 경건한 사람과 부정한 사람 모두를 언급한다. 그 누구도 똑같은 모습과 똑같은 방식으로 예수님을 만나지 않았다. 그리고 예수님을 따르던 대부분의 사람은 자신이 쓰던 낚시 그물, 물병, 지팡이, 돈주머니를 놓기 전에 예수님을 만나 오랜 시간 신학적 대화와 직접적인 신앙의 고백을 나누는 호사를 누리지 못했다. 복음서에서 예수님의 제자들이 '죄인의 기도'를 드렸다거나, 신조에 서명했다거나, 특정 신앙고백을 지지했다는 기록은 발견되지 않는다. 최초의 그리스도교 선교사 중 한 사람은 우물가의 여인으로 알려져 있는데, 그녀는 예수님에게 언제, 어디서 하느님의 백성이 예배를 드려야 하는지 물었던 사마리아인이었다. 예수님과 만남 이후 그녀는 경건한 유대인, 이방인, 열심당원, 세리, 보수주의자, 진보주의자, 과부, 어부, 부유한 후원자와 가난한 거지들의 무리에 합류했다.

예수님을 따른 무리를 하나로 만든 건 계층이나 민족 정체성이 아니었다. 예수님이 어떤 분인지에 대해서도 그들은 분명한 합의를 이루지 못했다(예언자? 메시아? 하느님의 아들?). 이렇게 다채로운 사람들을 하나로 연결한 것이 있다면 그것은 바로 자신들이 무언가를 필요로 하는 사람이라는 깨달음이었다. 그들은 무언가에 굶주려 있었고, 갈증을 느꼈으며 갈망했다. 예수님께서 당신이 병자를 부르러 왔다고 말씀하셨을 때 그들은 바로 자신을 부르러 왔다고 확신했다.

옳은 일에 주리고 목마른 사람은 행복하다.
그들은 만족할 것이다. (마태 5:6)

지금 배불리 먹고 지내는 사람들아,
너희는 불행하다. 너희가 굶주릴 날이 올 것이다.
지금 웃고 지내는 사람들아, 너희는 불행하다.

너희가 슬퍼하며 울 날이 올 것이다. (루가 6:25)

예수님이 의인을 부르러 온 것이 아니라 죄인을 부르러 오셨다고
말씀하실 때 그 말은 그분이 모두를 위해 오셨음을 뜻한다. 그러
나 자신이 병들었다는 사실을 아는 사람만이 치료를 받을 수 있다.
자신의 배에서 꼬르륵 소리를 듣는 사람만이 자신의 배를 음식으
로 채울 수 있다. 자신이 상처 입었음을, 그리고 남에게 상처 입혔
음을 인정하는 사람들만이 나을 수 있다. 요한의 복음서에서 나오
는 또 다른 이야기에서 종교지도자들은 간음하다 잡힌 한 여인을
데려왔다. 간음하다 잡힌 사람을 사형에 처하라는 성경 구절로 무
장한 바리사이파와 서기관들은 여인을 데려다가 예수님의 발 앞에
놓았다. 그리고 질문했다.

> "우리의 모세 법에는 이런 죄를 범한 여자는 돌로 쳐 죽이라고 하
> 였는데 선생님 생각은 어떻습니까?" (요한 8:5~6)

이는 일종의 시험이었다. 그들은 논란을 일으키는 랍비가 죄에 대
해 엄격한지 알아보고 싶어 했다. 그들은 논란의 여지가 없는 범죄
자에게 마땅한 형벌을 택했고, 돌덩이를 하나씩 손에 들고 있었다.
'설마 이 예수라는 작자가 과연 하느님의 말씀을 반박할 정도로 미
련하지는 않겠지. 설마 죄인에게 자비를 보여줌으로써 자신이 하
는 일의 타당성을 잃어버리는 위험을 감수하지는 않겠지.'
　이에 대한 응답으로 예수님은 기이한 행동을 하셨다. 그분은 몸

을 굽혀 손가락으로 땅바닥에 무언가를 쓰셨다. 사람들의 시선이 떨고 있는 여인에서 예수님의 손가락으로, 땅바닥으로 향했다. 여인을 향한 성난 비난이 은밀히 오가는 속삭임으로 바뀌었다.

성경 본문은 예수님이 어떤 내용을 쓰셨는지 알려주지 않는다. 어쩌면 그분은 여인과 간음한 남성의 이름을 쓰셨을 수도 있고, 아니면 여인을 모함하는 이들이 저지른 죄의 목록을 나열하셨을 수도 있다. 하느님을 저버린 이들은 땅에 쓴 글씨처럼 사라질 것이라는 예레미야 17장 13절("주님을 저버리고 어느 누가 부끄러운 꼴을 당하지 않겠습니까? 맑은 물이 솟는 샘 야훼를 저버리고 어느 누가 땅에 쓴 글씨처럼 지워지지 않겠습니까?")을 인용하셨을 수도 있고, "너희는 먼지이니 먼지로 돌아가리라"는 말을 상기시키셨을 수도 있다.

고개를 들어 일어나신 다음 손에 묻은 먼지를 털며 종교지도자들을 바라보고 예수님은 말씀하셨다.

"너희 중에 누구든지 죄 없는 사람이 먼저 저 여자를 돌로 쳐라."

복음서에 따르면 연장자부터 젊은이들까지 차례로 자리를 떠났다. 순식간에 예수님과 여인만이 남았다. 그들과 함께 있는 것은 종교지도자들이 여인을 쳐 죽이기 위해 들었던 돌덩어리들과 바람에 날려 사라질, 바닥에 쓴 예수님의 글씨뿐이었다. 어쩌면 그때뿐이었을 수도 있지만, 종교지도자들은 예수님을 이해했다. 그분이 죄인과 어울리신 이유는 이 세상에는 오직 죄인들밖에 없기 때문이다. 모두가 물러난 자리에서 예수님은 여인에게 물으셨다.

"그들은 다 어디 있느냐? 너의 죄를 묻던 사람은 아무도 없느냐?"

여인이 "아무도 없습니다. 주님" 하고 답하자 예수님은 말씀하셨다.

"나도 네 죄를 묻지 않겠다. 어서 돌아가라.
그리고 이제부터 다시는 죄짓지 마라." (요한 8:1~11)

우리는 성경에 나오는 고대인들을 종종 업신여길 때가 있다. 옷의 재질부터 언제, 누군가와 접촉했다는 걸 문제 삼는 이상한 종교 규칙을 우습게 볼 때도 있다. 하지만 오늘 우리는 우리만의 종교 규칙을 가지고 있다. 우리는 공동체에서 희생양을 뽑고 그를 둘러싼 다음 돌덩어리 대신 성경을 손에 쥐고 그에게 공격을 가한다. 우리는 기쁘게 누군가를 혐오하는 죄의 목록과 일점일획도 어긋나지 않게 지켜야 한다고 생각하는 몇몇 가르침과 구절을 갖고 있다. 우리는 우리가 산출해낸 체제에 완벽하게 적용할 수 있는 (내가 아닌, 나와 다른, 나와 상관없는) 주제와 가치를 온 힘과 정성을 다해 지키려고 한다. 그것이 우리가 옳다고 생각하게 해주기 때문이다. 교회가 다른 사람들의 죄에 지나치게 관대하다고 생각할 때 어떤 이들은 말한다. "예수님이 다시는 죄짓지 말라고 한 말을 잊지 말아야 합니다." 그럴 때면 나는 말한다. "그러면 당신은 어떤가요? 당신은 당신이 저지른 죄를 다시는 짓지 않고 있나요? 저는 죄짓지 않으려 할 때마다 엉망이거든요."

때로 우리는 복음서에 나오는 모든 사람 중에 우리와 가장 비슷한 사람이 예수님이라고 여기곤 한다. 그렇게 될 때 우리는 복음의 요점을 완전히 놓쳐버리게 된다. 예수님의 말씀을 도구 삼아 타인을 정죄하는 데 사용하고 예수님의 이야기를 타인을 쳐 죽이는 돌덩어리로 삼는다면 그것은 복음의 핵심을 완전히 잃어버린 것이라 할 수 있다. 언젠가 빌리 그레이엄Billy Graham은 말했다.

성령은 우리의 죄를 깨닫게 하시고,

하느님께서는 우리를 심판하신다.

그리고 내가 할 일은 사랑뿐이다.

바람이 우리가 저지른 죄들을 적어놓은 땅바닥을 하나둘 지워가는 모습을 보았다면 우리는 좀 더 쉽게 사랑할 수 있을지도 모르겠다.

3부

성품

Holy Orders

제13장

손

> 그래서 나는 다시 그대를 깨우쳐줍니다.
> 내가 그대에게 안수했을 때에 하느님께서 그대에게 주신
> 그 은총의 선물을 생생하게 간직하시오.
>
> - 디모테오에게 보낸 둘째 편지 1:6

손길에는 힘이 있다. 손길에는 한 사람과 다른 사람을 이어주고 엮어주는 힘이 있다. 사랑에 빠진 연인은 서로의 손을 꼭 잡았을 때 일어나는 부드러운 떨림을 안다. 아이는 무릎에 상처가 났을 때 반창고를 붙여주는 어머니의 손길과 입맞춤을 안다. 장례를 치른 사람은 조용히 다가와 자신의 어깨를 토닥이던 사람의 손길을 잊지 못한다. 이 세상에 태어난 순간부터 우리는 다른 누군가의 따뜻

한 손길을, 살결을 그리워한다. 예수님은 소경과 나병 환자를 치유하기 위해 애써 손을 사용하시지 않아도 되었을 것이다. 그러나 그분은 소경의 눈과 나병 환자의 고름을 애써 만지셨다. 하느님의 아들은 당신의 손길로 그들을 치유하셨다.

초대교회 시대부터 교회는 병자를 축복할 때, 그리고 교회의 지도자를 세울 때 그들의 머리 위에 손을 얹었다. 초기 그리스도교인들은 머리에 손을 얹는 것, 즉 안수를 그리스도교 신앙에서 매우 중요한 행위로 이해했고 히브리인들에게 보낸 편지의 저자는 이를 세례, 회개와 나란히 언급할 정도였다(사도 28:8, 히브 6:1~3).[1] 부제, 사제, 주교(어떤 그리스도교 전통에서는 이를 성품holy orders이라고 부른다), 혹은 목사의 경우, 그들의 활동은 하느님의 백성이 기도하는 마음으로 손을 머리 혹은 어깨에 손을 얹은 순간부터 시작된다고 할 수도 있을 것이다.

성공회 성직 서품 예식에서 주교는 수품자 머리에 손을 얹고 기도한다.

성부와 성자와 성령의 이름으로 아무개에게

하느님의 거룩한 교회의 사제로 안수하오니,

---

[1] "그때 마침 푸블리오의 아버지가 열병과 이질에 걸려 앓아누워 있었는데 바울이 그에게 가서 기도하고 손을 얹어 낫게 해주었다." (사도 28:8)
"그러므로 우리는 그리스도교의 초보적 교리를 넘어서서 성숙한 경지로 나아갑시다. 이제 와서 죽음에 이르는 행실을 버리고 돌아서는 일과 하느님을 믿는 일과 세례와 안수, 그리고 죽은 자들의 부활과 영원한 심판과 같은 기초적인 교리를 다시 배우는 일은 없도록 합시다. 하느님께서 허락하시는 대로 우리는 성숙한 지경으로 나아가야 합니다." (히브 6:1~3)

성령의 능력을 내리시어 사제성직과 직무를

충실히 수행하게 하소서.

아무개를 신실한 사역자, 인내하는 교사,

지혜로운 상담자로 세우소서.

이 손길을 통해, 예식을 통해 기도는 머리끝에서 발끝까지 반향을 일으킨다. 하느님께서 우리에게 물과 포도주를 통해 다가오시듯 그분은 손길을 통해, 거룩한 손의 거룩한 활동을 통해 우리에게 다가오신다.

사제, 혹은 목사의 손은 아기에게 세례를 베풀고 설교문을 작성하며 깊은 생각에 잠긴 얼굴과 눈썹 위로 재의 십자가를 그린다. 그들은 손으로 빵을 떼고 포도주를 따르며 바람에 흔들리는 대림절 촛불이 꺼지지 않게 한다. 그리고 노인의 앙상한 팔과 아기의 작디작은 손가락, 병자의 떨리는 손과 망자의 차가운 손을 붙잡는다. 그리고 그의 손은 하느님의 부름을 받은 또 다른 이들의 머리 위에 닿을 것이다. 신약성경은 당부한다.

그대가 선물로 받은 그 거룩한 직무 곧 원로들이 그대에게 안수하며 예언해 준 말씀을 통해서 그대에게 맡겨진 직무를 등한히하지 마시오. (1디모 4:14)

궁극적으로 모든 그리스도교인은 하느님께 권한을 위임받은 이들이다. 우리는 모두 하느님의 부름을 받았고 하느님의 사랑을 받는 이라는 성품을 받은 사람들이다. 평화의 인사를 전하는 손은 길거리에서 굶주린 이에게 음식을 건넬 수 있다. 우리는 성찬례 때 그리스도의 몸(빵)을 영접한 그 손을 벌려 이민자, 난민, 외로운 사람, 병자들 가운데 오신 그리스도를 영접한다. 손은 씨앗을 심고, 뿌리를 뽑으며 사랑하는 사람의 몸을 어루만진다. 손은 고장 난 것을 고치고, 끊어진 것을 다시 연결한다. 손은 기저귀를 갈아주고 상처를 치료하며 아이들에게 간지럼을 태우고 흐르는 눈물을 닦아준다. 손은 크고 못생긴 개들의 부풀어 오른 배를 쓰다듬어 준다. 손은 일상의 수많은 행동에 성스러움을 입힌다. 그것들을 거룩하게 만든다.

하느님께서는 손길을 통해 상처를 입힐 수도 있고 치유할 수도 있는 힘을 우리에게 주셨다. 우리는 우리의 손을 들어 잔혹한 전쟁을 일으킬 수도 있고, 다른 이의 발을 씻을 수도 있다. 우리는 우리 손이 지닌 무게를 잊지 말아야 한다. 이를 통해 하느님께서 주신 임무를 잊지 말아야 한다.

제14장

더 미션

은총은 어떠한 방식으로도 그 모습을 드러내지 못할 정도로 형편없지 않다.

- 메릴린 로빈슨Marilynne Robinson

2010년 4월

우리가 처음으로 함께 모여 보내는 부활절이었다. 우리는 장례식장 바로 위층에 있는 아파트에 모였다. 그 전부터 주마다 그곳에서 모였지만, 부활절 저녁 그곳에서 바라본 노을은 유독 뇌리에 박혔다. 나는 커피 테이블 위에 있던 부활절 촛불에 다시 불을 붙인 다음 그리스도를 무덤에서 일으켜 세운 그 힘이 언젠가 우리를 (우리 아파트 장례식장 방부처리실에 차갑게 누워있는 에디트Edith 씨와 함께)

일으켜 세울 것이라고 말했다. 내가 이야기를 마치자 브라이언은 기타를 치며 여러 가지 생각과 감상에 젖어 있던 우리를 친숙한 찬송가로 초대했다. 그곳에 있던 20명의 회중은 이 초대에 응해 함께 노래했다. 우리는 우리를 '더 미션'The Mission이라고 불렀다.

장례식장을 끼고 있기는 했지만 우리가 예배를 드린 장소가 카타콤은 아니었다. 구성원 중 한 사람은 장의사의 딸이었고 그녀 덕분에 우리는 넓고 안락한 아파트를 예배당으로 쓸 수 있었다. 그곳에는 바닐라 촛불과 세탁을 마친 옷 향기가 났다. 성공회 기도서에서 발췌한 내용으로 약식으로나마 예배를 인도하면서 나는 기원후 1세기 로마 가정교회의 유명한 여성 부제였던 페베Phoebe가 된 것 같은 기분이 들었다. 당시 나는 갓 걸음마를 떼고 전례라는 선물을 받은 복음주의자였다. 브라이언이 나를 더 미션의 예배 사역자로 언급할 때마다 내 뺨은 뿌듯함으로 빨갛게 물들었다.

'더 미션'에서 나는 전례를 고민하고 필요할 때마다 글을 썼으며 브라이언은 비전을 제시하고 사람들을 모았다. 댄은 사무적인 일과 인터넷을 담당했고 캐리는 우리가 사회 봉사할 수 있는 곳을 알아보면서 (브라이언과 자신의) 두 딸이 데이턴에 적응하는 데 신경을 썼다. 앞서 언급한 장의사의 딸 케일리Kaley는 장소와 음식을 제공했다. 매트Matt와 젠Jen은 교회를 개척할 때 쓰는 언어로 말하면 '핵심 집단'core group의 마지막 구성원으로 회계를 맡았다.

'더 미션'을 시작할 때 나는 브라이언과 댄이 부딪히지는 않을까 걱정했다. 브라이언의 목회 좌우명은 그레이스 바이블 교회 청소년부 사역을 할 때부터 "사람들을 사랑하자"였지만 댄은 무슨 활동을 하든 필요한 제반 사항이 무엇인지부터 꼼꼼하게 점검하는 사람이었으니 말이다. 하지만 약간의 적응 시간을 거쳐 둘은 서로를 좋아하게 되었다. 댄은 뚝심이 있었지만 모나지 않았고 브라이언의 친절하고 여유로운 성격, 탁월한 재치는 마치 사람들이 모여 허심탄회하게 마음을 털어놓게 만드는 모닥불처럼 사람들을 끌어당겼다.

부활절 성가대는 나보다 어린 20대 청년들(주일학교 모범생과 문제아의 기이한 조합)로 대부분 배우자와 함께 교회에 왔고 유모차를 끌고 오는 사람도 몇몇 있었다. 내 옆에는 이민 정책 개혁에 대한 반대 의견을 열심히 SNS에 올린 티파티Tea Party 지지자 둘이 앉았고 맞은편 자리에는 오바마 대통령을 지지한다는 스티커를 아직도 차에 붙이고 다니는 부부가 앉았다.* 우리는 이렇게 정치적, 신학적으로 다른 입장을 가진 구성원들이 함께 있는 모습이 궁극적으로는 그리스도 안에서 하나가 되려는 헌신을 보여준다며 자랑스러워했지만 '혹시나 다음 대선 때가 되면 어떤 일이 일어날까, 모두가 포도주를 마시고 취한 일요일 밤 누군가 예정론이나 오바마 의료보험 이야기를 꺼내면 어떤 일이 일어날까?' 하는 생각을 하기도 했다. 우리는 시내 샌드위치 가게에 모여 서로의 꿈을 나누곤 했다. 터키 샌드위치와 감자튀김을 먹으며 지역 공립학교와 협력하여 방과 후 수업을 여는 방안을 모색했고 언젠가 우리만의 예배당

---

* 티파티 운동은 2009년 미국에 여러 길거리 시위에서 시작한 보수주의 정치 운동이다. 버락 오바마 정부의 의료보험 개혁정책에 반발해 등장했고 미국 중남부 지방에서 주요지지 세력을 얻었다.

이 생기면 길고 딱딱한 장의자 대신 동그랗게 둘러앉아 예배를 드리자고, 우간다에 선교팀을 파송하고 지역 예술가들을 위한 전시회도 열자고, 검소하게 살면서 더욱 많은 이웃을 섬기자고 말했다. 우리는 이상주의자들이었고 헌신적이었다. 우리에게는 희망과 용기가 가득했다. 우리는 변화를 바라는 이들보다는 변화를 이루어 내는 이들이 되려 했다. 그리고 우리에게는 돈이 한 푼도 없었다.

'더 미션'의 비영리단체 신청 문서를 제출하면서 변호사 수당에 보탠 한 줌의 지폐들은 마치 집을 살 때 내는 계약금 같았다.* 흔히 자영업자에게는 두 가지 미래가 있다고 한다. 잘 나가거나 굶주리거나. 당시 댄과 나는 파라오의 악몽에 나온 흉년에 버금가는 힘든 시기를 보내고 있었고 브라이언과 캐리의 사정 역시 힘들기는 마찬가지였다. 브라이언은 대형교회 목사라는 안락한 삶을 떠나 '더 미션'을 하기 위해 월마트에 있는 정비소에서 매일 자동차 윤활유를 교체하고 타이어를 팔았다.

'더 미션'에 합류한 이들은 어렸고 일과 결혼과 교회 개척 모두를 낯설어했다. 교회의 주된 수입은 후원자들이 보내준 수표가 들어 있는 하얀 봉투로 마련되었다. 우리는 여름이 될 때까지 돈을 충분히 모으면 시내에 공간을 마련할 수 있으리라고 생각했다. 하지만 그때까지 우리의 예배당은 장례식장 위층에 있는 아파트였다. 다행스럽게도 이 공간은 사람들이 와서 무리 없이 적응하고 머무를 수 있도록 친밀한 분위기를 빚어냈다. 브라이언의 설교가 끝

---

* 미국에서 비영리단체는 세금 면제 혜택을 받기 위해 일정한 절차를 밟아야 하고 이 과정에서 변호사의 도움이 필요하다.

나면 우리는 서로 각자가 가진 교회에 대한 의심, 환멸, 불만, 희망의 이야기를 나누었다. 시간이 흐르면서 남부 특유의 격식과 겉치레는 한 꺼풀씩 벗겨져 나갔고 조심스럽게, 천천히 우리의 본 모습이 드러났다. 주근깨 있는 얼굴과 다양한 표정, 그리고 시적 감성과 날카로운 웃음소리를 지닌 크리스틴Christine은 자신을 학대하던 교회에서 어떻게 벗어났는지, 그리고 여전히 갖고 있는 죄의식, 수치심과 어떻게 씨름하고 있는지를 이야기했다. 대학교에 다니며 같이 살고 있는 켈리Kelly와 코트니Courtney는 바이블 벨트에 있는 교회들을 탐방한 이야기를 들려주었다. 데이브Dave와 리즈Liz는 재정 문제에 대해, 젠Jen은 배 속에 있는 아이가 건강하게 나오기를 기도해달라고 부탁했다. 리사Lisa는 의과대학원 입학시험을 잘 치를 수 있도록 기도해달라고 부탁했다.

부활절, 부활절 촛불은 천정에 빛의 고리를 만들었고, 푸른 바다와 같은 눈동자를 가진 오로라Aurora(더 미션의 가장 어린 구성원)는 엄마 품에 안겨 이를 한동안 쳐다보았다. 우리는 들뜨고 기쁜 마음으로 기도했다.

온 세상이 보고 알도록 하소서.
버림을 받은 것이 높임을 얻고,
오래된 것이 새롭게 되고,
모든 것을 만드신 분,
하느님의 아들 주 예수 그리스도께서
모든 것을 온전하게 하십니다.

그리스도는 성령의 연합 안에서,

한 분이신 하느님과 함께 살아계시며

영원히 다스리십니다. 아멘.[1]

기도와 찬양이 끝나자 브라이언은 요한의 복음서를 본문으로 설교했다. 그는 요한의 복음서에서 예수님이 일곱 번 "나는 … 이다"ἐγώ εἰμί(에고 에이미)라고 선포하신 부분을 다루었는데 예수님이 자신을 생명의 빵, 세상의 빛, 양의 문, 선한 목자, 포도나무, 길, 진리, 그리고 영원한 생명이라고 말씀하신 의미가 무엇인지 설명하고 다른 복음서들보다 이 복음서에서 유독 "믿으라"는 표현이 자주 등장하는 이유는 저자 요한이 "예수는 그리스도이시며 하느님의 아들이심을 믿고, 또 그렇게 믿어서 주님의 이름으로 생명을 얻"(요한 20:31)기를 바라기 때문이라고 이야기했다. 믿을 수 없는 일이 진실로 일어났음을 기억하는 이 날, 나는 예수님을 믿었다. 오랫동안 믿을 수 없었던 그분을 믿었다.

2010년 6월

첫 번째 세례를 위해 우리는 테네시강 줄기, 큰입우럭Bass이 많기로 유명한 치카마우가호수 어귀에 모였다. 산들바람이 잔물결을 만들고 옅은 물가에 있는 부들을 흔들어 깨웠다. 티셔츠와 수영 반바지를 입은 브라이언과 채드Chad가 물가로 내려갔다. 채드는 데

---

[1]   *The Book of Common Prayer.*

이턴에서 가장 뛰어난 전자기타 연주자로 지역에서는 이미 그 명성이 자자했다. 그는 오랫동안 예수님을 믿었지만 '더 미션'의 활동에 고무되어 결혼식을 불과 몇 주 앞에 둔 시점에서 세례를 받기로 마음을 먹었다.

물이 허리까지 닿는 곳에서 브라이언은 우리는 들을 수 없지만 채드를 웃게 만드는 농담을 건넸다. 그의 농담 한 번으로 물가에 서 있을 때의 불편한 느낌(생각해보면 세례는 조금 이상한 게 한둘이 아니다)은 사라졌다. 브라이언은 긴장이 풀린 채드를 물 안으로 인도하고 "나는 그대에게 성부와 성자와 성령의 이름으로 세례를 줍니다"하고 말한 뒤 그를 끌어올렸다. 세례가 끝난 다음 둘은 얼싸안고 서로의 등을 손으로 가볍게 두드려주었다. 손이 서로의 등에 닿을 때 햇빛을 머금은 물방울이 튀는 게 보였다. 물가에서 이를 바라보던 우리는 휘파람을 불고 환호했다. 호수 저편에는 오리 가족이 우리가 내는 소리에 개의치 않고 물 위를 떠돌아다니고 있었다. 우리는 핫도그와 햄버거를 구워 먹으면서 반딧불이 풀 위로 보일 때까지 각자 교회 청소년부에 다녔을 때 있었던 재미있는 일화들을 나누었다. 연기와 흙냄새와 물에 젖은 모습, 모든 것이 여름의 정취로 가득했다. 이후 '더 미션'에서 우리는 결혼식, 음식 바자회, 말싸움, 화해, 태어난 아기를 위한 파티, 신앙 고백문을 작성하는 시간을 함께했다. 이러한 일을 통해 실험적인 공동체는 점차 온전한 교회가 되는 듯했다. 우리는 빈손으로 '더 미션'을 시작했고 '더 미션'은 순항 궤도에 오른 것 같았다. 그 당시에는 말이다.

2010년 10월

핼러윈 날, 우리는 시내에 새롭게 얻은 예배 장소 근처에 있는 법원 앞뜰에서 해마다 열리는 호박 축제에 찾아온 이들을 위해 오픈 하우스를 열었다. 사람들은 공주와 해적 옷, 조커 가면을 쓴 아이들과 함께 예배 장소 곳곳을 의심 어린 눈초리로 살펴보았다. 사람들은 폭은 좁고 길이는 긴 공간을 보며 볼링장 같다고 말했다. 우리도 동의할 수밖에 없었다. 우리는 작은 초콜릿, 사탕과 함께 우리를 "지역 공동체를 위해, 지역에서 하느님께서 주신 소명을 살아내기 원하는 교회"라고 소개하는 전단을 돌리며 원한다면 일요일 저녁 7시에 우리와 함께 예배를 드리지 않겠냐고 물었다. 사람들은 가벼운 미소를 띠며 '세상에나. 이 마을에 교회가 하나 더 생기다니'라는 무언의 메시지를 우리에게 보냈다. 나는 초콜릿 봉지 하나를 만드는 데 4달러를 들인 것이 아깝다는 생각이 들었다.

브라이언은 월마트에서 일하며 지역 사람들과 계속 접촉했지만 지역 사회와 연결되기란 그리 쉬운 일이 아니었다. 그리고 세 부부를 비롯한 교회 창립 구성원 몇몇이 이사하고 난 뒤 '더 미션'의 인원은 늘지 않았다. 물론 새로운 장소에서 우리는 계속 무언가를 해나갔다. 주인은 우리가 건물 수리를 돕는다면 예배 공간을 무료로 써도 괜찮다고 말했다. 우리는 벽돌로 된 벽은 그대로 쓰되 얼룩지고 말라비틀어진 벽지를 뗐다. 새로 변기를 사서 설치하고 벽을 페인트로 칠하고, 첫 3주 동안 삐걱거리는 소리로 우리의 신경을 거슬리게 하던 철제 의자를 중고 시장에서 산 소파와 의자로 대체했다. 형광등이 없는 것이 문제였는데 크리스마스 장식용 전구와 동생 어맨다의 결혼식 때 사용했던 일본식 손등과 스탠드 램프를 설치하는 것으로 해결했다. 댄은 20cm 두께의 합판으로 간이 벽을 만들어 동굴처럼 긴 공간을 분리해 쓸 수 있게 했다. 댄의 시도에 우리는 "당신은 지금 교회에 분열을 조장하고 있어", "교회에 벽을 쌓고 있구먼" 하고 농담을 던졌다. 완성된 공간은 낡아빠졌지만, 뭔가 있는 것 같은 느낌적 느낌이 들었다.

일요일 저녁마다 크리스와 티파니는 예배 장소에 오는 모든 이들을 마치 오래된 친구처럼 환영했다(대부분 정말로 오래된 친구였지만 말이다). 크리스는 지역 고등학교에서 미술을 가르쳤고 티파니는 동네 약국에서 약사로 일했다. 두 사람은 데이턴에 사는 모든 사람을 알고 있었다. 매트와 젠이 출산으로 교회 회계 임무를 내려놓자 둘은 자원해서 회계를 맡았고 우리는 빠른 속도로 친구가 되었다. 일하러 갈 때면 언제나 NPRNational Public Radio(미국 공영 라디오 방송으로 진보 성향을 띤다)을 틀어놓는 티파니는 내가 아는 가장 박식한 사람이었다. 그녀는 대학 미식축구부터 신학, 미국 대외정책에 이르기까지 광범위한 주제를 정확하고 세련된 단어와 함께 동쪽 테네시주 억양으로 이야기했다. 레코드판을 수집하고 산악자전거를 즐겨 타는 크리스는 기발한 욕을 만들어내고 익살맞은 농담을 해 댄을 웃기곤 했다. 크리스와 티파니의 차 뒤 범퍼 스티커에는 영화 《위대한 레보스키》The Big Lebowski에 나온 대사("어이, 거기 카펫엔 하지 말라고"Not on the rug, Man)가 적혀 있었다. 친해질 수밖에 없는 사람들이었다.

어느 날 크리스와 티파니가 데이턴에서 가장 크고 보수적인 교회를 다녔던 부부와 이야기를 나누고 있는 모습을 보았다. 나는 그들이 혹시나 우리를 염탐하러 온 것은 아닐까 염려했다(지금 생각하면 부끄러운 일이다). 데이턴에서 안 그래도 '더 미션'은 온갖 가십거리가 되고 있었는데, 나는 내 행동과 블로그에 올린 글을 싫어하는 누군가 우리에 대해 온갖 헛소문을 퍼뜨리고 있는 것은 아닌가 걱정하던 차였기 때문이다. 사람들은 종종 '더 미션' 교회는 진화론을 가르치지 않느냐고, 정말 성경을 사용하지 않고 술을 물처럼 마시냐고, 다니는 사람 대부분이 성소수자냐고 묻곤 했다. 나는 왜 이런 소문이 도는지 이해할 수 없었다.

몇몇 사람들이 우리가 실패하기를 원한다는 사실을 알고 나는 더욱 그들이 틀렸다는 것을 증명하고 싶었다. 우리가 그들이 다니는 교회보다 더 많은 사람이 출석하는, 훌륭한 교회가 되어서 그들의 판단이 틀렸음을 보여주겠다고, 우리가 승리를 거둘 때까지 전진하겠다고 투지를 불태웠다. 내가 불안에 휩싸여 이런 모습을 보일 때마다 브라이언은 나를 따로 불렀다. 우리는 오랫동안 알고 지내면서 서로를 성가시게 하는 수많은 방법을 알고 있었고 그만큼 서로의 약점을 잘 알고 있었다. 그뿐 아니라 우리는 서로의 엉뚱한 모습과 숨겨진 재능, 반복해서 저지르는 죄를 알고 있었다(어쩌면 교회는 사람들 각자가 지닌 못된 습관, 그리고 이와 떼려야 뗄 수 없는 자신의 죄를 서로 고백할 때까지는 온전한 교회가 되지 못한다고 할 수도 있다). 서로에게 기대고, 의지하는 친구로서 브라이언은 내게 목회는 경쟁이 아니라고, 목회를 잘해서 설사 많은 교인이 참석하게 되고, 교회가 활기차게 돌아간다고 해도 이는 어떤 경쟁에서 승리를 거둠으로써 얻은 상이 아니라고 말했다. 우리는 다만 우리를 보여줌으로써 '더 미션'이라는 교회를 정의해야 한다고, 우리는 우리가 아닌 모습에 집착할 필요가 없다고도 그는 말했다.

브라이언의 말이 옳았다. 목회는 경쟁이 아니라 섬김이라는 것을 나는 너무나 잘 알고 있었다. 하지만 예배당에 들어온 또 다른 부부가 수상한 눈초리로 예배 공간을 둘러보는 것을 지켜보면서 우리의 모습이 충분하지 않을 수도 있다는 불길한 예감을 떨쳐버리지 못했다.

2011년 2월

진료소에서 저녁 자원봉사를 마치자 티파니와 나는 녹초가 되어버렸다. 주말과 밤에만 활동하는 교회를 성장시킨다는 것은 결코 쉽지 않은 일이었다. 우리 통장은 바닥을 향하고 있었다.

하지만 진료소에서 자원봉사를 하는 것은 좋은 생각이었다. 학교에 학용품을 기증하고 추수감사절 선물꾸러미를 돌렸던 우리는 '더 미션'을 통해 좀 더 정기적이고 지속적으로 지역 봉사를 하고자 했다. 캐리는 '의료 자원봉사자'Volunteers in Medicine라는, 저소득층 환자들을 대상으로 무상 진료를 제공하는 단체에 연락했다. 목요일 저녁마다 의사들과 간호사들이 와서 진료를 했고, 다른 자원봉사자들은 화요일과 목요일마다 진료소에 나와 환자들을 맞이하고, 파일을 정리하고, 환자들의 세금 제출 서류와 같은 문서를 확인하면서 그들이 무상 진료 자격이 있는지 확인했다. 진료소는 오순절 계열의 '하느님의 교회'the Church of God 출신 여성들이 운영했다. 그녀들은 이곳이 하느님이 부르신 사람들이 와서 영육 간의 치료를 하는 곳이라고 쉴 새 없이 이야기했지만 어쨌든 제대로 된 진료소였다. 환자들은 의사들을 만나 진료를 받고 처방된 약을 받았다. 티파니와 나는 같은 요일에 자원봉사를 하며 번갈아 가면서 전화를 받고 환자를 응대했다.

어느 날 진료실에서 나는 이빨이 하나도 없고 계속 눈물을 흘리는 남자, 그리고 아빠가 몇 년 동안 심장병을 앓았다는 말을 되풀이하는 그의 딸과 같이 앉아 있었다. 그들은 지난주에 왔지만, 무상 진료를 받을 자격이 있다는 것을 증명하는 서류를 가져오지 않아 다시 서류를 가져온 터였다. 그들에게 도움을 주기 위해 계산기를 두드리면서 하나하나 따져야 하는 것이 안타까웠지만 규칙은 규칙이었다. 필요한 서류에 가족 인원수를 넣고, 총소득을 써넣으며 둘의 소득이 합쳐서 2만 달러 이하임을 알았다. 가슴이 덜컹했다. 나는 어린아이처럼 등을 구부리고 손을 무릎에 얹은 채 앉아서 결과를 기다리던 남자에게 말했다. "좋은 소식입니다. 무상 진료를 받으실 수 있어요." 그리고 집에 도착했을 때 댄에게 말했다. "우리도 무상 진료를 받을 수 있다는 것을 이제야 알았어."

2011년 4월

'더 미션'에서 마지막으로 보낸 일요일도 부활절이었다. 우리는 텅 비어버린 예배당에서 마지막 만남을 가졌다. 마지막 모임은 전례 형식을 따르지 않았고 부활절 촛불도 없었다. 마지막으로 '더 미션'에 남은 10명은 원을 이루어 브라이언과 캐리의 머리와 어깨에 손을 얹고 기도했다. 부활을 떠올리기 힘든 날이었다.

'더 미션'은 조금씩, 천천히 무너졌다. 새로운 사람들이 오지 않았고, 그다음에는 오던 사람들이 사라졌고, 마지막에는 힘겨운 재정이 모두를 짓눌렀다. 캐리의 미세하게 떨리는 눈과 브라이언의 움츠러든 어깨를 보며 그들이 얼마나 스트레스를 받고 있는지를 짐작했다. 그리고 그들을 걱정하며 나 또한 밤을 세웠다. '더 미션'의 마지막은 극적이지 않았다. 우리 사이에는 엄청난 갈등이 일어나지 않았다. 내가 아는 한, 누구도 불평과 불만을 표시하지 않았고, 상처를 입었다고 이야기하지 않았다. 누군가는 이사해야 하는 상황을 맞이했고, 누군가는 막중한 임무에 지쳤을 뿐이다. 남은 우리는 무력하게 우리가 시간과 돈과 힘을 쏟아부은 교회가 사라지는 모습을 바라보았다. 브라이언이 돈을 벌 수 있는 사역 자리를 알아봐야 할 것 같다고 말했을 때 누구도 반대할 수 없었다. 결국 그는 플로리다주에 있는 미국 연합 감리교회 소속 교회의 청소년부 목사로 초빙받았다. 마지막 모임은 브라이언과 캐리와 그들의 딸들의 이사를 몇 주 앞두고 이루어졌다.

우리는 한 명씩 돌아가면서 감사했던 기억을 나누었다. 크리스와 티파니는 새로운 친구들을 사귀고 성경에 대해 호기심을 갖게 되고 이야기할 수 있던 점에 감사했다. 크리스틴은 눈물을 닦으며 '더 미션'은 자기 생각을 자유롭게 말하고 과거에 다녔던 교회들에서 받은 상처를 회복할 수 있게 해준 안식처였다고, 어쩌면 이곳에서의 경험 덕분에 또 다른 교회에서 상처를 받을지라도 극복할 수 있을 것 같다고 말했다. 켈리와 코트니는 대학 캠퍼스 밖에서 생각이 비슷한 사람들과 어울리고 진심 어린 대화를 나눌 수 있어서 감사하다고 말했다. 다른 사람들은 지역 봉사 활동이나, 돈을 모아 월세를 대신 내준 일이나, 채드의 세례식과 결혼식, 성찬과 기도모임, 우리만 이해할 수 있는 농담과 신호들을 이야기했다. 캐리는 딸들을 사랑해줘서 고맙다고 말했고, 브라이언은 모두가 자신과 함께 모험을 해준 것에 감사를 표했다. 댄은 이곳에서 나눈 우정과 친교를 생각하면 몇 번이고 다시 모험하고 싶다고 말했다. 나는 이곳에서 처음으로 나도 교회를 도울 수 있는 사람임을 깨달았다고 말했다. 그리고 우리가 최선을 다했다는 점에, 모험을 시도했다는 점에 감사하다고 말했다. 교회 개척은 저녁과 주말에 만나는 것으로는 이루어지지 않는 것일 수도 있다. 하지만 그렇게 만났다 해도 우리는 교회였다. 그리고 교회를 만들어가기 위해 노력을 기울이는 가운데 우리는 서로를 진심으로 사랑했다.

브라이언은 '더 미션'이 문을 닫으면 지역에 있는 다른 교회에 가보라고 권했지만 당시 나에게 다른 신앙 공동체를 찾아간다는 것은 생각만 해도 지치는 일이었다. 냉소가 다시금 피어올랐고 외로웠다. 다시는 일요일 아침 침대에서 기어 나와 교회로 향할 자신이 없었다. 당시에는 이불을 걷어찰 때까지 최소한 몇 년이 걸릴 거라는 생각이 들었다. 해질녘 진홍빛이 창문을 가득 채웠다. 우리는 서로의 손을 잡았다. 그리고 즐겨 읽던, 요크의 알퀸Alcuin of York 이 드린 기도를 함께 읊었다.

하느님, 우리와 함께하소서. 우리로 교회를 영화롭게 하소서.

우리에게 은총을 주셔서 그리스도의 말씀을 따르게 하시고,

우리가 마땅히 할 일을 알게 하시며, 우리의 언어를 지키소서.

우리에게 열린 손과 기뻐하는 마음을 주셔서

그리스도가 우리의 입술에서 떠나지 않게 하소서.

우리의 삶이 진리와 자비의 사랑을 비추게 하소서.

그 누구도 우리를 찾아왔다가 슬퍼하면서 떠나지 않게 하소서.

우리로 가난한 자들에게 희망을,

낙심하는 자들에게 위로를 전하게 하소서.

우리가 하느님의 백성 앞에서 걷게 하셔서

우리를 따라오는 사람들이 당신의 나라에 들어가게 하소서.

우리로 살아있는 씨앗을 심게 하시며,

생명으로 이끄는 말을 심게 하사

사람들의 마음에 신앙을 수확할 수 있게 하소서.

말과 행동에 당신의 빛을 비추시어

깊은 어둠 가운데 빛나는 샛별과 같이 하소서.

세상의 부와 유혹들로 우리가 즐거워하면서

당신의 진리를 잊지 않게 하소서.

강한 사람과 심판하는 사람과

우리가 가장 사랑하는 사람이라도

우리가 옳은 말과 행동을 할 때 우리를 막지 못하도록 하소서.

아멘.

제15장

처참한 실패

모든 사역은 고통이라는 거친 모서리에서 시작된다.

- 이안 모건 크론Ian Morgan Cron

펜실베이니아주 랜스데일에 위치한 술집 '3가와 호두나무'Third and Walnut는 원래 교회였다. 오래된 2층짜리 석조 교회 건물은 처음에는 엘크 협회Elks Lodge에 팔렸다가 다시 지역의 한 사업가에게 팔렸다. 이 사업가는 건물의 기다란 창문에 '맥주'라는 네온사인을 달고 담배 연기가 자욱하고 수요일에는 노래방이 열리고 일요일에는 록밴드의 라이브 공연을 하는 술집으로 만들었다(이후로도 몇 번 주인이 바뀌었지만 용도는 바뀌지 않았다). 그러던 2011년 어느 날, 사역을 하다 상처 입고 지친 목사 J.R. 브릭스J.R. Briggs의 눈에 이 건물이 들어왔다. 그는 이 주점에서 첫 번째 '처참히 실패한 목회자 대회'Epic Fail Pastors Conference를 열기로 마음먹었다.

모임의 성격을 고려할 때 그는 '3가와 호두나무'야말로 최적의 장소라고 판단했다. 기발한 생각이 현실이 될 때 으레 그러하듯, '처참히 실패한 목회자 대회'는 어느날 브릭스가 널리 알려진, 이른바 '잘 나가는' 목회자들이 참석한 대회에서 '더 잘 나가는' 대형 교회 목회자들의 성공담을 들을 때마다 우울하고 무력한 감정에 빠진다는 고백을 자신의 블로그에 올리면서 자연스럽게 시작되었다. 그가 보기에 이런 모임에 참석하는 목회자들의 현실과 대다수 목회자의 현실은 달랐으며 대다수 교회는 이런 대회처럼 천문학적인 돈을 들여 자신들을 알릴 기회조차 가질 수 없었다. 대다수 교회의 대다수 목회자는 그저 힘겹게, 하루하루를 견디며 살았다. 한 통계에 따르면 80% 이상의 교회 사역자들이 자신의 역할에 실망했고, 절반 정도가 사역을 그만둘 수만 있다면 그렇게 하고 싶다고 응답했다.[1] 하지만 브릭스가 그때까지 참가한 그 어떤 목회자 모임에서도 대부분의 목회자들이 겪고 있는 현실, 즉 실패라는 현실을 편하게 이야기할 수 없었다. 브릭스는 블로그에 글을 썼다.

'가장 못난 모습을 보여주겠습니다!'라는 구호를 내건 '처참히 실패한 목회자 대회'가 있다면 어떨까요? 우리가 잘한 모습이 아니라, 우리가 못한 모습을 보여줄 수 있는 모임 말입니다.

---

[1] J.R. Briggs, *Fail: Finding Hope and Grace in the Midst of Ministry Failure* (Downers Grove, IL: Intervarsity Press, 2014), 46. 『목회, 성공은 없다』(생명의 말씀사)

놀랍게도 글을 올린 지 몇 시간 만에 수백 개의 댓글이 달리고, 수많은 이메일과 전화가 왔다. 모두 그런 모임이 열린다면 참석하고 싶다는 내용이었다. 결국 미국 17개 주에서 100명에 가까운 전현직 목회자가 '3가와 호두나무' 주점에 모였으며 거기서 먹고, 마시고, 기도했다. 그리고 자신들의 목회, 사역 활동이 어떻게 이루어지고 있는지 이야기를 나누었다. 브릭스는 썼다.

> 참석자들은 신선한 분위기에 용기를 내어 자신의 이야기를 털어놓았다. 그들은 우울증과 자살 충동, 실패에 대한 두려움, 목회의 실패로 인해 받은 상처를 이야기했다. 자신이 어떻게 메마르고 갈라진 땅처럼 무미건조해졌고, 길을 잃게 되었는지, 얼마나 외로운지를 이야기했다. 시계를 보았다. 모임을 연 지 불과 17분 만에 사람들은 낯선 사람들에게 자신의 고통과 상실, 공포와 상처에 대해 말했다. … '잘 가나는' 목사, 인상적인 영상, 무대, 자신의 이름을 알리는 명함은 없었다. … 웃음과 기도, 눈물, 커피잔을 다시 채우는 소리만 있었다. 한 은퇴 목사는 말했다. "하느님께서 우리의 퍼렇게 든 멍에 입을 맞추셨다."[2]

아이러니하게도 '처참히 실패한 목회자 대회'는 커다란 성공을 거두었다. 브릭스는 『목회, 성공은 없다』라는 책을 썼고 미국 전역을 돌아다니면서 실패한 목회자들을 위한 모임을 하고 있다.

---

2 위의 책, 21~22.

우리가 따르겠다고 고백한 그분이 3년 동안 사역 활동을 하신 결과 그 마침표는 십자가에 못 박히는 것이었다. 그럼에도 불구하고 우리가 실패에 대해 말하기를 꺼린다는 것은 기이한 일이다. 그보다 더 이상한 것은 이른바 '잘 나가는' 목회자들을 단편적으로만 이해하면서 이에 열광하는 우리의 모습이다. 우리는 연예계 가십거리를 소비하듯 교회의 이야기를 가십거리로 삼아 소비한다(이에 열광하든 냉소하든 말이다). 대다수 그리스도교 교단의 교인 수가 줄어들고, 영향력도 상실해 가는 오늘날 우리는 돈, 명예, 권력이 아닌 다른 무언가로 목회의 의미를 되새겨야 하지 않을까. 물론 누구도 교회가 현대 문화에 잘 적응했다고 해서, 커다란 영향력을 행사한다고 해서, 교인 수가 늘었다고 해서 이를 곧바로 성령의 열매라고 말하지는 않을 것이다. 성령께서 맺어주시는 열매는 사랑, 기쁨, 평화, 인내, 친절, 선행, 진실, 온유, 그리고 절제다. 솔직히 말해, 이런 열매들은 '잘 팔리는 것'들이 아니다.

나는 종종 이 시대를 살아가는 사역자의 역할은 어떤 정보를 전달하거나 권위와 위신을 지키는 것이 아니라 솔선수범하는 것이 아닐까 생각해본다. 가장 먼저 자신의 죄를 고백하고, 가장 먼저 자신의 꿈, 자신의 실패, 자신의 두려움을 이야기하면서 남들도 이와 같은 이야기를 할 수 있도록 기회를 열어주는 사람 말이다. 물론 이렇게 된다면 완벽한 지도자에게서 간단명료한 답을 듣기를 바라는 사람들은 낙담하고 사라질 수도 있다. 하지만 대신 더 많은 예수님의 제자가 나타나고 사역자들은 좀 더 건강하고 행복하게 자신이 해야 할 바를 할 수 있을 것이다. 부활을 선포하는 것과 성공을 선포하는 것은 분명 다르다. 그리고 우리가 걸어가야 할 길은 진흙투성이 길이다.

'더 미션'에서 마지막 주일 모임을 가진지 벌써 3년이 지났다. 나는 지금도 그때 무엇을 잘못했는지 생각하고 또 생각한다. 너무 어렸나? 교단의 도움을 받지 않은 것이 무모한 것이었을까? 텅 빈 은행 잔고? 아니면 전부다? 이런 생각에 잠길 때마다 커다란 날개를 자전거에 붙이고 하늘을 날기 위해 절벽 위를 달리던 어느 흑백 무성 영화의 한 장면이 떠오른다. 냉정한 제3자였다면 '더 미션'이 파국을 피할 수 없을 것이라고 손쉽게 예견할 수 있었을 것이다. 그러나 우리는 멈추지 않았다. 믿음, 희망, 선의로 부푼 마음을 가지고 활동에 임했다. 나는 그때만큼 교회에 내 모든 것을 쏟아부은 적이 없다. 그리고 '더 미션'은 실패했다. 처참하게.

하지만 교회 개척이 실패로 돌아가는 와중에도 성령은 활동했고 그 열매가 나왔다. 우리는 세례를 주고 빵을 나누었다. 말씀을 전하고 죄를 고백했다. 우리는 사람들이 두려워하지 않고 속마음을 진실하게 이야기할 수 있는 장소를 만들었다. 굶주린 이에게 음식을 주었고 병자를 도왔다. 은총 아래 구성원들의 차이, 이로 인해 생겨나는 여러 갈등을 신중하게 해결했다. 그리고 우리는 아무리 어려울지라도 교회는 끊임없이 움직여야 한다는 것을, 교회는 특정 건물이나 교단이나 비영리단체가 아니라 하느님의 나라가 우리에게 다가오는 순간임을 배웠다. 우리가 함께 식사할 때, 이야기를 나눌 때, 용서를 구할 때, 심지어는 실패할 때에도 예수님은 우리 안에, 우리와 함께 계셨고 그 모든 것을 거룩하게 만드셨다.

교회는 우리가 '선한 영향력'이나 '선교적'missional이라는 말을 쓰기 전에도 살아 숨 쉬고 있었고, 우리의 예배당이 잡초로 뒤덮인 공터가 된 이후에도 계속 있을 것이다. 삼위일체 하느님은 모든 것을 새롭게 하는 당신의 활동을 이루시는 데 우리의 허락을 필요로 하지 않으신다. 그분이 이루시는 놀라운 활동을 볼 수 있도록(설사 이를 잠깐만 엿볼 수 있을지라도) 우리는 초대받았고 그리스도교에서는 이를 은총이라고 부른다. 모든 호흡과 모든 순간, 모든 것이 은총이다.

제16장

발

거룩해지기를 바란다면 친절을 베풀라.

- 프레드릭 뷰크너 Frederick Buechner

아득한 옛날부터 산 조반니 인 라테라노 대성당에서는 성 목요일에 미사를 드리며 세족식을 했다. 전통적으로 교종은 성 목요일이곳을 찾아 예수님이 제자들의 발을 씻은 것을 기억하면서 열두 사제의 발을 씻었다. 그러나 2013년 성 목요일, 프란치스코 교종은 교종으로 선출된 지 열흘 만에 오랜 전통을 파격적으로 해석해 전 세계에 반향을 일으켰다. 그는 대성당 대신 교도소에 방문해 수감자 열두 명의 발을 씻고 발에 입을 맞추었다. 그중 두 명은 여성이었고, 다른 둘은 무슬림이었다.

몇몇 전통주의자들은 베드로가 제자의 발을 씻는 예수님의 모습에 경악을 금치 못했던 것처럼 교종의 행보에 분노를 표출했다. 그들은 특히 그가 여성의 발을 씻었다는 점을 강하게 비판했다. 하지만 세계는 이 일에 주목했고 교종은 세계인들에게 예수님이 제자들의 발을 씻은 행위는 일부 종교인들이 지키는 예식이 아니라 모든 사람을 향한 사랑과 겸손의 표현임을 상기시켰다. 2,000년 전 예수님이 제자들의 발을 씻은 행위는 놀라운 일이었다. 그렇다면 오늘날의 세족식 또한 그러한 놀라운 면모를 지니고 있어야 하지 않을까?

예수님은 제자들의 발을 씻기시며 하느님의 나라가 어떠한 모습인지, 그곳에서의 통치는 어떻게 이루어지는지를 보여주셨다. 그전에도 그분은 제자들이 하느님의 나라에서 가장 큰 힘을 지닌 사람이 누구인지를 두고 싸울 때 이 세계의 지배자들은 아랫사람에게 권력을 휘두르지만, 당신은 섬김을 받기보다는 섬기러 오셨으며 제자들이 자신의 길을 따르기를 바란다면 그들도 그렇게 해야 한다고 말씀하셨다.

> "너희는 나를 스승 또는 주라고 부른다. 그것은 사실이니 그렇게 부르는 것이 옳다. 그런데 스승이며 주인 내가 너희의 발을 씻어주었으니 너희도 서로 발을 씻어주어야 한다. 내가 너희에게 한 일을 너희도 그대로 하라고 본을 보여준 것이다." (요한 13:13~15)

예수님은 자신을 따르는 모든 이에게 겸손해지라고, 남을 섬기는 이가 되라고 말씀하셨고 그 본을 보이셨지만 현실 그리스도교계에서는 '만인 사제직'과 몇몇 그리스도교인들이 사역이라는 역할을 감당하도록 특별한 부름을 받았다는 이야기(특히 사제직)가 갈등을 빚고 있다. 많은 그리스도교 전통에서는 후자의 역할들(부제, 사제, 주교, 혹은 목사)을 '성품'으로 이해하고 그들이 서품을 받은 것을 성사로 여긴다.

하지만 그렇다고 해서 많은 그리스도교인이 성직자와 평신도의 차이를 실제보다 더 크게 보는 것은 안타까운 일이다. 이러한 이해는 교회의 권위주의, 권력 남용 및 폭력, 종교지도자들의 우상화, 감당할 수 없는 부담을 떠안은 사역자들의 스트레스와 불안, 사역활동이 자기 일이 아니라고 여기고 모든 그리스도교인은 각자 고유한 부름을 받았다는 것을 망각하는 것과 같은 문제를 낳았다. 알렉산더 슈메만은 말했다.

교회에 사제와 사제 소명이 존재하는 이유는, 모든 소명의 사제적 본질을 드러내며, 모든 이의 삶 전체를 하느님 나라의 전례로 만들고 교회를 구원받은 세계를 통치하는 왕의 사제로 드러내기 위함이다. 다시 말해, 사제직은 '구별된' 소명이 아니라, 하느님의 아들로서 인간의 소명에 대한, 하느님 나라의 전례로서 세계를 향한 사랑의 표현이다.[1]

---

1 Alexander Schmemann, *For the Life of the World*, 93.

궁극적으로 모든 그리스도교인은 동일한 부름을 받았다. 사도 베드로의 말에 따르면 우리는 모두 "왕의 사제"이다.

> 그러므로 여러분은 어두운 데서 여러분을 불러내어
> 그 놀라운 빛 가운데로 인도해 주신 하느님의 놀라운 능력을
> 널리 찬양해야 합니다. (1베드 2:9)

우리가 이 세계에 하느님의 선하심을 드러낼 때, 우리의 선생인 예수님을 따라 언제나 겸손한 마음으로 남을 섬길 때, 우리의 행동은 성스러우며 그 자체로 사역 활동이라 할 수 있다. 우리는 각자 삶의 자리에서 하느님의 부름을 받은 사제로서 이웃과 함께하며, 이웃에게 다가간다.

　내 동생 어맨다가 그렇다. 그녀는 상냥하고 언제나 겸손으로 사람들을 대하며 사람들에게 다가간다. 어디서 무엇을 하고 있든지 그녀는 자신이 있는 장소를 기쁨과 배려, 진솔함으로 가득 채운다. 그리고 그렇게 그녀를 만난 사람들은 이내 그녀의 이웃이 된다. 어맨다가 내슈빌에 살았을 때 그녀는 대물림되는 가난에서 벗어나지 못하는 여성들 곁에 있었다. 어맨다는 그들의 취업을 도왔고 그들이 일하는 동안 아이를 돌봐줄 곳을 찾기 위해 도시 이곳저곳을 다녔다(찾지 못할 때는 그녀가 직접 아이들을 데리고 있었다). 그들의 검정고시 결과를 같이 기다리면서 발을 동동 굴렀고, 그들과 함께 웃으며 기뻐했고, 함께 울고, 함께 고통받았다. 인도에 6개월 동안 머물렀을 때 그녀는 에어컨 없이 여름을 나는 법과 매운 인도 음식을

손으로 먹는 법을 익혔다. 그녀를 만나기 위해 하이데라바드를 찾았을 때 어맨다는 텔루구어를 어느 정도 할 줄 알았고, 그녀가 봉사 활동을 하던 (HIV 양성 아이들을 위한) 학교 학생들의 이름을 모두 알고 있었다. 어맨다가 인도에 머무는 동안 하숙했던 집 가족은 여전히 그녀와 연락을 주고받으며 결혼식에는 전화를 걸어 축하해 주었다. 이후에도 그녀는 인도를 세 번 방문했고 하이데라바드에 있는 친구들과 계속 연락을 주고받고 있다. 그녀의 '선교'에 '단기'나 '일회성'이라는 말은 없다.

요즘 어맨다는 남편과 함께 노스캐롤라이나주에 있는 분Boone 시에 살면서 '사마리아인의 지갑'Samaritan's Purse이라는 구호단체에서 일한다. 그들은 가족과 전기 없이 혼자 사는 메리의 안부를 물으러 그녀의 집 문을 두드리고 정기적으로 사람들을 집에 초대해 식사를 대접한다. 동생 자랑을 멈추지 않는 칠칠치 못한 언니일 수도 있지만, 나는 '만인 사제직'을 생각할 때마다 어맨다를 떠올린다. 그리고 나는 브라이언과 캐리 워드를 생각한다. 더그 목사님과 조지 목사님을 생각한다. 댄과 크리스와 티파니를 생각한다. 그리고 가끔은 나 자신을 돌이켜 본다. 바바라 브라운 테일러는 말했다.

사제가 된다는 것은 사람에게, 그리고 이 세상에 마땅히 있어야 할 무언가가 결핍되어 있음을 알면서, 그럼에도 불구하고 그 모습 그대로를 사랑하는 것이다.[2]

---

[2] Barbara Brown Taylor, *Leaving Church: A Memoir of Faith* (New York: Harper One, 2007), 44.

사제의 소명은 우리를 익숙한 삶 너머로 인도한다. 그 과정에서 우리는 모든 냉소와 교만을 내려놓고, 물이 담긴 대야와 수건을 들라는 음성을 듣는다. 프란치스코 교종과 어맨다처럼.

4부

성찬

Communion

제 17장

빵

날마다 우리에게 필요한 양식을 주시고

- 루가의 복음서 11:3

비가 그치면 농부가 땅을 갈기 시작한다. 한 손으로는 소를 모는 막대기를 쥐고, 다른 손으로는 쟁기를 잡는다. 태양 아래 소들이 느릿느릿 지나가면서 밭에 고랑을 만들고, 농부의 눈 아래 처진 주름에는 진흙만큼 짙은 갈색이 밴다. 가을이 되면 희망은 땀과 같이 짠맛을 내고, 소와 땅과 비료의 냄새를 풍긴다. 숙련된 농부는 능수능란하게 짐승들의 들썩이는 어깨를 보면서 자신의 몸무게를 쟁기에 실어 소가 일직선을 그리면서 나아가게 한다. "쟁기를 잡고 뒤를 자꾸 돌아다보는 사람은 하느님 나라에 들어갈 자격이 없

다."(루가 9:62)

밭을 다 갈고 나면, 씨를 뿌릴 차례이다. 어떤 씨는 바위에 떨어져 태양의 열기에 말라버렸고 어떤 씨는 가시덤불에 떨어져 다른 잡초들 사이에서 숨이 막혀버렸다. 바람에 날려 새의 먹이가 된 씨도 있다. 하지만 대부분의 씨앗은 무덤같이 어둡고 깊숙한 땅, 즉 좋은 땅으로 떨어졌다. 그곳에서 씨앗은 불룩하게 커졌다가 싹을 피운다. 뿌리가 내리고 땅 위로 투명한 연녹색 이파리가 조심스럽게 올라온다. "하느님 나라는 이렇게 비유할 수 있다. 어떤 사람이 땅에 씨앗을 뿌려놓았다. 하루하루 자고 일어나고 하는 사이에 씨앗은 싹이 트고 자라나지만 그 사람은 그것이 어떻게 자라는지 모른다."(마르 4:26~27)

줄기가 자라고 열매가 익으면 논밭에서는 노랫소리가 울려 퍼지고 사람들이 춤을 춘다. 추수 시기다. 사람들은 손에 쥐고 있는 낫처럼 몸을 굽혀 추수하고 곡물 다발을 쌓는다. 타작마당에는 올리브 나무처럼 단단한 팔을 지닌 여인들이 흥겨운 리듬에 맞추어 매타작을 하면서 겉껍질을 벗긴다. 해가 저물 무렵이 되면 아이들이 모여 갈퀴로 마당을 쓸 때마다 바람에 휘날리는 겨의 모습을 구경한다. 겨는 황혼의 빛을 머금고 이슬비처럼 땅에 다시 내려온다. "추수할 것은 많은데 일꾼이 적으니 그 주인에게 추수할 일꾼들을 보내 달라고 청하여라."(마태 9:37~38)

추수가 끝나면 방앗간이 활기를 띠기 시작한다. 곡물을 빻아 가루로 만드는 것 또한 여성의 몫이다. 어머니와 딸이 방앗간에 마주 앉아 아침 내내 맷돌을 돌린다. 점심이 될 무렵이면 고운 가루가 모녀의 코를 간질이고 머리카락을 하얗게 물들인다. 어머니는 반 나절 만에 새치로 뒤덮인 딸을 놀린다. "어떤 여자가 누룩을 밀가루 서 말 속에 집어넣었더니 온통 부풀어 올랐다. 하늘나라는 이런 누룩에 비길 수 있다." (마태 13:33)

밀가루 서 말(약 24kg)! 쉽게 상상할 수 없는 양이다.

어머니는 밀가루에 물을 넣어 만든 반죽을 주무르기 시작한다. 그녀의 손은 빠르고 정확하게 반복해서 반죽을 접고, 누르고, 편 다. 어머니의 굳은 손은 맷돌을 닮았다. 그녀의 무대는 반죽이 놓인 나무 선반이고 아직 불씨가 남은 장작이 있는 아담한 뜰은 그녀의 연회장이다.

어머니는 대부분 빵을 만들 때 반죽에 누룩을 넣는다. 하지만, 먼 옛날 우리 조상들이 출애굽을 기념하는 축제를 준비할 때는 누룩을 넣지 않았다. 축제를 앞두고 어머니는 납작한 냄비에 반죽을 얹고 반죽이 암갈색의 빵이 될 때까지 가만히 지켜본다. 빵이 익는 동안 냄새가 퍼지고 우리의 배는 요동친다. "내가 바로 생명의 빵이다. 나에게 오는 사람은 결코 배고프지 않을 것이다." (요한 6:35)

말씀의 의미를 유추해본다.

해가 지고 몸종이 식사를 가져온다. 한 손에는 빵과 올리브유가, 다른 한 손에는 등불이 들려있다. 종은 돌계단을 밟을 때마다 나는 발걸음 소리를 의식하면서 천천히 한 걸음씩 올라간다. 오늘 모인 손님들은 한동안 이야기와 노래로 시끌벅적했지만 어느 순간부터는 정적만이 가득하다. 사람들이 속삭이는 소리에서 "배반"과 "죽음"이라는 말이 흘러나온다. 음식을 전하는 종은 격앙된 손님들의 시선을 피해 마룻바닥에 자신의 눈을 고정한다. 그 와중에 선생님은 종에게 감사의 말을 건넨 뒤 빵을 떼신다. 같은 밤, 예루살렘에 있던 수천 명의 사람이 그러하듯 그분은 눈을 들어 하늘을 바라보면서 기도하신다.

> 찬미받으실 야훼, 우리의 하느님, 우주의 주인이시여,
>
> 땅으로부터 빵을 나게 하셨나이다.
>
> בָּרוּךְ אַתָּה ה' אֱ-לֹהֵינוּ מֶלֶךְ הָעוֹלָם, הַמּוֹצִיא לֶחֶם מִן הָאָרֶץ

이 기도, '하모찌'הַמּוֹצִיא는 빵을 축복하는 기도이자 식탁으로의 여정을 마친 땅의 소산물을 축복하는 기도이다. 그리스인들은 이러한 감사의 기도를 유카리스테오εὐχαριστέω라고 불렀다. 예수님은 빵을 들어 축복하시고 제자들에게 나누어주시며 "이것은 너희들을 위하여 주는 내 몸이니 받아라. 먹어라. 나를 기억하라"(1고린 11:24)고 말씀하셨다. 그다음에는 잔을 들어 축복하시고 잔을 돌리시며 "이것은 내 피로 맺는 새로운 계약의 잔이니 받아라. 마셔라. 나를 기억하라"(1고린 11:25)고 말씀하셨다.

다락방을 나와 예수님은 붙잡히셨다. 그리고 십자가에 매달리셨다. 예수님이 죽음을 맞이하시고 난 뒤 살아있는 예수님의 모습을 목격했다는 사람들의 증언이 나왔다. 그들은 그분이 빵을 떼시는 모습을 보고 그분인 줄 알아차렸다고 말했다. 최후의 만찬이 끝나고 개 한 마리가 음식 냄새를 맡고 다락방으로 몰래 올라갔다. 계단을 올라간 개의 코는 벌레에 물린 듯 부었고 입에는 침이 흘렀

다. 개는 음식 찌꺼기가 남은 접시를 입이 닿는 곳으로 가져오려고 필사적으로 다리를 뻗는다. 몸종이 이 모습을 발견하면 빗자루를 들고 개를 쫓아내겠지만, 며칠을 굶주린 개는 지금 여기에 있는 빵 부스러기, 먹다 남은 생선, 올리브 열매나 꿀이 묻은 음식 쓰레기를 먹을 수만 있다면 모든 위험을 각오할 정도로 필사적이다. 감사의 기도가 온 도시에 울려 퍼지는 유월절 저녁, 배를 채운 개는 또다시 음식 냄새를 좇아 다른 곳으로 발걸음을 옮긴다.

> 나는 하늘에서 내려온 살아 있는 빵이다. 이 빵을 먹는 사람은 누구든지 영원히 살 것이다. 내가 줄 빵은 곧 나의 살이다. 세상은 그것으로 생명을 얻게 될 것이다. (요한 6:51)

제18장

식사

함께 같은 요리로 저녁 식사를 나누는 사람들이 가족이다.

- 노라 에프론Nora Ephron

이 세계가 첫 번째로 발견한 그리스도교인들의 특징은 함께 식사한다는 것이었다. 매주 첫 번째 날, 그리스도교인들은 부자와 가난한 자, 노예와 자유인, 유대인과 이방인, 여성과 남성을 막론하고 함께 모여 온 세계가 바뀐 것을 기념했다. 예배 형식은 조금씩 달랐으나 대부분의 교회는 함께 식사를 나누고 빵과 포도주를 들기 전에 유카리스테오*εὐχαριστέω*라고 불리는 특별한 감사의 기도와 함께 성찬을 거행했다.[1] 그들은 같이 먹고, 이야기를 나누고, 웃고, 울고, 토론하고, 대화하고, 청소하면서 예수님을 기억했다. 그들은 하느님께서 땅에서 나온 빵과 하늘에서 내려와 세상을 먹이는 빵을 주심에 감사드렸다. 교회사 연구자들의 연구에 따르면 초대교회에서 행한 성찬은 예수님의 죽음이 아닌 예수님이 제자들과 맺은 우정, 그분이 제자들과 함께 좋아하는 음식을 먹고, 정답게 이야기를 나누고 친밀한 시간을 보냈던 실제 경험에 초점을 맞추었다고 한다. 이와 관련해 바바라 브라운 테일러는 썼다.

우주의 모든 개념과 진리가 당신의 손에 있음에도 불구하고 예수님은 세상을 떠나시며 심오한 사상 대신 실제로 할 수 있는 일을 주셨다. 바로 몸으로 함께 공동체를 이루어나가는 일 말이다. 이 말씀은 그분이 떠나시고 나서 그들을 직접 가르치실 수 없을 때 그들을 계속 가르쳤다. … 그분은 말씀하셨다. "이것을 행하라." 믿는 것이 아니라 그분을 "기억하며 행하라"는 것이다.[2]

그래서 그들은 이를 행했다.

그들은 사도들의 가르침을 듣고 서로 도와주며 빵을 나누어 먹고 기도하는 일에 전념하였다. … 믿는 사람은 모두 함께 지내며 그들의 모든 것을 공동 소유로 내어놓고 재산과 물건을 팔아서 모

---

[1] Justo Gonzalez, *The Story of Christianity*, Volume II, 107~108.

[2] Barbara Brown Taylor, *An Altar in the World*, 45.

든 사람에게 필요한 만큼 나누어주었다. … 집집마다 돌아가며 같이 빵을 나누고 순수한 마음으로 기쁘게 음식을 함께 먹으며 하느님을 찬양하였다. (사도 2:42~47)

초기 그리스도교인의 모습은 그 당시 기준으로 볼품없고 천박했다. 동시대 철학자 켈수스Celsus는 그리스도교가 무식한 사람, 노예, 여성에게나 어울릴 법한 바보 같은 종교라고 신랄하게 비판했다.[3] 사회학적·역사적 연구에 따르면 그리스도교의 첫 300년 동안 교회를 찾았던 대부분의 사람은 하층계급 출신이었다고 한다. 여성(특히 과부)들은 교회에서 새로운 가정과 직업을 가질 수 있었다. 이를 두고 어떤 이들은 교회가 너무 '여성'에게 편중된 것이 아니냐고 불평했다(시간이 지나도 전혀 변하지 않는 불평과 관점들은 있기 마련이다). 당시 사회에서는 그리스도교에 관한 이상한 소문이 돌았다. 그리스도교인들이 한데 모여 인간의 살을 뜯어 먹고 피를 마시는 광란의 축제를 벌인다는 것이다(당시 사람들은 왜 그리스도교인들이 유난히도 많은 고아를 입양하는지 의구심을 갖고 있었다). 수많은 그리스도교인이 원형경기장에서 짐승의 먹이로 던져졌다. 그럼에도 불구하고 여성과 노예의 종교는 계속 성장했다. 박해가 성장의 촉매제로 보일 정도로 말이다.

물론 그리스도교인들이 언제나 똘똘 뭉쳤던 것은 아니다. 사도 바울은 고린토인들에게 보낸 첫째 편지에서 고린토 교회를 신랄하

---

[3]   Justo Gonzalez, *The Story of Christianity*, Volume II, 60, 105.

게 비판했다. 그곳에서는 가난한 교인들이 굶주리는 동안 부유한 몇몇 그리스도교인들이 자기들끼리 모여 먹고 마시며 자신들만의 연회를 가졌기 때문이다. 바울은 권고했다.

> 형제 여러분, 거룩한 회식을 하려고 교회가 모일 때에는 서로 남을 기다려주십시오. (1고린 11:33)

『디다케』Διδαχή 또는 『열두 사도들의 가르침』은 그리스도교인에게 식사하기 전 서로의 갈등을 해결하라고 가르친다. 어떤 지역은 주교좌성당에서 성찬례 때 사용한 빵 일부를 같은 교구에 있는 다른 교회들에 보내 이를 식사시간에 먹는 전통을 만들었다. 사람들은 이를 그리스도교인의 하나 됨을 상징하는 행위로 받아들였다. 콘스탄티누스Constantine 황제가 그리스도교를 공인한 뒤 성찬례는 제국의 장엄함과 이교의 예식을 덧입게 되었다. 기도는 좀 더 수사적으로 다듬어지고 고정된 형식을 갖추게 되었으며 엄숙한 성가가 친숙한 찬송을 대체했다. 식탁 위로 오가던 농담은 사라지고 교인들은 화려한 옷을 입은 사제에게 조용히 걸어갔다. 비좁은 식탁에 모두가 둘러앉아 함께 식사하는 모습 대신 사제들이 제대에서 빵을 나누어주는 모습이 흔해졌다.[4] 1054년 로마에서 파견한 추기경이 하기아 소피아 제대 앞에서 동방교회의 파문을 선고하면서 교회는 동방과 서방으로 분열했다. 중세로 들어서면서 유럽의 많은

---

4 Paul Bradshaw, ed., *The New Westminster Dictionary of Liturgy and Worship* (Louisville: John Knox Press, 2003), 136.

평신도는 1년에 한 번만 성찬례에 참여했다.

프로테스탄트 종교개혁이 서방교회를 휩쓰는 동안 성찬례는 다시 한번 변했다. 일부 급진적인 종교개혁가들은 아예 성찬 예식을 없애고 식사를 나누는 것으로 돌아갔다. 다른 이들은 어느 정도 전통의 요소들을 유지했지만, 주일 예배의 중심을 설교와 교육으로 옮겼다. 많은 종교개혁가가 가톨릭 교회의 성변화 교리(성체성사 때 빵과 포도주가 그리스도의 몸과 피의 실체로 변한다는 가르침)를 부정했지만, 성찬례 때 그리스도께서 어떻게 함께하시는지 그 방식과 성격에 대한 의견의 일치를 보지는 못했다. 또다시 분열된 교회는 서로의 책을 불태우고 전쟁을 벌였다. 이에 관해서는 이미 많은 이가 알고 있다.

오늘날 예수님이 제정하신 식사는 미사mass, 성찬holy communion, 감사성찬례the Eucharist, 주님의 만찬the Lord's Supper 등 수많은 이름으로 불리며 이름만큼이나 다양한 방식으로 거행된다. 어떤 교회에서는 전통을 따라 성찬을 예배라는 드라마의 절정으로 여기고 매주 거행하기도 하고, 어떤 교회에서는 1년에 몇 번만 거행하기도 한다. 성체로는 오븐에서 갓 나온 따끈따끈한 빵, 유교병, 시중에서 구할 수 있는 작은 크래커, (사제가 직접 입안으로 넣어주는 얇고 하얀) 무교병 등이 사용된다. 성혈은 포도주로 대부분 아름답게 세공된 성작이나 작은 일회용 플라스틱 잔에 담겨 있다. 때로는 포도주스가 포도주를 대신하기도 한다.

분위기도 천차만별이다. 어느 교회에서는 흥겨운 분위기 속에 성찬례를 거행하고, 어느 교회에서는 엄숙한 분위기를 유지한다.

영성체를 하면서 오르간이나 기타를 연주하는 곳도 있고, 다 함께 그레고리안 성가를 부르는 곳도 있다. 가끔 딸깍이는 성반 소리만 들리는 곳도 있다. 침례교회나 성경 교회Bible church의 경우 목사가 회중 중 한 명에게 기도를 부탁하고 그는 간단하게 감사의 기도를 드린다. 하지만 전례 전통을 따르는 교회 대다수는 다음과 같은 형태의 기도를 드린다.

마음을 드높이
주님께 올립니다.
우리 주 하느님께 감사합시다.
마땅하고 옳은 일입니다.

성찬을 구성하는 요소들은 다양한 의미를 지니고 있다. 빵은 그리스도의 몸이 되어 떼어지고 포도주는 그리스도의 피가 되어 흐른다. 하늘의 빵과 구원의 잔. 신앙의 신비와 어린양의 만찬 ⋯ 하지만 내가 아는 한, 성찬례를 하는 모든 그리스도교 전통에서 강조하는 성찬의 핵심은 기억이다. 성찬례에 참여함으로써 우리는 하느님께서 우리와 같은 인간이 되셨음을 기억한다. 그분이 우리와 함께 식사를 나누고, 마시고, 웃고, 울었던 것을 기억한다. 우리를 대신해 고난을 당하고 우리를 위해 죽음을 맞이하셨음을, 세상에 생명을 가져오기 위해 당신의 생명을 내어주셨음을 기억한다. 성찬례에 참여함으로써 우리는 우리 자신에게 이 기억을 기억하는지 묻고, 다시 한번 되새긴다. 언젠가 노라 갤러거는 말했다.

교회를 아예 떠나려 했던 시절에도, 성찬을 어떻게 할지가 고민이었다. 혼자서 빵을 먹고 포도주를 마실 수는 없는 노릇이었다.[5]

혼자서 기억하는 것보다는 함께 기억하는 것이 훨씬 쉽다.

어렸을 때 나는 성찬례를 무서워했다. 매달 첫 번째 일요일이 되면 예배당 앞 탁자에 놓인 은쟁반들을 보고 깜짝 놀라곤 했다. 조지 목사님이 그리스도께서 최후의 만찬 때 하신 말씀을 진지하게 읽는 동안 사람들은 소리를 내며 크래커를 먹고 포도 주스를 마셨다. 나에게는 그 모습이 영 좋게 보이지 않았다. 처음 성찬례에 참여했을 때도 기억이 난다. 그레이스 바이블 교회는 부모가 아이들의 성찬 참여를 결정하는데, 나는 어머니의 허락을 받고 성찬에 참여했다. 처음으로 크래커를 받아 입에 넣는데 크래커를 씹는 소리가 마치 콘크리트를 뚫는 드릴 소리 같아 얼굴이 빨개졌다. 내가 씹는 소리로 인해 다른 사람들의 기분이 언짢아지는 것을 바라지 않았기 때문에 이후 나는 크래커를 받으면 한동안 씹지 않고 가만히 두었다. 그 때문인지 요즘도 성찬례에 참석할 때면 나도 모르게 성체를 천천히 씹곤 한다.

다른 많은 사람이 그러하듯, 내게 성찬례의 아름다움을 일깨워준 교회는 성공회였다. 언젠가 켄터키주 루이빌에 있는 성공회교회를 찾은 적이 있다. 자연광으로 가득 찬 원형의 예배당 중심에는 제대가 있었고 제대를 중심으로 솟은 원형 강단 주위로 장의자

---

5   Nora Gallagher, *The Sacred Meal* (Nashville: Thomas Nelson, 2009), 11. 『성찬』(IVP)

들이 반원을 그리며 놓여 있었다. 그리고 반대편에는 성가대 자리, 독서대, 설교대가 장의자들과 함께 나머지 반원을 이루어 원을 채웠다. 예배당은 성공회 전례에서 이야기하는 성찬례가 완벽하게 시각적으로 구현된 모습을 보여주었다. 예배가 시작되면 원형으로 된 자리가 다 찰 때까지 성가를 불렀다.

> 내가 바로 생명의 빵이다. 나에게 오는 사람은 결코 배고프지 않고 나를 믿는 사람은 결코 목마르지 않을 것이다. (요한 6:35)

임신 중이어서 배가 볼록 나온 여성 신부님이 빵과 포도주를 들고 말했다.

> 그러므로 우리는 예수 그리스도의 수난과 죽으심,
> 부활과 승천하심을 기억하며, 그리스도께서 다시 오실 때까지
> 이 빵과 포도주를 감사와 찬양의 제물로 드리나이다.
> 간절히 구하오니, 정성을 다해 드리는 우리의 감사제를 받으시고
> 온 세상의 교회가 예수 그리스도의 수난과 죽으심으로 이루신
> 구원의 은총을 얻게 하소서.

예수님의 식사를 기억하는 이 예식은 어떠한 방식이든 간에 의미가 있고 각기 나름대로 정당성을 갖고 있다. 하지만 이러한 예식이 더는 실제 식사와 함께 지켜지지 않는다는 점은 안타까운 일이다. 빵과 으깬 감자, 옥수수와 콩이 수북이 쌓인 접시들이 비워지고 난

후에야, 포도주잔이 비워지고 초가 타버린 후에야, 시시껄렁한 농담과 진솔한 대화, 설거지와 청소가 모두 끝나야 온전한 의미에서 성찬례는 마무리되었다고 할 수 있다. 오늘날 대부분의 경우 이러한 식사는 교회의 공식 예식으로는 간주되지 않는다. 신자들은 따로 모임을 만들어 끼리끼리 레스토랑에서 식사를 하거나 소풍을 가서 야외 식사를 하곤 한다. 그러나 성스러움과 속됨을 나누는 이 분법은 서양 문명의 산물이다. 예수님을 따르던 제자들이 오늘날 그리스도교인들이 성찬례를 한 다음 뿔뿔이 흩어져 따로 식사하는 모습을 보면 과연 어떤 생각이 들까.

뉴욕시에 있는 성 리디아 루터교회에서 시무하고 있는 목사 에밀리 스콧Emily Scott은 이러한 경향을 거슬러 새로운 시도를 했다. 일요일, 그리고 월요일 밤이 되면 30명 안팎의 사람들은 브루클린의 작은 한 가게에 모여 함께 식사한다. 미국 복음주의 루터교에 소속된 이 '식탁 교회'는 현대 도시 생활과 고대 그리스도교 전통을 연결하는 하나의 시도다. 예배는 촛불 점화와 찬송으로 시작된다. 모인 사람들은 구면일 수도 있고, 초면일 수도 있다. 주방에는 채식주의자들을 배려한 야채 수프 혹은 스튜가 준비되어 있다. 찬송을 마치면 목사는 초대교회 때부터 했던 성찬기도를 일정한 선율에 맞추어 노래하면서 회중을 인도한다. 커다란 식탁을 사람들이 둘러싸고 함께 기도한다.

자비로우신 하느님, 언덕에 뿔뿔이 심기었던 밀알이 모여
한 덩이의 빵이 되었듯이,

땅끝으로부터 당신의 교회를 모아

당신의 나라에 들어가게 하소서.

그리스도를 통해 영광이 영원토록 하느님의 것입니다. 아멘.

목사는 따끈따끈한 빵을 반으로 쪼개 양옆에 서 있는 사람들에게 나누어준다. 사람들의 손을 거치면서 조금씩 작아지는 빵과 함께 사람들은 말한다. "이것은 내 몸이다. 기억하라." 이제 식사가 나온다. 하느님의 거룩한 백성을 위한 거룩한 음식이다. 사람들은 돌아가며 자기 소개를 하고 온갖 농담과 이야기, 음식과 음료가 오간다. 때로는 자연스럽게 대화가 이어질 때도 있고, 때로는 이상한 분위기가 형성될 때도 있다. 그러나 어떠한 경우든 흥미롭다. 식사를 마치고 나면, 전도사나 목사가 성경 구절을 읽고 간략하게 설교를 한다. 설교가 끝난 뒤에는 앉아 있는 이들과 설교 주제와 관련된 이야기를 나눈다. 때로 사람들은 기도를 요청하기도 한다. 만찬이 끝날 무렵, 모든 사람이 포도주가 담긴 잔을 축복한다.

주님, 당신 교회를 기억하시어

악에서 교회를 구하시고 교회를 당신 사랑으로 완전케 하소서.

또한 교회를 사방에서 모으소서.

거룩해진 그녀를 당신 나라로 모으소서.

권능과 영광이 영원히 당신의 것입니다.

만찬이 끝나면, 사람들은 각자 식사한 접시를 씻고, 닦고 말린 다음 제자리에 넣는다. 교회에 처음 방문한 이들은 다른 청소를 돕는다. 찬송과 봉헌, 그리고 가벼운 후식을 나눈 뒤 예배는 마무리된다. 누구도 '낯선 사람'인 상태에서 교회를 떠나지 않는다. 에밀리는 말했다.

> 교회가 이러한 활동을 하는 이유는 사람들이 굶주리고 있기 때문이다. 뉴욕시에 사는 사람들은 집에서 가족과 함께하는 식사를 그리워하고 성경과 거룩한 대화를 통해서 채워질 수 있는 영혼의 굶주림을 갖고 있다. 이러한 그리움과 굶주림은 함께 모여 식사를 나눌 때 채워질 수 있다. 우리가 교회를 이렇게 여는 이유는 사람들이 예수님을 찾고 있기 때문이다. 어쩌면 예수님을 만났기 때문에, 혹은 만나지 못했기 때문에, 확신할 수 없기 때문에 그분을 찾아 헤맨다. 하지만 우리가 이곳에서 함께 빵을 뗄 때면 사람들은 자신에게 빵을 건네고 그리스도의 말씀을 전하는 이웃의 눈에서 그리스도의 모습을 발견한다. 그리고 고백한다. "저는 이 식탁에서 그리스도를 보았습니다. 우리가 여기 앉아 식사를 하는 동안 그리스도를 만났습니다."[6]

루가의 복음서는 예루살렘에서 약 12km 정도 떨어진 곳에 있는 엠마오라는 동네로 걸어가던 두 제자에게 일어난 일을 기록한다. 침통한 표정으로 이야기를 나누면서 길을 걷던 제자들에게 한 낯선

---

[6] Emily Scott, 'Dinner church: sit down at the table', *Episcopal Café*, February 3, 2010, http://www.episcopalcafe.com/daily/evangelism/dinner_church.php.

사람이 다가온다. 그리고 묻는다. "길을 걸으면서 무슨 이야기들을 그렇게 하고 있소?" 두 제자는 낯선 사람에게 며칠 동안 예루살렘에서 일어난 일, 자신들의 랍비인 나자렛 사람 예수가 배반을 당하고, 붙잡히고, 십자가형을 당한 이야기를 전한다. 그리고 그가 무덤에 묻히고 나서 다시 살아났다는, 여성들이 퍼트리는 신빙성 없는 유언비어도 돌아다니고 있다고 말한다. 길을 걸으며 이야기를 듣던 낯선 사람은 어떻게 예수님에게 일어난 일이 성경에 기록된 그리스도 이야기의 완성이었는지 설명한다. 하지만 엠마오로 가는 길에서 두 제자는 자신과 동행하는 낯선 사람이 누구인지 알아보지 못했다. 엠마오에 도착한 다음 그와 함께 식탁에 앉았을 때야 비로소 그들은 자신과 함께한 이가 누구인지 알아보았다. '낯선 사람'은 바로 예수님이었다.

그제서야 그들은 눈이 열려 예수를 알아보았다. (루가 24:31)

성찬의 신비는 우리 안에서 잠들어 있는 기억을 깨워 우리 주변에 있는 사람, 사물, 사건의 참된 면모를 바라보게 한다. 성찬은 우리의 눈을 열어 우리의 식탁에 함께하시는 예수님을 보게 한다.

이 글을 수정하는 동안, 사랑하는 고모가 갑작스럽게 척추로 퍼진 포도상구균 감염으로 인해 세상을 떠났다. 쾌활하고 활동적이었던 72세의 고모는 고모부와 함께 막 지중해 유람선 여행을 다녀왔던 차였다. 여행을 마치고 갑자기 일어난 등의 통증은 몇 시간 만에 그녀의 온몸을 마비시켰고 그녀는 중환자실 생명 유지 장치에 의존할 수밖에 없었다. 나는 커다란 충격과 실의에 빠진 가족, 친지들과 함께하기 위해 아이오와주로 가는 비행기에 몸을 실었다. 가족들이 고모 집에 모여 소식을 기다리고 있을 때, 몇 시간마다 한 번씩 초인종이 울렸다. 고모가 다니던 제일침례교회의 교인들이 따뜻한 요리(샌드위치, 신선한 과일, 갓 구운 빵, 그리고 상상할 수 있는 모든 종류의 수제 아이스크림과 파이 등)를 한가득 손에 들고 문 앞에 서 있었다(그리고 나는 아이오와주에서는 젤리로 만든 샐러드를 그냥 '샐러드'라고 부른다는 걸 알게 되었다). 그들의 환대가 빚은 음식을 함께 먹으며 우리는 함께 울 수 있는 용기와 힘을 얻었고 고모와 함께했던 추억을 나누었다. 고모에게 생긴 일이 얼마나 충격적인지를 이야기했고 사촌 마이클Michael이 어렸을 때 친구와 함께 몰래 교회 종탑에 올라가 타종 소리 대신 헤비메탈 밴드 AC/DC의《지옥의 종》Hell's Bells이 울려 퍼지게 했던 이야기를 나누며 배가 아플 정도로 웃고 또 웃었다. 한 손으로는 작은아버지를 껴안고 다른 한 손으로는 플라스틱 용기를 정리하는 곡예를 부리던 아버지는 음식을 들고 문밖에 서 있는 여성을 보고 말했다. "오늘 아침 성찬식 때 우리에게 성체를 주셨던 분이네." 나는 답했다. "다시 우리에게 양식을 주러 오셨네요."

노라 갤러거가 한 말처럼 교회를 떠나고 싶은 충동이 들 때는 과연 내가 성찬례와 친교 없이 살아갈 수 있을까 곰곰이 생각해 본다. 물론 그리스도교인이 아닌 사람도, 교회에 다니지 않더라도 이웃을 사랑하고, 음식을 대접할 수 있다. 그러나 그리스도교인은 이웃과 함께 밥을 먹는 활동 자체가 거룩하고 존귀한 성사라고 믿는다. 그리스도교인은 함께 빵을 나눌 때 몸의 굶주림뿐만 아니라 영과 정신의 굶주림 또한 채워진다고 믿는다. 빵을 떼고 포도주를 잔에 따르며 그리스도교인은 예수님을 기억한다. 그렇게 예수님은 우리의 삶으로 들어오신다. 하느님께서 사랑하셨고 지금도 사랑하시는 모든 맛, 향, 소리를 통해 그리스도께서는 우리 삶으로 들어오신다.

제19장

감리교 댄스파티

먹는 걸 좋아하는 사람들이 최고다. 언제나.

- **줄리아 차일드**Julia Child

나는 내가 얼마나 굶주려있는지 알지 못했다. '더 미션'이 파국을 맞이하고 후유증에 시달리고 있는 동안 쓴 책이 어느 정도 유명해지면서 나는 전국 신학교, 교회, 강연회에서 초청을 받아 (교회, 성경, 성 평등, 매체 등과 관련해) 강연을 하게 되었다. 빈번한 출장은 새로운 교회를 찾는 고민을 잠시 잊게 해주었다. 주말의 대부분을 타지에서 보내게 되면서 나는 '더 미션'이라는 꿈의 빈자리를 잊고 살 수 있었다. 또한 바뀐 삶은 내게 이때까지 경험하지 못했던 보편 교회의 모습을 보여주었다. 수많은 신자가 영적인 미아가 되어

버린 나를 환대했고, 내 이야기에 귀를 기울여 주었고, 나를 지지해주었다. 그리고 그들은 나와 함께 식사했다.

테네시주 잭슨시에 있는 어느 감리교회에서 진행한, 여성 신자들을 위한 수련회에 초대받았을 때 우리는 테네시식 바비큐와 코울슬로 샐러드를 해 먹었고 텍사스주 휴스턴시에 있는 어느 침례교회는 교회 마당에 푸드 트럭을 불러 마음껏 텍스멕스Tex-Mex(전통 멕시코 음식을 텍사스 현지화한 요리)를 먹게 했다. 멕시코 코수멜섬 해안 도로를 달리는 택시 안에서는 장로교 목사님들과 함께 테킬라를 연거푸 들이켰고, 텍사스주 와코에 있는 유명한 카페에서는 초롱초롱한 눈으로 나를 지켜보는 대학생들 앞에서 아이스 카우보이 커피(모닥불에 컵이나 주전자에 커피 가루와 물을 넣어 만드는 커피)를 처음 마셔보기도 했다. 미시간주 그랜드래피즈에서 만난 캐롤라인Caroline은 파란 리본이 달린 수제 초콜릿 쿠키를 상자에 가득 담아 선물로 줬는데 나는 그 맛에 반해 그녀에게 수제 쿠키 조리법을 전수받았다. 시애틀에서 만난 팀Tim 목사님과 남편 패트릭Patrick은 망고 살사 소스와 아보카도를 곁들인 신선한 연어 요리에 아스파라거스, 퀴노아, 그리고 현지 와인으로 걸게 차린 상을 내왔고, 볼리비아 코차밤바에서 만났던 농부는 자신의 단칸집에 모인 우리에게 삶은 감자 한 알을 건네주었다. 우리는 그것을 성체처럼 조금씩 떼어 먹었다. 미시간주 호프에서는 화란개혁교회 신자들과 핫도그와 햄버거를 먹었다. 그들은 직접 만든 목재 신발을 선물로 주었다. 포틀랜드에 있는 퀘이커 신자들은 손수 만든 잼과 빵을 대접했고 버지니아 윌리엄스버그에 있는 웨슬리언 재단에서는 새우 그

리츠(미국 남부에서 먹는 옥수수죽 같은 음식)를 먹었고, 버지니아주 해
리슨버그에서 만난 메노나이트 신자들과는 마카로니와 치즈를 먹
었다. 미시간주 시에나 하이츠에서 도미니코회 수녀님들은 입안에
서 녹는다는 느낌이 들 정도로 완벽하게 구워진 닭요리와 으깬 감
자요리를 만들어주셨다. 일리노이주 그린빌에 있는 자유감리교회
신자들은 아담 브라더스의 유명한 닭고기 수프를 소개해 주었는데
지금도 몸살이 날 때면 그 수프를 먹고 싶은 간절한 욕망에 빠지곤
한다. 그리스도의 제자들Disciples of Christ 교회 신자들은 나를 인-앤-
아웃 버거In-N-Out Burger로 데려갔는데 처음으로 먹는 인-앤-아웃 버
거가 소문처럼 환상적으로 맛있다는 표정을 짓느라 애를 써야 했
다. 백악관에서도 우리는 식사를 나누었다. 백악관 연례행사인 부
활절 조찬기도회에 초청받은 적이 있는데 그곳에서 나는 사회운동
가이기도 한 오티스 모스Otis Moss 목사님의 부활에 관한 탁월한 설
교(내가 들어본 부활에 관한 설교 중 가장 탁월했다)를 듣고 함께 블루베
리 팬케이크를 먹었다. 그 외에도 이곳저곳에서 나는 로켓 공학자,
음악가, 성서학자, 사회운동가, 랍비, 사제, 수사, 수녀, 노숙인,
부유한 사업가, 요리사, 가정주부와 함께 밥을 먹었다. 괜히 살찐
게 아니라는 생각이 든다. 쇼나 니퀴스트는 말했다.

음식은 돌봄의 언어다. 기존의 언어가 실패할 때 우리는 이 언어
를 사용한다.[1]

---

[1] Shauna Niequist, *Bread & Wine: A Love Letter to Life Around the Table* (Grand Rapids: Zondervan, 2013), 14.

216 | 교회를 찾아서

'더 미션'이 문을 닫았을 때 나는 일종의 죽음을 경험했다. 그 이후 나와 함께 식사를 나눈 이들은 슬픔에 잠긴 나를 위로해 주었다(그들이 이를 알고 있든, 알지 못했든 말이다). 그들이 보여준 사랑에 대한 감사로 나는 설교와 강의를 했고 질의응답과 토론 시간에 그들의 질문에 답하려 노력했다. 누구도 내게 무례한 태도를 보이지 않았으며 나를 무시하지 않았지만 때로는 숨을 곳을 찾아 들어가고 싶은 적도 있었다. 언젠가 장로교 신학교 학생들의 초청을 받아 강연을 했을 때, 그들은 내게 대체주의supersessionism에 대해 어떻게 생각하는지 물었다.* 대체주의를 몰랐던(그 말을 처음 들었을 때 나는 이 말이 텍사스주가 미연방에서 분리되어야 한다는 주장인 줄 알았다) 나는 별다른 생각을 갖고 있지 않다고 말했다(대부분의 사람은 내 답에 만족스러워했다. 홀로코스트 이후 장로교회는 대체주의를 부정하는 입장을 갖고 있다고 한다). 또 한 번은 한참을 이야기하다 그리스도의 교회Churches of Christ와 미국 연합 그리스도의 교회United Church of Christ가 같은 교단이 아니라는 걸 뒤늦게 알아차렸다. 알고 보니 이름 말고는 비슷한 점이 거의 없었다.

물론 가장 무섭고 두려운 일은 청소년부 학생들을 상대로 한 강연이었다. 내 청소년부 시절과 비교하면 큰 변화가 있었지만, 여전히 교회 청소년부 문화는 자극적이었고 학생들은 왁자지껄했다. 현란한 조명들과 안개가 자욱한 무대, 연극과 장기 자랑, 경주, 게

---

* 대체주의란 교회, 그리스도교인이 유대교, 유대인을 '대체했다'는 생각으로 성경의 역사를 시대별로 구분해 하느님의 통치 원리가 다르고 구원의 방법도 다르다는 세대주의Dispensationalism와 곧잘 연결된다.

임, 마지막 날 밤이면 언제나 있는 회심의 부름 시간, 신학적인 오류로 가득한 가사와 기분을 한껏 고조하는 박자로 얼버무린 찬양에 맞추어 팔짝팔짝 뛰는 수백 명의 학생, 뒤에서 팔짱을 끼거나 스마트폰을 보면서 앉아있는 학생들, 발목이나 팔이 삐어서 깁스를 두른 학생들, 알콩달콩 연애를 시작한 학생들 … 이 모두는 멋없는 로고와 표어가 새겨진 티셔츠를 입고 귀가하고 나면 한편의 흐릿한 기억으로 남게 되리라는 것을 예측하기란 그리 어렵지 않다. 찬양이 끝나고 청바지를 입은 한 남자가 무대로 뛰어 올라와 10대들의 용어와 신앙적인 권면이 어색하게 뒤섞인 말을 손발이 오그라들 정도로 반복해 말한다. 그리고 나를 소개한다. "이번 강연을 맡은 레이첼 헬드 에반스 선생님은 여러분의 삶을 180도 바꿔버릴 이야기를 해주실 겁니다!" '절대 그렇지 않아요'라고 생각하면서 나는 무대로 올라간다.

청소년부 사역자들에게 초청을 받을 때마다 나는 말한다.

"제 이야기의 주된 청자는 10대가 아니에요."

"하지만 인터넷에서 유명하시잖아요."

"제 블로그에 최근 올린 글이 성경에서 언급하는 월경에 관한 3,000자 넘는 에세이인 건 알고 있으세요? 전 중고등학생 남자 아이들에게 해줄 수 있는 말이 별로 없어요."

"음, 그럼 월경에 관한 부분은 이야기 안 하시면 되지요."

"제가 정말 강연하기를 바라세요?"

"물론이죠."

"그러면 조명은 최대한 단순하게 하고

안개 연출 같은 것은 안 하면 안 될까요?"

"이미 주문을 해놓아서 선생님 강연 순서 때만 그렇게 하면

그것도 이상해요."

매번 이런 식이다.

한 번은 버지니아주 린치버그에 위치한 독수리 둥지Eagle Eyrie라
는 야영장에 갔다. 그곳은 오랫동안 연합감리교회 버지니아 교구
에 소속된 교회들이 청소년부 가을 연합수련회를 하는 장소였다.
나는 주강사로 '질문을 품고 질문과 함께 살아가기'라는 제목으로
500명이 넘는 중고등학생 앞에서 4번의 강연을 하게 되었다. 야영
장에 먼저 도착해 버스에서 내리는 학생들의 표정을 보았다. 그들
의 앳된 얼굴에 나는 새삼 놀랐다. 과연 그들과 소통할 수 있을까
하는 의구심이 들기 시작했다. 이곳에 모인 학생 중 가장 어린 학
생은 9.11 테러가 일어났을 때 갓난아기였다. 세상에나. 도대체 누
가 그들이 나와 같은 질문을 하고 있으리라고 생각한단 말인가.

그래서 나는 준비했던 글을 뜯어고치기 시작했다. 브라이언에
게 전화를 걸어 조언을 청하고, 인터넷을 검색하면서 요즘 10대들
의 관심사가 무엇인지 살펴보았다. 친구들은 조언했다.

"일단 웃겨야 해. 10대들은 재미있는 걸 좋아하니까."

"요즘 10대들이 열광하는 음악이나 영화를 얘기해봐."

"파워포인트 발표는 꿈도 꾸지 마!"

"대본만 읽는 건 안 하는 게 좋을 거야."

브라이언은 조언했다. "레이첼, 자연스럽게 이야기해. 아이들은 연기하는 것을 한눈에 알아차릴 거야." 그러니까 어떤 가식도 부리지 않고 청중의 관심사를 꿰뚫어 보면서 중간중간 농담을 곁들여 15분 안에 이야기를 마쳐야 하는 것이다. 맙소사.

첫날 밤, 찬양팀이 찬양을 마치고 올라갈 차례가 되자 이때까지 했던 준비는 모두 허공으로 날아갔고 나는 공포심에 안절부절못했다. 연기가 자욱한 무대 아래로 학생 500명의 눈이 나를 향하고 있었다. 마이크를 쥐고 입을 떼기 전에, 나는 속으로 기도했다. '하느님, 내가 아이들에게 필요한 말을 할 수 있도록, 내 강연이 아이들에게 어떻게든 도움이 되도록, 여기서 아이들이 뭐라도 얻을 수 있도록 도와주세요.' 나는 기침을 하고, 어색하게 웃었다. 그리고 조금 떨린다고 고백했다.

첫 강연은 나쁘지 않았다. 학생들은 내 농담에 웃었고, 조는 학생들은 얼마 없었다. 다행히도 나는 월경에 대한 이야기를 하지 않았고, 시간이 흐를수록 점점 편하게 이야기를 이어나갔다. 강연을 마치고는 학생들을 한 명씩 만나 그들의 의견에 귀를 기울였다. 나이가 많은 몇몇 학생들과는 살갑게 농담을 주고받을 정도로 친해졌다. 특히 남학생들은 내가 앨라배마 대학 미식축구 경기 점수를 알려주자 놀라는 듯했다.

수련회의 절정은 토요일 밤에 열린, 학생과 자원봉사자와 학부모와 보호자 그리고 모든 사역자가 참여한 성찬 예배였다. 집전은 감리교회 목사님이 하셨는데, 그분은 나와 다른 학생 리더들에게 빵과 포도주를 분배해달라고 요청했다. 낡은 회의장에서 나는 한 손에 빵을 들고 다른 손으로 수백 명의 사람이 내 앞에 올 때마다 그 빵을 조금씩 떼어 주었다. 빵을 받기 위해 사람들은 두 손을 포갠다. 그들의 손에 나는 빵 한 조각을 놓으며 말한다.

"그리스도의 몸입니다."

뒤에 앉아 내 시선을 피하는 학생에게, 눈물을 흘려 마스카라가 얼굴을 덮어버린 여학생에게, 줄을 서 있는 동안 낄낄 웃는 학생들에게, 조심스럽게 혼자 나온 학생에게 말한다.

"그리스도의 몸입니다."

비싼 청바지와 유명 디자이너가 디자인한 셔츠를 입은 아이에게. 낡은 신발을 신고 나온 아이에게. 누가 봐도 운동선수란 걸 알아차릴 수 있을 만큼 단단한 몸을 가진 아이에게. 장난꾸러기에게. 학교에서 괴롭힘을 당하고 있는 아이에게 말한다.

"그리스도의 몸입니다."

나를 포옹해주는 가냘픈 체형의 여자아이에게. 피로를 잔뜩 머금은 채 다가온 청소년부 임원 아이에게. 조용히 입술을 모아 고맙다고 말해주는 학부모에게 말한다.

"그리스도의 몸입니다."

보행보조기를 끌면서 나온 남자아이에게. 웃으면서 내게 "앨라배마 미식축구팀 파이팅!"을 외친 아이에게. 내가 강연을 한다고 하자 교구에 항의하는 편지를 보낸 어머니에게 말한다.

"그리스도의 몸입니다."

몸에 피어싱을 가득한 친구에게. 검은 피부의 친구에게. 하얀 피부의 친구에게. 엄마 품에 안긴 갓난아기에게. 가늘고 주름 많은 손 위에. 반창고투성이 손 위에. 주머니에 있던 손 위에 빵을 올리고 들썩이는 몸과 눈물이 그렁그렁 맺힌 눈을 마주 보며 나는 말한다.

"그리스도의 몸입니다."

빵 조각을 받는 사람들의 얼굴에는 기쁨, 안도감, 초조함, 지루함, 수줍음, 익숙함, 무관심, 희망이 있었다. 그리고 그들의 얼굴에서 가정의 불화, 하느님에 대한 의문, 친구와의 갈등, 어떻게 집에 갈지 고민하는 모습이 엿보였다.

"그리스도의 몸입니다."

"그리스도의 몸입니다."

"그리스도의 몸입니다."

그곳에서 나는 이 말을 수백 번 했다. 내가 내 입에서 나오는 말을 믿을 때까지. 그리고 내가 이곳에 온 이유를 이해할 때까지. 나는 이곳에 있는 학생들에게 필요한 말을 전하려고 온 것이 아니었다. 내가 그들에게 할 수 있는 것은 아무것도 없었다. 내가 그들에게 전할 수 있는 것은 바로 이 신앙의 위대한 신비, 그리스도께서 우리를 위해 죽으셨고, 부활하셨으며, 다시 오실 것이라는 신비를 전하는 것뿐이었다. 그리고 이유는 확실히 알 수 없지만 이 신비만으로도 우리는 만족할 수 있음을, 지금 우리가 나누는 그리스도의 몸과 피로도 우리의 삶이 충만함을 경험하고 나누는 것, 그것이 전부였다. 독수리 둥지 야영장에서 나는 목회자와 사제가 성찬례를 거행하는 것이 왜 그리 중요한지 알게 되었다. 성찬례는 우리를 온전히 사로잡는다. 성찬례를 통해 예수님은 당신의 활동을 하시기 위해 우리의 자아와 우리의 기대를 밀어내신다.

> 예수님이 자신의 임박한 죽음이 무슨 의미인지 온전히 설명하고자 하셨을 때 그분은 사람들에게 이론을 제시하지 않으셨다. 일련의 성경 본문을 주신 것도 아니다. 그분은 그들에게 식사를 내주셨다.[2]

가끔 우리는 맛보고 보아야 한다.

예배가 끝나고 우리는 현란한 조명과 흥겨운 음악에 둘러싸여 춤을 추었다. 그것이 감리교회 스타일이었다. 나는 환호성을 지르는 학생들 가운데서 비장의 (그리고 최악의) 춤을 선보였다. 다행히도 그들은 내 모습에 신경 쓰지 않았다. 펀Fun의 《우리는 젊어》We Are Young가 나온 뒤 칼리 레이 젭슨Carly Rae Jepsen의 《생각 있으면 전화해》Call Me Maybe의 후렴구가 나올 때 즈음 나는 마침내 깨달았다. 버지니아주 10대 청소년들은 내가 필요하지 않았다. 오히려 내게 그들이 필요했다. 성찬례는 영혼의 자리를 찾을 수 있게 해준다. 성찬례를 통해 그분은 우리 안에 얽히고설킨 잔뿌리를 뽑아내신다. 그렇게 그분은 우리의 손을 잡아주신다.

때로 내가 (공동체에, 평화에, 신앙에) 굶주려 있을 때 내가 다른 사

---

2 N.T. Wright, *Simply Jesus: A New Vision of Who He Was, What He Did, and Why He Matters* (New York: HarperOne, 2011), 180. 『톰 라이트가 묻고 예수가 답하다』(두란노)

람에게 그리스도의 몸을 먹였던 때를, 그리고 다른 이들이 내게 그리스도의 몸을 떼어 주었을 때를 기억한다. 이러한 기억의 조각들은 오병이어의 빵이 광주리를 채우듯 내 영혼의 빈자리를 가득 채울 때까지 계속 늘어난다. 성찬례는 모든 질문에 답을 주지 않는다. 그리고 내가 배고플 때 포만감을 주지도 않는다. 그럼에도 나는 그것이 충분하다는 것을 안다. 성찬은 언제나, 그리고 영원히 충분하다.

제20장

손을 펴다

손을 펴는 것은 위험한 일이다. 무엇이 담길지 모르기 때문이다.

- 노라 갤러거

난 매번 성찬에 저항한다. 자리에서 일어나 제대로 나아가며 나는 안절부절 팔짱을 꼈다가 풀고, 어정쩡하게 두 손을 모았다가 놓기를 반복한다. 자리로 돌아가는 사람들과 눈이 마주칠 때면 억지로 미소를 만들어내려 애쓴다. 오르간 소리와 성가대의 노랫소리, 어른들의 기침 소리와 아기들의 울음소리가 함께 들리고 향과 헤어젤, 오래된 건물에서 나는 퀴퀴한 냄새와 싸구려 향수의 향이 코를 자극한다. 제대 아래 난간에 놓인 방석 위로 무릎을 꿇는다. 빛은 스테인드글라스를 거쳐 색동저고리 옷을 입고 여러 갈래로 나뉘어 내 몸을 덮는다. 무릎을 꿇고 두 손을 모아 내미는 것은 우리가 취할 수 있는 가장 무력한 자세다. 자신의 연약함, 공허함을 드러내는 동시에 타인에게 도움을 받기를 간절히 바라는 자세, 어린아이의 자세는 아니지만 어린아이처럼 되어버렸다는 느낌을 지울 수 없는 자세다. 자세를 취하는 동안 사람들의 시선이 느껴진다. 저항감이 든다. 매번.

성찬례에 참여하는 것은 기도와는 다르다. 기도할 때는 두 손을 꼭 쥐고, 머리를 숙이고, 눈을 감는 동안 요령껏 나를 숨길 수 있다. 하지만 성체를 받을 때 나는 철저하게 노출되어 있고 이에 따라 나 자신을 열어야 한다. 미세하게 경련이 일며 성체를 받기 위해 손을 열 때 나는 마치 텅 비어 바닥을 드러낸 어항 같다. 혹은, 어딘가로 향하는 입구 앞에서 웅크리고 앉아 있는 소녀 같다.

"그리스도의 성체입니다." 예수님이 내가 편 손 안으로 내려오신다. "그리스도의 보혈입니다." 예수님이 내 입술 사이로 미끄러져 들어오신다. 이와 관련해 노라 갤러거는 말했다.

우리가 아무것도 하지 않는다면, 우리 손에 아무것도 없다면, 해야 할 일 가운데 2/3는 마친 셈이다. 이것으로 우리가 모든 해답을 다 알지 못함을, 모든 능력을 다 갖추고 있지 않음을 정직하게 인정하는 셈이다. 속담처럼, '우리 손을 떠난' 일임을 받아들이는 것이다. … 신앙은 무언가를 잡았다가 다시 놓는 것을 반복하는 놀이다. 제대 앞에 서서 빵과 포도주를 받는 것은 놓아주는 것에

해당한다.[1]

하지만 나는 받고 놓는 일에 서툴다. 그렇기에 훈련을 해야 한다. 현대 문화는 성과와 자기만족, 동기 부여, 신분 상승을 노래한다. 우리는 승리자, 지도자, 자기 힘으로 무언가를 해내는 이들을 찬미한다. 나 또한 다른 사람들처럼 내가 무언가를 이루기를, 어떤 자격을 갖추기를 고대한다. (이러한 가운데) 무언가를 줌으로써 나는 나에게 결정권이 있고 상황을 내가 통제한다는 망상을 유지한다. 하지만 무언가를 받는다는 것은 이러한 연극에 종지부를 찍는다. 무엇을 받든지, 받는다는 것은 내가 내 삶에서 일어나는 일들의 지배자가 아님을 알려준다. 나는 시험을 받을 수도 있고, 고난을 받을 수도 있고, 예기치 않은 선물을 받을 수도 있다.

하루는 문필가 친구가 내게 난초꽃을 보냈다. 나는 그것을 식탁 위에 두었고 꽃은 몇 주간 계속해서 향을 뿜어냈다. 친구는 당시 내가 하느님과 거리를 두고 있었고 교회에 다니고 있지 않음을 알았다. 당시 나는 그리스도교인이 얼마나 (공적 영역에서) 타인에게 잔인할 수 있는지 몸소 경험하고 있었다. 상처투성이에 몸과 마음 모두가 지친 나는 나를 향한 친절의 손길조차 의심의 눈초리와 함께 뿌리치곤 했다(그리스도교인이 내미는 손이라면 더욱 단호하게 거절했다). 이 와중에 친구는 향기를 머금은 선물을 보냈고 갑작스러운 선물에 나는 나 자신이 부끄러워졌다. 일단은 고맙다는 내용을 담

---

[1] Nora Gallagher, *The Sacred Meal*, 11.

은 짧은 편지를 보냈고, 이른 시일 안에 보답해야겠다고 생각했다. 꽃에 상응하는 선물을 돌려보내면 그녀는 내 안에 깊숙이 들어오지 않고 적당한 거리를 유지할 수 있을 거라 여겼기 때문이다. 하지만 친구의 선물은 내가 선물을 받기 전부터, 그녀가 나에게 선물을 주기로 한 순간 이미 나를 사로잡았다. 잿빛이 가득한 날마저 선물에 담긴 굳건함과 아름다움을 덮을 수는 없었다. 그때까지 나는 내가 그녀의 친절을 얼마나 절실하게 필요로 하는지 인정하지 못했다. 내가 처한 상황을 나 혼자 힘으로는 결코 해결할 수 없음을 받아들일 수 없었다. 나는 내가 연약하고 손쉽게 말라버릴 수 있는 난초와 같은 존재라는 것을 받아들이지 못했다. 어둠에 맞서 싸우며 빛을 향해 한 걸음씩 걷고 싶다는 내 참된 바람 역시 받아들이지 못했다.

친구는 유카리스테오가 지닌 본래 뜻, 즉 '감사'의 핵심을 잘 알고 있었다. 하느님께서 우리에게 주시는 선물에 대한 감사, 그리고 이 감사를 나눔으로써 나오게 되는 또 다른 선물은 우리의 연약한 모습 틈으로 들어와 균열된 마음 사이에 뿌리를 내린다. 그녀는 언젠가 하느님께서 내 주먹을 펴시고 닫힌 마음을 여실 것을 알았다. 그녀는 결국 은총이 이긴다는 것을 알았다. 나는 마침내 마음을 열고, 손을 폈다. 성찬례에 참여해 성체를 받기 위해 나아가며 나는 내가 하느님께 드릴 것이 아무것도 없다는 고백과 함께 감사의 말을 속삭였다.

언젠가 성공회 사제 로버트 패러 케이폰Robert Farrar Capon은 썼다.

은총은 누군가 자신이 그런대로 잘 살고 있다는 확신이 사라지고 무너질 때까지는 퍼져나갈 수 없다.[2]

이것이 내가 성찬례에 참여해야 하는 이유다. 매주 마음을 열고, 손을 비우려면 내게 주님의 몸과 피가, 성찬이 필요하다. 계속 받아들이고 놓아주기 위해서 성찬이 필요하다. 내가 그런대로 잘 살고 있다는 환상에서 벗어나기 위해서는 성찬이 필요하다. 알렉산더 슈메만은 썼다.

성찬례에 참여할 만한 '자격'이 있는 사람, 받을 '준비'가 되어 있는 사람은 아무도 없다. 이 순간 모든 자격, 모든 의, 모든 헌신은 그저 아무것도 아닌 것이 될 뿐이다. 삶은 다시 선물로, 하느님께서 값없이 주시는 선물로 우리에게 다가온다. … 모든 것이 값없이 주어지고, 모든 것이 선물로 주어진다. 그러므로 가장 큰 겸손과 순종은 다름 아니라 그 선물을 받아들이는 것, 기쁨과 감사를 담아 "예"라고 말하는 것이다.[3]

손을 펴는 것은 두려운 일이다. 그리고 핀 손을 내밀어 받아들이고 "네"라고 답하기란 결코 쉽지 않다. 나는 언제나 이에 저항한다. 그러나 은총은 언제나 삶의 틈을 타고 내 안으로 들어온다. 빵 조

[2]   Robert Farrar Capon, *Between Noon and Three: Romance, Law, and the Outrage of Grace* (Grand Rapids: Eerdmans, 1997), 7.

[3]   Alexander Schmemann, *For the Life of the World*, 45.

각, 포도주 한 모금의 모습으로, 메마른 난초에서 피어나는 새로운 싹의 모습으로. 그렇게 오랫동안 숨을 참으며 버티던 나는 드디어 호흡을 내뱉으며 말했다. "감사합니다."

제21장

열린 식탁

너는 사랑받고 있다고 누군가 속삭였다.

가져가라. 그리고 먹어라.

- 메리 카Mary Karr

새라 마일스는 46세 때 낯선 시도를 했다. 어느 날, 잘 알지 못하는 교회에 들어가 그곳에 있던 사람들과 함께 빵을 먹고 포도주를 마신 것이다. 그때까지 그녀는 종교에 별다른 관심이 없었다. 지극히 세속적인 집에서 자라나 여행을 즐기고, 진보 정당을 지지하며, 동성과 연애했다. 그때까지 교회에 대해서는 (특히 근본주의 그리스도교의 주장에 대해서는) 깊은 회의를 품고 있었다. 그녀는 세례를 받지 않았으며, 성경을 읽어 본 적도 없었고, 주기도문도 알지 못했다. 하지만 샌프란시스코에 있는 성 그레고리 성공회교회에 다니던 누군가 그녀를 주님의 식탁에 초대했다.

> 터무니없고 두려운 일이 일어났다. 내게 예수님이 찾아오신 것이다.[1]

새라는 어지러움을 느꼈다. 무언가 그녀를 압도했고 휘감아버렸으며 가득 채웠다. 그리고 그 순간 새라는 예수님을 믿기 시작했다.

> 이전에 알았거나 들어 본 그 어떤 경험도 이에 견줄 수는 없었다. 나는 자리를 떠날 수 없었다. 뭔가 설명할 수 없는 힘에 이끌려 나는 또다시 빵을 찾았다. 나는 생애 처음으로 성찬례에 참석한 다음 날에도, 다음 주에도, 또 다음에도 빵을 원했다. 마치 극심하게 굶주렸던 사람이 양식을 찾듯 어떤 느낌이 나를 계속 주님의 식탁으로 끌어당기고 있었다.

그녀의 애인과 딸은 새라의 고백에 놀랐지만 그래도 그녀가 성 그레고리 교회에 가는 것을 찬성했다. 그렇게 새라는 다음 주일에, 그다음 주일에도, 그리고 그다음 주일에도 계속 교회를 찾았다. 그렇게 그녀는 그리스도교인이 되었고 "모든 사람을 초대하는 종교, 더 나아가 미움받고 천대받는 사람을 식탁의 상석에 앉히는 종교, 너무나 일상적이지만 동시에 가장 급진적이고 전복적인 활동에 기

---

[1]   Sara Miles, *Take This Bread* (New York: Ballantine Books, 2008), 58.

반을 둔 종교"에 자신의 삶 전체를 던졌다.[2]

새라는 성 그레고리 교회와 함께 가난한 사람, 노인, 병자, 노숙인 등 사회에서 소외된 이들을 위해 무상으로 식료품을 제공하는 자리를 열기로 했다. 그녀가 처음 빵과 포도주를 받았던 그 식탁에서 사람들은 일용할 양식을 얻었다. 금요일에 사람들이 오면 교회는 그들을 환대했고 사람들은 자유롭게 음식을 가져갔다. 어느 누구도 어떻게 이곳에 왔냐고 묻지 않았다. 벽에 그려진 수호성인들이 내려 보는 가운데 사람들은 성찬상communion table 주위에 마련된 과일, 채소, 콩, 시리얼, 빵, 통조림, 잼 등 매주 5~6톤 정도 제공되는 식료품 중 자신에게 필요한 것을 담아갔다. 그중 많은 이가 금요일 정오에 함께하는 점심 식사를 준비하는 자원봉사자가 되었다. 이러한 교회의 활동은 성경에서 예수님이 유력한 바리사이파 사람의 집에서 유대교 지도자들과 나눈 대화를 떠올리게 한다. 그분은 자신을 초대한 집주인에게 말씀하셨다.

> 너는 잔치를 베풀 때에 오히려 가난한 사람, 불구자, 절름발이,
> 소경 같은 사람들을 불러라. 그러면 너는 행복할 것이다.
>
> (루가 14:13~14)

그리고 예수님은 한 비유를 들려주셨다. 어떤 사람이 잔치를 열었다. 그는 많은 사람을 초대했지만, 초대받은 사람은 잔치에 가지

---

2 위의 책, 60.

않았다. 그러자 그는 종에게 동네 큰길과 골목을 두루 다니면서 가난한 사람, 불구자, 소경, 절름발이를 집으로 데려오라고 말했다. 종은 지시를 따랐지만 여전히 잔치에는 자리가 남아 있었다.

주인은 다시 종에게 이렇게 일렀다. "그러면 어서 나가서 길거리나 울타리 곁에 서 있는 사람들을 억지로라도 데려다가 내 집을 채우도록 하여라." (루가 14:23)

하느님 나라는 이 비유에 나오는 잔치를 닮았다. 그곳에서는 천대받는 사람들, 온갖 이상한 사람들이 잔치상에 둘러앉아 있다. 그들은 돈이 많거나 유명해서 잔치에 온 게 아니다. 그들이 가치 있는 사람들이어서, 선한 사람들이어서도 아니다. 그들은 그저 배가 고팠고 집주인의 종이 물었을 때 "네"라고 대답했기 때문에 잔치에 초대를 받았다. 그리고 그곳에는 언제나 자리가 남아 있다.

성찬례는 내 삶을 송두리째 바꾸어 놓았다. 성찬은 '하느님'이라는 불가능한 현실을 마주하게 했다. 회심이 계속될수록 내가 가지고 있던 종교와 정치, 그 외 것들에 대한 선입견들이 도마 위에 올랐다. 하느님은 이를 위해 온갖 다양한 사람들을 만나게 하셨다. … 내가 발견한 교회는 '신자들의 공동체'라는 미명 아래 비슷한 사람들이 모이는 사교 집단이 아니었다. 내가 발견한 교회는 내 상상보다 훨씬 더 크고, 훨씬 더 생생하고, 훨씬 더 충격적이었다. 교회는 고통받고, 괴팍하면서도 경계가 존재하지 않는

그리스도의 몸이었다.[3]

그러므로 새라가 종교나 개인적인 배경에 상관없이 영육 간에 굶주린 이 모두에게 열린 성찬례를 지지하는 것은 그리 놀라운 일이 아니다. 물론 대부분의 교회는 성찬례에 참여할 수 있는 자격을 세례 유무로 규정하고 이를 엄수한다. 이는 아주 오래된 전통이지만 이 전통을 완고하게 고수했다면 새라는 자신의 삶을 뒤흔든 체험을 할 수 없었을 것이다. 그리고 그녀가 섬기는 수많은 가난한 사람과 병자 역시 교회의 문을 두드리지 못했을 것이다. 나는 이처럼 열린 식탁을 실천하는 교회에 다녀본 적은 없지만 새라와 뜻을 같이한다. 나는 예수님이 정확히 어떻게 빵과 포도주에 임하시는지 알지 못한다. 그러나 나는 우리가 빵과 포도주를 먹고 마실 때 예수님이 우리와 함께하신다고 믿는다. 그렇기 때문에 예수님을 모르는 이들에게 예수님을 만나려면 일단 성찬례에 참여하기 전에, 즉 식탁에서 그분과 만나기 전에 그분을 기다린 다음 특정한 과정을 밟아야 한다는 이야기는 내 직관을 거스른다. 누군가 굶주렸다면, 주님의 식탁에 와서 주님의 몸을 먹으면 좋겠다. 누군가 목말라 한다면, 주님의 식탁에 와서 주님의 피를 마시면 좋겠다. 어떠하든지 간에 그 식탁은 우리가 주관하는 식탁이 아니다. 특정 교단의 식탁도 아니고 교회의 식탁도 아니다. 성찬례는 그리스도께서 우리를 위해 마련하신 식탁이다. 이 자리로 사람들을 초대하는 이

---

[3] 위의 책, 60.

또한 그리스도이시다. 온갖 추잡하고 천한 이들로 잔치를 채운다 하더라도, 그것은 그분의 권한이다. 우리가 어떻게 감히 그분께서 여신 문을 막을 수 있겠는가?

성찬례를 둘러싼 전통들의 오래된 논의는 잠시 제쳐두고 자신을 천국의 문지기로 여기는 그리스도교인들을 생각해 본다. 그들은 자신들이 잘못된 사람이 주님의 식탁과 교회로 들어오는 것을 막을 수 있다고 여긴다. 십자군 콤플렉스 증상을 보이는 이러한 그리스도교인의 모습은 특히 복음주의권에서 종종 발견된다. 최근 복음주의 동맹과 연합체들은 그리스도교의 본질적인 모습보다 자신들이 공유하는 부차적이고 주변적인 특징을 우선시하고, 자신들이 내세운 규율과 규범에 어긋난 이들과 성도의 교제를 거부한다. 그들은 (자신들이 생각하는) 모든 잘못된 생각들에서 교회를 정화하기 위해 몸을 던진다. 자신들을 스스로 '신앙의 수호자'라고 일컫는 그들은 자신과 다른 생각, 다른 형식, 다른 모습을 용납하지 못하기 때문에 수많은 율법과 짐을 다른 이들에게 지운다. 자신들의 신학적 오류와 불합리성, 고백과 삶의 간극은 보지 못하면서 타인의 신학적 입장, 고백과 삶의 간극에 대해서는 입에 거품을 물고 지적한다. 그들은 하느님 나라를 찾아 문을 두드리는 이들에게 문을 열고 환대하는 대신 이렇게 말한다. 마약 중독을 해결하지 않으면, 갖고 있는 문제를 해결하지 않으면, 정치적 견해를 바꾸지 않으면, 신학적으로 동의하지 않으면, 의심을 버리지 않으면, 교회 지도자들에게 전적으로 순종하지 않으면, 동성애에서 돌이키지 않으면 하느님 나라에 들어올 수 없다고 말한다.

하지만 복음은 하느님 나라에 잘못된 사람의 유입을 막기 위해 애쓰는 인간들의 모임을 필요로 하지 않는다. 오히려 복음은 죄인들로 이루어진 가족을 필요로 한다. 이 가족이 은총으로 구원을 받아 사람과 사람을 갈라놓는 벽을 무너뜨리고 문을 활짝 열어젖히고 말하기를 요구한다. "환영합니다! 여기 빵과 포도주가 있습니다. 우리와 함께 먹고 마시며 이야기를 나눕시다." 하느님 나라는 의로운 사람을 위한 곳이 아니다. 하느님 나라는 의에 굶주린 사람의 것이다.

식탁을 '순수'하게 유지하려는 열망, 비슷한 사람들로 채우려는 충동은 오래전부터 있었다. 일반 사회에서도 공동체가 식사를 나눌 때는 이런저런 사회적 관습과 금기들이 존재한다. '배우자, 동반자'라는 뜻을 지닌 컴패니언Companion의 어원은 '함께'라는 뜻을 지닌 라틴어 '콤'com과 '빵'이라는 뜻을 지닌 '파니스'panis이다. 즉 배우자 혹은 동반자는 '나와 함께 빵을 먹는 사람'이다. 우리가 누군가에게 관심을 갖게 되면 우리는 그 사람이 누구와 함께 식사를 하는지 알려고 한다. 그 사람의 사회적 지위를 '우리'의 지위에 견주어 가늠해 보려 하는 것이다. 우리는 그 사람이 어떤 만찬과 연회에 초대받는 사람인지를 알려 한다. 대부분의 경우 우리는 우리와 비슷한 사람들을 선호한다. 우리와 비슷하거나 동경하는 수준의 사회적 배경, 가치관, 재산, 정치적인 노선, 인종, 신념, 취향을 가진 사람과 함께 식사를 하려 한다. 나쁜 식자재가 요리 전체를 망쳐버리듯 우리는 우리의 동반자, 우리와 '함께 식사하는 사람'이 우리의 평판에 타격을 입히지 않을까 두려워한다. 그래서 예수님을 비판하던 이들은 언제나 그분이 세리 및 다른 죄인들과 함께 식사한다는 사실을 지적했다. 예수님은 가난한 사람, 경멸받는 사람, 아프고 병든 사람, 범죄자, 천대받는 사람, 정결하지 않은 사람과 함께 식사하심으로써 그들의 지적에 응했다. "이들은 나의 동반자다. 이들은 내 친구들이다." 예수님의 이런 활동은 결국 그분의 죽음을 불러왔다.

베드로는 예수님을 따라 이방인들과 함께 식사했다. 율법에 따른 정결한 식사를 준수하는 것은 그의 기존 정체성과 신앙의 근간을 이루는 것이었다. 하지만 예수님을 따르며 그는 이방인의 집에 들어가 이방인의 식탁에서 이방인과 함께 식사했다. 어느 날 베드로는 환상 속에서 하느님의 음성을 듣는다. 그분은 그 어떤 사람도 속되거나 불결하게 여기지 말라고 말씀하신다. 그래서 로마 부대의 백인대장 고르넬리오가 베드로를 자신의 집에 초대했을 때 베드로는 답한다.

"잘 아시다시피 유대인은 이방인과 어울리거나 찾아다니지 못하게 되어 있습니다. 그러나 하느님께서는 나에게 어떤 사람이라도 속되거나 불결하게 여기지 말라고 이르셨습니다." (사도 10:28)

때로는 낯선 사람과 함께 식사하는 것이 그리스도에게 순종하며 따르는 것의 가장 급진적인 표현일 수 있다.

노스캐롤라이나 교구의 마이클 커리Michael Curry 주교는 1940년대에 성공회 신자가 된 한 연인의 이야기를 전한다.* 어느 일요일 아침, 둘은 성공회교회를 찾아 감사성찬례를 드렸다. 둘은 흑인이었고 둘을 제외한 교회의 모든 신자는 백인이었다. 인종차별과 폭력으로 물든 미 남부 지방의 한가운데서 두 사람은 성체와 성혈을 받기 위해 줄을 섰다. 그들은 사람들이 같은 성작으로 성혈을 받아 마시는 모습을 보며 불안에 떨었다. 당시 흑인이 물을 마시려면 흑인 전용 식수대를 찾아야 했다. 백인과 같은 식수대를 이용한 적도 없는데 같은 잔으로 같은 포도주를 마신다니! 남자 친구는 애인이 어떻게 성체와 성혈을 받는지 유심히 지켜보았다. 잠시 후 신부는 성작을 그녀의 입술에 대고 말했다. "이것은 당신을 위해 흘리신 그리스도의 보혈입니다. 당신의 몸과 영혼을 영원으로 인도하는 구원의 잔입니다." 성찬례를 마친 뒤 둘은 그 교회에 출석하기로 했다. 어떤 교회든 흑인과 백인 모두가 성찬례에서 같은 잔으로 마신다면 그곳에는 이 세상을 넘어선 힘이 있다고 보았기 때문이다. 그 연인은 마이클 커리 주교의 부모님이었다. 그는 말했다.

성찬례는 인간의 가장 추악하고 강력한 분열마저 극복하는 일치의 성사입니다.[4]

같은 맥락에서 리처드 벡Richard Beck은 말했다.

---

[4] 'Eucharist: The Rt. Rev. Michael Curry' video, 7:50, posted by *New Tracts for Our Times*, June 6, 2014, http://youtu.be/USOMZpGheBc.

* 2018년 현재 마이클 커리는 미국 성공회 의장주교Presiding Bishop이다.

주님의 만찬에 참여하는 행위는 근본적으로 윤리적인 선택을 내포할 수밖에 없다. 초대교회부터 지금까지 그리스도교인은 평소라면 마주하기도 싫은 사람들과 함께 동등하게 주님의 식탁에 둘러앉는다. … 그러므로 성찬례는 단순히 도덕적인 관용을 상징하는 표현이 아니다. 주님의 만찬은 참여하는 이들에게 깊은 차원에서 전복적인 의미를 지닌 정치적인 사건으로 드러난다. 성사는 이 세계가 수많은 기준으로 나눈 사람들, 그렇게 분열된 현실을 살아가는 진짜 사람들을 그리스도의 몸과 피에 바탕을 둔 우애로, 땀으로 흥건히 젖은 이들을 끌어안는다. 여기에서는 어떠한 구별도 없으며 누구도 차별받지 않는다.[5]

내가 기꺼이 "그리스도의 몸과 피에 바탕을 둔 우애로, 땀으로 흥건히 젖은 이들을 끌어" 안는다면 그것은 거짓말이다. 물론, 새라 마일스 같은 사람이나 댄과 내가 집을 비웠을 때 잔디를 깎아주는 이웃이라면 기쁜 마음으로 주님의 식탁에서 빵을 나눌 수 있다. 하지만 새라 페일린Sarah Palin이라면?* 글렌 벡Glenn Beck이라면?** 천국의 문지기를 자처하는 복음주의자들이라면? 어려울 것이다. 일요일 아침 교회 예배당에 들어가면 나를 힘들게 하거나 상처를 준 예

5　Richard Beck, *Unclean: Meditations on Purity, Hospitality, and Mortality* (Eugene, OR: Cascade Books, 2011), 114.

* 새라 페일린은 공화당 소속 전 알래스카주 주지사로 미국 공화당 내에서도 강경 보수 정치인으로 꼽힌다.

** 글렌 벡은 미국 언론인으로 CNN 헤드라인 뉴스의 고정란을 맡았고, 폭스 뉴스 라디오쇼를 진행했다. 미국의 대표적인 극우 논객으로 꼽힌다.

닐곱 명을 발견하기란 그리 어려운 일이 아니다. 그들의 정치적 입장, 신앙관, 인격은 나를 미치게 만든다. 교회는 정말로 자격 미달의 사람으로 넘실댄다. 다른 사람들을 떠나 나부터 그렇다.

그러나 주님의 식탁은 우리의 적마저 동반자로 만든다. 성찬례는 우리 모두가 하느님의 가족으로 받아들여졌음을, 주님의 잔치에 초대받았음을, 우리 모두는 공동체임을 상기시킨다. 우리는 이제 가족이다. 우리가 해야 할 일은 평화를 이루는 것이다. 또한 주님의 식탁은 우리에게 신앙이란 올바르게 되는 것, 선하게 되는 것, 혹은 무언가에 동의하는 것이 아님을 가르친다. 신앙이란 근본적으로 (다른 누군가를) 먹이는 것, 그리고 (다른 누군가가 주는 양식을) 받아먹는 것이다. 성경에서 종말의 비전을 묘사할 때 많은 경우 잔치의 심상을 끌어다 쓰는 이유는 바로 이 때문인지도 모르겠다.

> 이 산 위에서 만군의 야훼, 모든 민족에게 잔치를 차려주시리라.
> 살진 고기를 굽고 술을 잘 익히고 연한 살코기를 볶고 술을 맑게
> 걸러 잔치를 차려주시리라. (이사 25:6)

> 그러나 사방에서 많은 사람들이 모여들어 하느님 나라의 잔치에
> 참석할 것이다. (루가 13:29)

> 천사는 나에게 "어린 양의 혼인 잔치에 초대받은 사람은 행복하다고 기록하여라" 하고 말했습니다. 또 이어서 "이 말씀은 하느님의 참된 말씀이다" 하고 말했습니다. (묵시 19:9)

나는 아무도 그 수효를 셀 수 없을 만큼 많은 사람이 모인 군중을 보았습니다. 그들은 모든 나라와 민족과 백성과 언어에서 나온 자들로서 흰 두루마기를 입고 손에 종려나무 가지를 들고서 옥좌와 어린 양 앞에 서 있었습니다. … 그들이 다시는 주리지도 목마르지도 않을 것이며 태양이나 어떤 뜨거운 열도 그들을 괴롭히지 못할 것입니다. (묵시 7:9,16)

그리스도교인은 하느님께서 세상을 향해 꾸시는 꿈이 누구도 굶주리거나 목말라하지 않는 잔치의 모습으로 이루어질 것을 믿는다. 교회를 찾아 헤매는 여정 중에 나는 종종 올바른 교단, 혹은 올바른 회중을 찾는다면 혹은 내가 간절히 바라던 모습의 사람이 되고 올바른 신앙을 갖게 된다면 내 오랜 방황은 마침표를 찍을 것이라고 생각했다. 그러나 교회는 우리가 옳다고 생각하는 것과는 전혀 상관이 없다. 그런 것을 갈망하다가는 영원히 기다리게만 될 것이다. 교회는 하느님의 초대장이다. 이 세상 모든 교회를 통해 그분은 우리를 당신의 잔치로 부르신다.

당신을 하느님 나라의 잔치에 초대합니다. 이 성대한 잔치에 전혀 어울리지 않는 사람이나 막장으로 치닫는 사람 모두 환영합니다. 자, 여기에, 당신을 위한 빵과 포도주가 있습니다.

제22장

포도주

너희는 맛보고 눈여겨보아라, 주님께서 얼마나 좋으신지!

- 시편 34:8

예수님이 본격적으로 활동을 시작하실 무렵, 그러니까 무리, 유언비어, 죽음의 위협이 그분을 그림자처럼 따라다니기 전에 그분은 갈릴래아 지방 가나에서 열린 혼인 잔치에 참석하셨다. 잔치는 음식과 포도주, 음악과 웃음으로 가득 찼고 모든 사람은 즐거워했다. 잘 구워진 양고기 냄새가 꽃향기와 함께 잔치 곳곳에 퍼져나갔고 달콤한 석류, 건포도, 대추, 꿀이 사람들의 혀끝을 자극했다. 가족과 친구들은 서로 흥겨운 이야기를 나누었고 여성들이 두른 큰 팔찌가 부딪히는 소리에 맞춰 꼬리를 물고 대화가 이어졌다.

기원후 1세기 팔레스타인 지역에서 혼인 잔치는 적어도 사나흘 동안 열렸다. 그런데 잔치 중에 흥을 유지해주는 포도주가 떨어졌다. 이를 알게 된 신랑의 가족(아마도 포도주를 추가로 구해올 만한 재정적인 여유가 없는 예수님의 친인척이었을 것이다)은 가장 경사스러운 날, 분위기를 망치게 될 수도 있을 거란 생각에 곤혹스러워했다.

그 당시 포도주는 사치품이 아니었다. 팔레스타인 지방에서 물은 귀했고 설사 있다 해도 식수로 사용할 수 있는 경우는 드물었다. 포도주는 음식을 만드는데, 수분을 공급하는데, 손님을 대접할 때 쓰이는, 일상의 중요 요소였다. 사람들은 포도주, 곡물, 기름을 하느님께서 주시는 복으로 받아들였고 이것들이 떨어졌을 때 하느님께서 저주를 내리셨다고 믿었다. 포도주는 삶의 필수요소이자 필수품이었다.

신랑의 가족이 어려움에 처했음을 알아차린 마리아는 예수님에게 자초지종을 이야기했다. 그녀는 아들이 어떻게든 문제를 해결해주기를 바랐지만 요한의 복음서에 따르면 예수님의 첫 번째 반응은 냉담했다. 우리가 글로만 읽어서는 이해가 잘 안 되는 (아마도 우리가 두 사람 곁에서 이야기를 나누는 모습을 보았다면 본문의 내용이 더 잘 이해되었을 것이다) 과정을 거쳐 예수님은 생각을 바꾸신다(주님도 '엄마'의 부탁에는 도리가 없었던 것일까). 그분은 하인들에게 정결 예식 때 쓰는 돌 항아리 여섯 개에 물을 부으라고 말씀하셨고 하인들은 크기에 따라 75~115L의 액체를 담을 수 있는 돌 항아리를 물로 가득 채웠다. 예수님은 물을 떠서 잔치를 맡은 이에게 갖다 주라고 말씀하셨고 잔치를 맡은 이가 물을 마셨을 때 물은 어느새 포도주로 변해 있었다. 600L에 달하는 포도주는 잔치에 쓰고도 넉넉하게 남는 양이었다. 이를 두고 사도 요한은 기록한다.

> 이렇게 예수께서는 첫 번째 기적을 갈릴래아 지방 가나에서 행하시어 당신의 영광을 드러내셨다. (요한 2:11)

물을 포도주로 만든다. … 공생애를 시작하는 방법치곤 기이한 방식(어떻게 보면 소박하기 그지 없는 방식)이다. 수많은 혼인 잔치 중 한 잔치가 별 탈 없이 진행되도록 포도주를 만든 일이 무슨 의미가 있다는 걸까? 그러나 이는 가나의 혼인 잔치 기적을 마술사의 간단한 속임수처럼 생각하는 유혹일 수 있다. 이 유혹에 빠질 때 우리는 이 사건을 예수님이 본격적으로 활동을 하시기 시작하면서 눈먼 사람을 치유하시고 앉은뱅이를 일으켜 세우는 것처럼 기적으로 가득 찬 활동의 전조, 일종의 가벼운 몸풀기 운동으로 이해하게 된다. 이러한 생각은 하느님께서 우리의 자질구레한 현실에 지대한 관심을 보이고 계신다는 진실을 간과한 생각이기 쉽다. 우리는 하느님의 영광을 노래하면서도 그 영광이 우리의 소소한 일상에 깃들어 있음을, 우리의 시선에 들어오기를 기다리고 있음을 망각하곤 한다. 언젠가 로버트 E. 웨버Robert E. Webber는 성사의 원리에 관해 설명한 바 있다.

> 하느님께서는 삶을 통해, 사람을 통해, 몸을 통해서, 물리적인 현실을 통해서 모든 것을 회복시키는 당신의 활동을 우리에게 알리

신다. 하느님께서는 어떤 밀교적 방식을 통해서만 알 수 있는 방식으로, 우리의 삶을 벗어나게 하는 방식으로 우리와 만나지 않으신다. 오히려 그분은 인생의 크고 작은 일을 통해, 특별히 교회의 성사를 통해 우리와 만나신다. 그렇게 성사는 우리를 신비로 인도하는 통로가 된다.[1]

성사가 존재하는 이유, 나아가 교회가 존재하는 이유는 우리가 하느님의 현존이라는 신비에 눈을 뜨고, 그분이 빵과 포도주, 난초꽃과 무상 식료품 제공 장터, 장례식장에 조문을 온 사람들과 세례식을 마치고 여는 잔치 … 이 모든 것 안에 계심을 보여주기 위해서이다. 성사를 통해 그분은 우리에게 말씀하신다. "눈을 떠라. 바로 이것들이 중요하다. 바로 이것들이 거룩하다." 요리사이자 목회자인 밀턴 브래셔 커닝엄Milton Brasher-Cunningham은 말했다.

성스러움은 구체적이어야 한다. 물론 수수께끼와 같은 신학적 주제들도 우리에게는 필요하다. 그러나 사랑은 무엇보다 우리가 자발적으로, 그리고 의식적으로 타인의 고통(혹은 타인의 기쁨, 타인의 가족, 타인의 문제, 타인의 식탁)에 들어가는 구체적인 순간들에 그 뿌리를 내린다.[2]

---

[1] Robert E. Webber, *Evangelicals on the Canterbury Trail: Why Evangelicals Are Attracted to the Liturgical Church* (Harrisburg, PA: Morehouse Publishing, 1985), 45.

[2] Milton Brasher-Cunningham, *Keeping the Feast: Metaphors for the Meal* (Harrisburg: Morehouse Publishing, 2012), 38.

'성사'Sacrament라는 말은 '성스럽게 하다'라는 라틴어에서 기원한 말이다. 우리의 눈앞에서 사랑의 빛이 반짝일 때 일상은 성스럽게 변한다. 우리가 감사의 영이 인도하는 바를 따라 손을 펼 때, 예수님께서 이루신 표징과 기적은 우리 안에서, 우리를 통해 지속된다. 가나 혼인 잔치의 포도주는 하느님의 관대함을 가리킨다. 그분은 이 세계를 거룩함으로 채우는 데 인색하지 않으시다. 그분은 요나의 반대에도 불구하고 패역한 도시 니느웨를 구하셨다. 그분은 빵 다섯 개와 물고기 두 마리로 남성만 5,000명이 넘는 무리에게 점심을 배불리 먹이셨다(그러고도 열두 광주리가 남았다). 하느님께서는 오후 5시에 일을 시작한 사람에게도 동일한 하루 품삯을 주는 포도원의 주인이시고, 잃어버린 양 한 마리를 찾으러 양 무리를 떠나는 목자이시며, 돌아온 탕자에게 가장 좋은 옷과 자신의 가락지를 주고 잔치를 여는 아버지이시다.

우리 앞에는 언제나 선택의 길이 있다. 하느님의 잔치에 들어가 우리의 생각을 넘어선, 우리에게는 과분한 은총의 포도주를 마실 수도 있고, 요나처럼 드러누워 심통을 부리거나, 이른 아침부터 일했던 포도원 일꾼들처럼 주인에게 따지거나, 탕자의 형처럼 성을 내면서 아버지의 잔치에 들어가기를 거부할 수도 있다. 최선의 상태에 있을 때 교회는 하느님께서 사랑하시는 모든 이를 환대해 그들을 먹이고, 치유하고, 용서하고, 위로하는 성사를 이 세상에서 구현한다. 최악의 상태에 있을 때 교회는 세계를 향해 열린 성사의 문을 걸어 잠그고 하느님을 신학, 온갖 규칙들, 교리적 진술, 건물 안에 가두려 한다.

하지만 그러한 와중에도 하느님께서는 흔한 것들에 거룩함을 새겨 넣으시고, 거룩한 것들로 바꾸어 나가신다. 남은 음식으로 사람들을 배불리 먹이시고, 정결 예식 때 쓰는 돌 항아리를 포도주가 솟아나는 분수로 만드신다. 그분은 당신께서 창조하신 세상을 누구보다 잘 알고 계시다. 우리는 두려움과 불안에 떨면서 하느님에게 우리만의 지분을 달라고 요구하거나 우리만 아는 비밀로 남아 달라고 요청할 필요가 없다. 하느님을 맛보는 순간 우리는 깨닫는다. 그분께서 우리에게 주시는 잔은 언제나, 그리고 영원히 가득 넘쳐흐르고 있음을.

5부

견진

Confirmation

제23장

숨

예수께서 다시 "너희에게 평화가 있기를! 내 아버지께서
나를 보내주신 것처럼 나도 너희를 보낸다"하고 말씀하셨다.
이렇게 말씀하신 다음 예수께서는 그들에게 숨을 내쉬시며
말씀을 계속하셨다. "성령을 받아라."

- **요한의 복음서** 20:21~22

성령은 숨과 같다. 성령은 폐와 심장, 입술만큼이나 우리 가까이에 있다. 성령은 우리가 손가락으로 허공에 그림을 그리듯, 매일 수만 번 오가는 파도만큼이나 친숙한 리듬으로 움직인다. 그래서 우리는 성령이 움직임을 그치거나 우리가 (요가 수업을 들을 때 선생을 따라 집중하듯) 주의를 기울일 때만 성령의 존재를 깨닫곤 한다.

성령은 들숨과 날숨처럼 우리 안과 밖을 오가고 팽창과 방출을 반복한다. 태초에 하느님께서는 숨을 쉬셨다. 창조주 하느님의 숨을 머금은 먼지는 대기와 생명을 만들기에 충분한 산소, 물, 이산화탄소를 뱉어냈다. 욥은 하느님께서 우리의 코에 숨결을 불어 넣으셨기에 생명을 유지함을 알았다.[1]

창조주 하느님께서는 숨을 내쉼으로써 별들이 나오는 화로를 달구셨고 바다를 가르셨다. 하느님께서는 골짜기에서 자는 마른 뼈에 숨을 불어넣어 일어나게 하셨고, 거룩한 성경 말씀이 나올 수 있도록 영감을 불어넣으셨다. 마찬가지로 성령은 우리 삶에 헤아릴 수 없을 만큼 다양한 방식으로 생명을 불어넣는다. 성령은 잠에 빠진 우리를 흔들어 깨우고, 우리에게 힘과 영양분을 공급한다. 성령은 우리 삶을 보존하고 우리에게 말을 건넨다. 성령은 피부처럼 우리와 밀접하게 붙어 있고 공기처럼 모든 곳에 가득하다. 하지만 바로 그렇기 때문에 우리는 주의를 기울여야 한다.

성령은 불과 같다. 촛불의 밀랍과 심지 위에서 타오르는 불은 그지없이 공손하지만, 고삐가 풀린 불은 폭풍처럼 사납고 변화무쌍하다. 불은 단 하나의 형태를 갖지 않고, 타오르는 방식도 다양하다. 불은 거대한 숲을 순식간에 잿더미로 만들어 버릴 정도로 모든 것을 태워 없애며 포효할 수 있다. 한편으로 불은 연탄과 숯으로 타올라 모든 것을 따뜻하게 해줄 수도 있다. 우리는 불을 직접 다룰 수 없다. 모든 생명은 불이 자아내는 열과 빛, 연기, 재의 냄

---

[1] "나의 입김이 끊기지 않고 하느님의 숨결이 나의 코에 붙어 있는 한"(욥기 27:3)

새와 색을 통해 간접적으로 불의 힘과 움직임을 감지할 뿐이다. 불은 모든 것을 삼킨다. 불은 파괴하면서 창조하고, 창조하면서 파괴한다. 철 냄새로 가득한 용광로는 찌꺼기를 흘려보낸다. 불은 광석을 제련하고 금을 정제한다. 불은 수백 년 먹은 소나무를 태우며 두꺼운 솔방울을 깨부수고 새로운 씨앗을 땅에 심는다. 하느님께서 출애굽한 이스라엘 백성을 인도하셨을 때 성령은 밤마다 성막 위에 불기둥을 세웠다. 하느님께서 교회를 세우셨을 때 성령은 작은 불꽃의 형상으로 제자들의 머리 위로 내려왔다. 사도 바울은 "성령의 불을 끄지 말라"고 편지에 적었다(1데살 5:19). 성령은 불처럼 꼭 필요하지만 동시에 위험하다. 그러므로 우리는 주의를 기울여야 한다.

성령은 인장seal과 같다. 성령은 상속과 보호와 은총을 보장하는 하느님의 약속이 구체화한 문양이다. 도장을 새긴 반지로 편지를 봉인하듯, 성령은 우리 마음에 하느님의 능력과 권위를 아로새긴다. 성령으로 낙인찍힌 우리의 정체성은 누구도 다시 빼앗아 갈 수 없다. 하느님께서는 당신의 인장을 우리에게 찍으셨고 그 보증으로 성령을 보내셨다(2고린 1:22). 견진 예식에서 견진 대상자의 이마에 사제가 엄지손가락을 대는 행위는 하느님께서 성령을 보내시는 것과 성령이 주시는 선물을 상기시킨다. 성령은 공기처럼 투명하지만 우리의 피부처럼 분명하게 존재한다. 그러므로 우리는 주의를 기울여야 한다. 우리가 누구인지 잊어서는 안 된다.

성령은 바람과 같다. 바람은 지구에서 가장 나이 많은 떠돌이다. 바람은 배의 닻을 올리고 바위를 깎아내리며, 굳센 나무들의 고개를 숙이게 만들고 신부의 베일을 살짝 들어 올린다. 바람은 경계를 모른다. 바람은 언제나 거침이 없으며 자유로이 움직인다. 바람은 이 세계 구석구석을 누비며 대기를 빚어낸다. 바람은 인동초 꽃향기와 카레 향, 온갖 연기와 바다 냄새를 실어 나른다. 바람은 때로는 키스처럼, 때로는 속삭임처럼 부드럽게 우리 살에 와 닿고 때로는 바늘처럼 따갑게, 칼처럼 날카롭게 우리 살을 파고든다. 바람은 속삭이기도 하고, 휘파람을 불기도 하고, 포효하기도 한다. 바람은 굽이칠 수도 있고, 꺼질 수도 있고, 커질 수도 있다. 우리는 바람을 이용할 수 있지만 멈추거나 가둘 수 없다. 우리는 바람 그 자체를 알 수 없지만 언제나 바람의 영향을 받는다. 우리는 흔히 누군가 어리석다 말할 때 '바람을 쫓는다'고 말하며, 헛된 일을 하는 모습을 보며 '바람을 길들이려 한다'고 묘사한다. "바람은 제가 불고 싶은 대로 분다. 너는 그 소리를 듣고도 어디서 불어와서 어디로 가는지를 모른다. 성령으로 난 사람은 누구든지 이와 마찬가지다."(요한 3:8). 우리는 바람 잘 날 없는 세상에 태어났다. 이 세상에서 성령은 가을바람처럼 한결같고 태풍처럼 강하다. 도시나 마을이나 광야에서도 바람의 흔적을 찾을 수 있다. 그러므로 우리는 주의를 기울여야 한다.

성령은 새와 같다. 성령은 새처럼 하늘과 땅의 혼합물이다. 바람과 깃털과 비행이 숨과 피와 뼈를 만나 하나가 된다. 먼 옛날 랍비들은 성령이 비둘기의 모습을 하고 있다고 상상했고 켈트족은 기러기의 모습을 하고 있다고 생각했다. 성령은 노아가 보낸 비둘기처럼 아무것도 없는 창조 이전 세상의 물 위를 거닐었다. 성령은 마리아의 자궁을 맴돌았고 예수님의 젖은 머리 위로 내려왔다. 성령은 독수리처럼, 어미 닭처럼 자신의 새끼인 이스라엘을 지켰다. 다윗은 노래했다.

> 당신의 날개 그늘 아래 숨겨주소서. (시편17:8)
>
> 나를 도와주신 일 생각하면서
>
> 당신의 날개 그늘 아래에서 즐겁습니다. (시편 63:7)

성령은 길가의 비둘기처럼 친근하고 창공을 활주하는 독수리처럼 경이롭다. 고개를 들면 성령의 노래가 들린다. 성령은 자신의 날개로 하느님의 빛을 비추며 자신과 함께 노래하자고 지저귄다. 그러므로 우리는 주의를 기울여야 한다.

성령은 자궁과 같다. 그곳에서 모든 생명은 다시 태어난다. 다시 태어난 우리의 몸은 아직도 물에 젖어있고, 우리의 눈은 빛에 취약하다. 우리는 성령에서 나와 활기를 되찾고 부활의 세계로 들어간다. 그곳은 너무나 낯설고 또 새롭다. 그곳에서 우리는 만물이 새롭게 된 모습을, 무수히 많은 선물이 자유롭게 오가는 모습을, 헤아릴 수 없이 많은 기적이 펼쳐지는 모습을 보게 될 것이다. 그러므로 우리는 주의를 기울여야 한다. 성령이 마음껏 우리를 놀라게 하도록 우리의 생각과 마음을 비워야 한다. 하느님께서 우리의 숨을 조율하시도록 해야 한다.

제24장

길가의 예배당

이미 제가 당신 안에 있음에도 불구하고
저는 당신을 만나기 위해 얼마나 더 가야 하는지요!

- **토머스 머튼**Thomas Merton

'더 미션'에서 마지막 예배를 드린 지 4개월 후, 나는 앨라배마 주 북동쪽 278번 고속도로를 달렸다. 차 스피커에서는 길리언 웰 치Gillian Welch가 부르는 《엘비스 프레슬리 블루스》Elvis Presley Blues가 흘러나왔다. 8월의 태양은 아스팔트에서 아지랑이가 피어나게 했고 낡은 차는 열로 달궈진 도로에 달라붙기라도 한 것처럼 굴러갔다. 기시감을 느끼게 할 정도로 반복해서 나오는 트랙터 서플라이 매장Tractor Supply Store(미 남부에 있는 농촌 생활용품 체인점)과 바비큐 식당, 침례교회는 우리가 여전히 앨라배마주에 있음을 상기해주는 것만 같았다. 에어컨이 고장 난 차에 아침 바람이 들어왔다. 땅, 소나무, 찬 공기가 뒤섞인 냄새가 났다. 태양은 어느새 머리 위에 있고 미터기 숫자는 한 움큼 올라갔다. 목적지가 멀지 않았다. 나는 미리 그 모습을 머릿속으로 그려보았다. 지난 1,500년 동안 수도자들의 훌륭한 안내자였던 베네딕도 성인St. Benedict of Nursia의 『수도 규칙』Rule of Saint Benedict에는 다음과 같은 구절이 있다.

> 찾아오는 모든 손님을 그리스도처럼 맞아들여야 한다. 그분께서는 "내가 나그네 되었을 때 너희는 나를 맞아주었다"라고 말씀하실 것이기 때문이다. 그리고 모든 이에게 합당한 공경을 드러내야 하며 특히 신앙의 가족과 순례자들에게 그러해야 한다.
>
> (『수도 규칙』, 53장 中)

어쩌면 베네딕도 성인이 강조한 이 환대의 메시지가 나를 앨라배마주 쿨먼에 있는 성 버나드 수도원으로 향하게 했는지도 모르겠다. 그곳은 90만 평이 넘는 소나무 숲 사이에 자리하고 있다. 당시 나는 실패감과 외로움을 달래려 본능적으로 무엇인가 오래되고 기댈만한 것을 찾고 있었다.

성 버나드 수도원은 1891년 독일 이민자들이 세웠지만, 수도원이 소속된 베네딕도회의 역사는 기원후 6세기까지 거슬러 올라간다. 수도원에는 20명 정도의 수도사들이 살고 있는 수도 공동체, 사립 초등학교, 안내 센터, 그리고 수많은 여행자를 이 외딴 수도원으로 이끈 아베 마리아 그로토Ave Maria Grotto가 있다.* 나는 접수를 마치고 예약한 방에 짐을 풀었다. 방은 작고 수수했지만 깨끗했고 열려 있는 창문 덕분에 서늘했다. 안내인은 방 열쇠를 방 앞 복도에 걸린 코르크판에 걸어 놓았다. 복도의 공기는 작은 움직임에도 깨질 것처럼 맑고 조용했다. 총소리처럼 울리는 내 발걸음 소리에 나도 모르게 얼굴이 화끈거렸다. 발소리가 만들어내는 진동이 유리 천장에 서 있는 성모상을 흔들어 떨어뜨리지는 않을까 염려가 될 정도였다. 조용한 것을 좋아하긴 하지만 이처럼 압도적인 고요함은 낯설었다.

저녁 기도vespers와 미사가 시작하기 한 시간 전, 예배당에 도착해 뒷자리에 앉았다. 일렬로 가지런히 놓인 넓은 채광창 사이로 들어오는 햇빛이 사암으로 만든 벽과 기둥, 아치를 환하게 비쳤다. 예배당 앞에 있는 돌 제대 뒤에는 약 3m 길이의 비잔틴 십자가가 있었고, 십자가 양옆에는 그리스도의 고난과 승리가 그려져 있었다. 앨라배마산 소나무로 만든 천장은 배의 선체를 뒤집은 모양을 하고 있었는데 문득 그레이스 바이블 교회의 예배당이 떠올랐다. 바닥은 차갑고 검푸른 돌판이 가지런하게 깔려 있었다. 예배당 양쪽 돌기둥에는 10명의 성인이 조각되어 있었다. 돌기둥에 새겨진 성인들은 하늘을 짊어진 아틀라스처럼 예배당을 떠받치고 있었다. 세례자 요한의 머리는 헝클어졌고 마른 몸에 튀어나온 갈비뼈가

---

* 베네딕도회의 조셉 죠틀Brother Joseph Zoettl 수사가 1920년대부터 약 50여 년에 걸쳐 만든 미니어처 마을로 전 세계 유명한 로마 가톨릭 건축물과 성서에 나온 건축물 등 125개 미니어처가 있다.

돋보였다. 왕관과 수금을 들고 있는 다윗의 모습도 보였고, 찌푸린 표정을 한 보니파시오 성인St. Bonifacio(독일의 수호성인)은 이교도들이 섬기던 참나무를 두 동강 낸 도끼를 들고 있었다. 이 수도원의 수호성인인 클레르보의 베르나르Bernard of Clairvaux는 최악의 십자군으로 꼽히는 제2차 십자군 원정을 위해 유럽 각지를 돌아다니며 선동했던 자신의 흑역사를 고스란히 보여주듯 십자가와 검을 들고 있었다(이 성인과 관련해 내가 정말 보고 싶은 모습은 성모 젖 분비 체험the Lactation of St. Bernard이었다. 전설에 따르면 무릎을 꿇고 기도하던 베르나르 성인에게 아기 예수를 젖 물린 성모 마리아가 나타났는데 마리아의 유방에서 나온 젖을 마시고 아팠던 눈이 나았다고 한다. 그 모습을 머릿속으로 그려볼 때마다 나는 자연스럽게 미소 짓게 된다).

5시를 앞두고 사람들이 저녁 미사를 드리기 위해 예배당으로 들어왔다. 월요일이라서 그런지 사람들은 그리 많지 않았다. 사립학교 학생과 선생, 신자 몇몇이 성수대에 손가락을 찍고 성호를 긋고서 성화 앞에서 무릎을 꿇고 짧게 기도했다. 무작위로 띄엄띄엄 자리에 앉은 사람들을 보면서 나는 끝나기 직전 체스 게임판의 모습과 비슷하다고 생각했다. 이윽고 베네딕도회 수사들이 일렬로 행진하며 성가를 불렀다. 수사들의 노랫소리는 햇빛을 받아 벽에 일렁이는 그림자처럼 잔잔히 퍼져 이내 예배당을 가득 채웠다. 오래된 성가의 선율이 아침 이슬처럼 예배당을 적셨다.

하늘 높은 데서는 하느님께 영광

땅에서는 주님께서 사랑하시는 사람들에게 평화… (대영광송Gloria)

거룩하시도다, 거룩하시도다, 거룩하시도다,

온 누리의 주 하느님. 하늘과 땅에 가득한 그 영광,

높은 데서 호산나, 주님의 이름으로 오시는 분, 찬미 받으소서.

(상투스Sanctus)

하느님의 어린 양, 세상의 죄를 없애시는 주님,

저희에게 자비를 베푸소서.

하느님의 어린 양, 세상의 죄를 없애시는 주님,

저희에게 자비를 베푸소서.

하느님의 어린 양, 세상의 죄를 없애시는 주님,

저희에게 평화를 주소서. (아뉴스 데이Agnus Dei)

더듬거리며 노래를 부르고 다른 사람들을 보고 뒤따라 일어나 성호를 그었다(이 정도가 내가 할 수 있는 최선이었다). 모든 것은 엄숙하게, 조용히 진행되었고 그러한 분위기는 나를 로마 가톨릭 신자들의 예배를 구경하러 온 관광객 같은 기분이 들게 했다. 게다가 로마 가톨릭 교회는 로마 가톨릭 신자가 아닌 이들의 성체성사 참여를 허락하지 않는다. 나는 가만히 앉아서 20명 안팎의 사람들이 제대 앞에 있는 사제에게 성체를 받는 모습을 바라보았다. 예배당에 들어오며 가져온 안내 책자는 나 같은 비로마 가톨릭 신자에게 성체성사 시간 동안 교회가 다시 하나 될 수 있도록 기도할 것을 권했다. 의도하지는 않았겠지만 이 상황에서 그 권유는 "여기 앉아서 당신 개신교인들이 일으킨 교회의 분열에 관해 생각해 보시오"라는 메시지로 읽혔다.

이윽고 수사들이 성가를 부르며 퇴장했고 미사와 저녁 기도는 끝났다. 식당에서 혼자 조용히 저녁을 먹은 뒤 나는 조명이 거의 다 꺼진 예배당에 다시 들어가 끝기도Compline를 드렸다. 수사들과 함께 한 끝기도는 아름다웠다. 고요로 가득한 침묵의 서약 시간 동안에는 내내 잤고 6시 아침 기도Lauds 시간에 맞춰 일어나지 못한 채 몸을 뒤척였다. 겨우 일어난 다음에는 또다시 혼자 아침을 먹고 햇빛이 수면 위로 반짝이는 호숫가에서 노리치의 줄리언Julian of Norwich의 저작을 두 시간가량 읽었다. 그런 다음 나는 깜빡 열쇠를 방 안에 두고 문을 잠근 것을 알게 되었고 수도원에 온 뒤 처음으로 다른 사람과 이야기를 나누었다. 둘째 날 점심시간이었다.

"당신에게 정말로 말을 걸고 싶었어요! 아니, 솔직히 말하자면 아무나 붙잡고 이야기하고 싶었어요. 수도원 아침과 저녁 식사 시간에 침묵을 지켜야하는지 몰랐거든요!" 그녀의 이름은 수잔Susan 이었고 금발 머리에 버지니아주 억양을 썼다. 그녀의 손톱에는 자홍색 매니큐어가 칠해져 있었고 손목에는 금팔찌와 은팔찌가 주렁주렁 달려 있었다. 힘차게 스파게티 면을 연신 돌리며 그녀에게 나는 답했다. "저는 아침 시간에 침묵을 해도 괜찮더라고요. 아침형 인간이 아니어서 그 시간에 자고 있었거든요." 수잔은 큰 소리로 웃었고, 떨어져 앉아 있던 나이 많은 수사가 그녀의 웃음소리에 우리 쪽으로 고개를 돌렸다. "전 조용한 것은 질색이에요. 하지만 여기에 이렇게 오게 되었네요. 그건 그렇고 수도원이 정말 아름답지 않나요? 수도원 곳곳을 다닐 때마다 성인들이 우리와 함께하고 있다는 느낌이 들어요. 남편이 아이론데일에 볼 일이 있다고 앨라배마주에 같이 가자고 했을 때 인터넷 검색을 해서 이곳을 알게 되었죠. 덕분에 이곳에 오게 되었고요. 생각해보니 하느님의 뜻인 것 같아요." 아이론데일은 수도원에서 차로 한 시간도 넘게 걸린다. 수잔은 하느님의 뜻에 대하여 다소 후한 기준을 가지고 있는 것 같았다. 그녀는 기대에 가득 찬 표정으로 물었다. "그러면 그쪽은 어떻게 이곳에 오게 되었나요?" 난 준비해둔 답변을 했다. "저는 테네시주 채터누가에서 온 작가예요. 침묵이라는 주제로 글을 쓰려고 자료 수집 중이고 베네딕도회 수도원만큼 침묵에 대해 잘 배울 만한 곳이 없겠다 싶어서 이곳에 오게 되었어요." 난 책을 쓰고 있다고 말하지 않았고, 블로그를 언급하지 않았으며, 종교를 갖고 있다고 이야기하지 않았다. 이 중 하나라도 언급한다면 사람들은 내가 쓴 책 제목을 물어보거나, 나를 인터넷 중독에 빠진 애 엄마로 생각하거나 이상하게 여길 것임이 뻔했다. 델타 항공 우수 회원이 될 정도로 여행을 많이 하면 낯선 사람과 잡담을 나누는 몇 가지 비결은 자연스레 터득하기 마련이다. "오, 잘됐네요! 어쩌면 쓰는 글이 이 수도원을 많은 사람에게 알릴 수도 있겠네요!" 수잔이 들뜬 목소리로 말하는 동안 브랜든Brendan 수사가 우리의 대화에 합류했다. 브랜든 수사는 수잔의 목소리에 놀라 우리를 쳐다보았던 사람이자 어제 나를 침실로 인도했던 숙소 안내인이다.

"여기 레이첼은 작가래요." "훌륭하군요. 레이첼, 함께하게 돼서 정말 기뻐요." 브랜든 수사가 말했다. 나도 모르게 말이 튀어나왔다. "저는 로마 가톨릭 신자가 아니에요." 후회가 엄습했다. 물론. 나는 이 문제를 먼저 처리하고 싶었다. 때가 되면 이야기하는 게 어쩌다 나중에 알려져 사람들에게 필요 이상의 관심과 오해를 받는 것보다 나으리라 판단했기 때문이다. 하지만 너무 갑작스럽게, 스스로 마음의 준비를 하기도 전에 말이 앞서 튀어나왔다. 브랜든 수사는 아무렇지 않은 표정으로 스파게티에 소금을 뿌렸다. 하지만 수잔은 마치 길가에서 울고 있는 아이를 발견한 표정으로 나를 보았다. 그리고 금 십자가 목걸이에 새겨진 예수님을 만지작거리며 물었다. "아, 그렇군요. 그러면 … 그 … 신앙은 갖고 있으세요?" "네." "네. … 그러면 어디 다니고 계신가요?" "저는 복음주의 교회에서 자랐어요. 하지만 요즘에는 생각이 바뀌어서 … 마지막으로 다녔던 교회가 안 좋게 끝났는데 정말로 아픈 경험이었거든요. 이제는 제가 어디에 있는지 모르겠어요. 어떻게 보면 지금 찾는 중이라고 할 수 있겠네요."

말이 끝나기가 무섭게 실수를 저질렀음을 알아차렸다. 금단의 말을 뱉어버리고 말았다. 종교인에게 지금 내가 삶의 의미를, 진리를, 종교를 찾고 있다는 미끼를 던진 것이다. 수잔은 기회를 놓치지 않았다. 그녀는 자신이 좋아하는 로마 가톨릭 작가들을 언급하면서 내게 책 4권을 추천해주었다. 그리고 자신의 신앙 배경과 어떻게 잠시 교회를 떠났다가 돌아오게 되었는지 말했다. 수잔은 마리아의 여성성에 매료되었고, 이를 통해 힘들었던 자신의 유년기 상처들을 극복하는 데 많은 도움을 얻었다고 했다. 일부 발언들에서 내 안의 개신교도는 눈살을 찌푸렸지만, 수잔의 말에는 전체적으로 진심이 담겨있었고 나는 대부분의 말에 감동했다. 그리고 그녀의 해박한 신학, 교회사 지식에 놀랐다. 나는 그녀와 브랜든 수사에게 물었다. "의심이 들 때가 있나요?" 이른바 '독실한' 사람을 만날 때마다 나는 이 질문을 던지곤 한다. 그리고 대부분의 경우 질문을 듣는 순간 그들이 짓는 표정으로 답을 알 수 있다. 대답이 "예"인 경우 그들은 마치 첫사랑이나 학교 동창, 혹은 소꿉친구의 이름을 오랜만에 듣기라도 한 듯 따뜻한 미소를 짓는다. 아닌 경우 그들은 당혹스러운 표정을 지으며 마치 내가 알아들을 수 없는 말을 하고 있다는 듯 나를 쳐다본다.

수잔과 브랜든 수사는 의심이 들었던 적이 없다고 했다. 브랜든 수사는 말했다. "저는 토네이도 사건 이후 오히려 믿음이 더 돈독해졌어요." 토네이도 사건이란 지난 4월, 시속 400km가 넘는 토네이도가 쿨먼을 휩쓸고 간 일을 말한다. 이 일로 인해 쿨먼 지방 법원 천정이 송두리째 뜯겨 나갔고 집과 가게 여러 채가 납작하게 짓뭉개졌으며 3명이 목숨을 잃었다. 278번 고속도로 주변으로 보였던 토네이도가 지나간 자리에는 뿌리째 뽑힌 참나무와 단풍나무로 가득했다. 곳곳마다 간판과 지붕 수리를 광고하는 푯말들이 보였고, 잡초와 덩굴로 가득한 주택의 진입로마다 건축자재들이 수북이 쌓여있었다. 잡초 사이로 보이는 우편함과 그 너머로 보이는 건축 부지가 아니었다면 이곳이 한때 집이었다는 사실을 상상도 못 했을 것이다. "토네이도는 수도원 부지 바로 앞까지 왔어요. 우리는 토네이도의 굉음을 똑똑히 들었죠." 브랜든 수사가 말하는 동안 수잔의 눈이 커졌다. "주위를 둘러보면 파괴의 흔적밖에 남지 않았어요. 하지만 우리 수도원은 나무 한 그루도 잃지 않았습니다." 수잔이 나지막이 속삭였다. "분명 성모님이 수도원을 보호하신 걸 거예요." 그들은 나를 반짝이는 눈으로 바라보았다. 나는 그러한 일들이야말로 나를 의문의 늪으로 빠지게 한다고 차마 말할 수 없었다. 어떤 그리스도교인은 어느 날 아침, 스타벅스 매장에 커피를 사러 갔는데 유난히 줄이 길어 한참을 기다려야 했다고 한다. 알고 보니 그것은 고속도로에서 난 14중 충돌사고에서 자신을 보호한 하느님의 손길이었다고 그는 간증했다. 어떤 그리스도교인은 주변 이웃집들을 모조리 불태운 산불이 유일하게 자신의 집만 태우지 않았다며 하느님의 은총을 노래했다. 이러한 이야기를 들을 때마다 나는 하느님의 은총이 비추지 않는 그늘 속에서 신음하고 절규했을 피해자들을 떠올릴 수밖에 없었다. 왜 그들은 토네이도의 마수에서 벗어나지 못했을까? 믿음이 없어서? 운이 없어서? 사회적 영향력 때문에? 왜 사랑의 하느님께서는 교회가 아니라 판자촌을 지나가도록 태풍의 궤도를 바꾸셨을까? 왜 성모 마리아의 인자하고 넓은 팔은 쿨먼에 사는 모든 사람을 품지 못했을까?

　나는 한동안 스파게티 접시만 멍하니 쳐다보았다. 그들의 증언에 이런 질문들만 하게 되는 나 자신에 대한 죄책감과 이런 질문들을 떠올리지 못하는 사람들에 대한 분함이 동시에 차올랐다. 이러한 의심은 내가 교회에 다니든 다니지 않든 언제나 나를 따라다녔고, 내 발목을 붙잡았다. 하느님의 사랑을 노래하고 열심히 기도하고 공동체의 신앙 선언문에 서명을 해도 나는 언제나 이방인이었고 불청객이었다. 한참 후에 나는 말문을 열었다. "하나도 파손되지 않았다니 기적 같은 일이네요." 이곳에서 난 무엇을 찾고자 한 것일까, 하는 생각이 처음으로 들었다.

....

　앨라배마주의 8월을 만만하게 보다간 큰코다치기 십상이다. 8월이 되면 미 남부 지역신문은 미식축구 연습을 하거나 여름 캠프에 가서 실신한 학생들의 소식으로 가득하고 기사들은 매번 충분한 수분 섭취를 강조하는 글로 끝맺는다. 나는 점심을 먹고 잠시 수도원 주변을 거닐다가 숨 막힐 것 같은 오후의 더위를 피해 수도원 예배당으로 들어갔다. 예배당은 동굴처럼 서늘하고 조용했다.

　나는 아무도 없는 예배당을 느릿느릿하게 걸으며 창문, 벽감壁龕, 이콘, 액자를 하나씩 들여다보았다. 그러면서 교회가 들려주는 이야기에 귀 기울였다. 작은 예배당을 둘러보는 것은 소소한 순례라 할 수 있다. 예배당을 이루는 요소들 하나하나의 의미를 주의 깊게 살펴보면 많은 것을 배울 수 있다.

　예배당 건물은 설계도처럼 위에서 보면 라틴십자가 모습을 하고 있다. 십자가 교차점에는 거대한 돌 제대가 있고 북쪽 날개에는 베일로 가려진 감실이 있으며 감실에는 성체를 보존하는 함이 있다(안내 책자는 성체를 "우리를 위하여 양식으로 나타나신 하느님"이라고 기술했다). 남쪽 날개에는 고해소 두 칸이 있는데 그 위로는 성령을 묘사한 스테인드글라스가 빛나고 있다(흰 비둘기의 형상이 빨간색, 파란색, 금색, 초록색 배경을 뒤로하고 사람들이 죄를 고백하는 공간을 굽어살핀다). 예배당 우편에는 2,400여 개에 달하는 파이프가 모여 44열을 이루는 거대한 파이프오르간이 성가대석과 함께 있고, 왼편에는 부활한 그리스도를 묘사한 현대적인 양식의 스테인드글라스가 있다. 높은 포물선을 그리는 아치형 구조물과 채광용 창 같은 요소들은 우리의 시선을 예배당 중앙에 있는 돌 제대와 그 위로 보이는 십자가를 향하게 만든다. 예배당 가운데는 납작한 비잔틴 십자가가 서 있는데 마치 금으로 띠를 두른 호박 장신구를 연상시킨다. 십자가 양옆으로는 회중을 마주 보는 벽이 있는데 한쪽 벽에는 우중충한 검은색과 구리색, 그리고 흑갈색 색채로 십자가에 매달리신 그리스도가, 반대편 벽에는 하얀 예복을 입은 승리의 그리스도가 별이 반짝이는 연푸른 하늘과 함께 그려져 있다(자세히 보면 그리스도는 사랑과 속죄를 상징하는 심장이 새겨진 목걸이를 두르고 있다).

북쪽과 남쪽 통로를 따라가 보면 십자가의 길Stations of the Cross에 상응하는 14개의 벽감이 있다.* 이 벽감은 이콘, 촛불, 기도대, 성화 등으로 꾸며져 있어 사람들이 잠시 발걸음을 멈추고 기도와 묵상을 할 수 있게 해놓았다. 나는 제13처('제자들이 예수님의 시신을 십자가에서 내림)에 해당하는 벽감에서 한동안 서 있었다. 그곳에는 13세기에 만들어진 목재 피에타 조각상의 복제품을 배치해 놓았다. 복제품이라 할지라도 그 조각상은 감동적이었다. 마리아의 얼굴에는 자식을 잃은 어머니의 고통과 슬픔이 서려 있었고 그럼에

---

* '십자가의 길'은 서방 교회에서 예수의 수난과 죽음을 묵상하며 드리는 기도를 뜻하며 '고통의 길'이라고도 한다. 로마 가톨릭에서는 보통 사순절 동안 매주 금요일에 하며, 성공회에서는 성주간에 행한다. 구체적으로는 예수가 사형선고를 받은 후 십자가를 지고 가면서 일어났던 열네 가지(14처處, Station) 중요한 사건을 형상화한 조각이나 성화를 하나하나 지나가면서 예수의 수난을 묵상하고 기도를 드린다.

도 싸늘해진 아들의 몸을 품에서 놓지 않고 있었다. 프라하의 아기 예수상의 복제품도 있었는데 내게는 아기 예수님이 휘황찬란한 왕 관을 쓰고 값비싼 망토를 두른 모습이 너무나 낯설게 다가왔다. 조 금 더 걷자 빨간 봉헌초들이 놓인 촛대들이 보였다. 나는 헌금함에 1달러에 해당하는 동전들을 넣었다. 동전들은 요란한 소리를 내며 헌금함에 들어갔다. 먼저 세 개의 초를 켜고 기도했다. 하나는 유 방암에 걸린 동서를 위해, 다른 하나는 몇 주 전 예루살렘 통곡의 벽에서 나를 위한 기도문을 넣어준 친구 아하바Ahava를 위해, 다른 하나는 여전히 내게 회복과 치유가 필요한 관계들을 위해 기도했 다. 촛불은 눈에 보이지 않는 바람을 따라 춤을 추었다. 나는 초 하 나를 더 써서 나 자신을 위해 불을 붙였다. 나는 존 밀턴John Milton 의 말을 빌려 기도했다.

내 안은 캄캄하니 밝히소서.
낮은 것을 높이시고 떠받쳐주소서.[1]

한동안 기도대에 무릎을 꿇고 머리를 숙였다. 그렇게 침묵이 흐르 는 성소에서 나는 하느님과 이야기를 나누었다.

나는 오랫동안 휘황찬란한 조명들로 가득 찬, 콘서트 같은 청 소년 집회들에 참석했고 최신 유행을 따르는 예배와 찬양, CCM과 신앙 서적에 탐닉했다. 나는 많은 교회가 시류에 뒤처지지 않기 위

---

[1] John Milton, *Paradise Lost*, Book I, Line 22. 『실낙원』(문학동네)

해 온갖 장비와 기술, 계획, 홍보에 막대한 자금을 쏟는 모습을 봐왔다. 하지만 막상 내가 과거에 몸담았던 교회와의 관계를 정리하는 순간, 바로 그 순간 내가 바라는 교회의 모습은 조용한 예배당과 봉헌초 몇 개로 충분했다. 나는 교회가 내 있는 모습 그대로 받아주기를 갈망했다. 다른 많은 사람처럼 나도 성소를 찾고 있었다.

저녁 미사 시간에는 젊은 라틴계 가족이 성체를 받는 모습을 지켜보았다. 흰 베일을 머리에 쓴 아내는 지저귀는 새처럼 칭얼거리는 아기를 품에 안고 있었고, 남편은 그녀의 어깨를 감싸고 있었다. 가족은 흥겹게 제대에 나아가 성체를 받았다. 순간 뜨거운 눈물이 흘렀다. 나도 내 신앙의 집을 찾고 싶었다. 내 몸과 마음이 머물 곳을 찾고 싶어 얼마나 몸부림쳤는지 모른다.

베네딕도회 수사들은 매일 아침과 정오, 저녁 기도 시간에 시편을 읽는다. 수사들은 이 오래된 노래를 일정한 운율에 맞추어 읽고 또 읽으며 본문이 묘사하는 힘과 정신에 새로운 기운을 불어넣는다. 시편은 독자에게 (혹은 노래하는 사람에게) 자신이 지금 겪고 있는 기쁨, 고통, 두려움, 환희, 불만을 오래전 다른 누군가도 겪었음을 알려준다. 시편의 메시지는 시공간을 초월하면서 매우 구체적이고, 지극히 사적임과 동시에 지극히 공적이다. 그날 나는 평생 가난과 금욕, 공동체, 노동, 기도에 헌신할 것을 서약한 20명의 수사와 함께 저녁 기도를 드렸다. 그들과 나는 비슷한 점이 거의 없다고도 할 수 있다. 그러나 우리는 함께 시편 39편을 낭송했다.

주님, 무슨 일인지 알려 주소서.

나의 살날이 얼마나 남았는지 알려 주소서.

죽을 날이 언제인지 알려 주소서!

주께서 내 수명을 짧게 하셨으니,

내 목숨 줄, 건질 것 없을 만큼 짧습니다.

아! 우리는 한낱 입김.

아! 우리는 모닥불 속 그림자.

아! 우리는 허공으로 내뱉는 침.

기껏 모아 놓고는 그대로 두고 갈 뿐입니다.

야훼여 나의 기도를 들으시며

나의 부르짖음에 귀를 기울이소서.

내가 눈물 흘릴 때에 잠잠하지 마옵소서.

나는 주와 함께 있는 나그네이며

나의 모든 조상들처럼 떠도나이다.

주는 나를 용서하사 내가 떠나 없어지기 전에

나의 건강을 회복시키소서. (시편 39:4~6, 12~13)

기도를 마치고 침묵의 서약 시간이 찾아왔다. 나는 조금 덜 외롭다고 느꼈다.

....

성 버나드 수도원에서의 마지막 날, 아베 마리아 그로토 관광을 포기할 뻔했다. 들어가려면 입장료 7달러를 내야 했고, 수도원 선물 가게에서 성수를 판매하는 모습을 보고 충격을 받아 마르틴 루터처럼 95개조 반박문을 써서 선물 가게 문 앞에 붙여야 할지 고민했기 때문이다(물론 다시 생각해보면 이러한 모습은 개신교인들이 온갖 채널에서 신앙 '상품'을 파는 모습과 크게 다르지 않다. 하지만 …). 다행히도 파란 하늘과 선선한 바람이 내 기분을 달래주었고, 나는 다른 관광객들 대열에 합류해서 우리를 따라오는 페르시아고양이 한 마리와 함께 조셉 죠틀 수사가 만든 이상한 나라를 향해 울창한 나무들로 가득 찬 길을 걸었다.

　조셉 수사는 14세가 되던 1892년 독일 바이에른 지방에서 미국 성 버나드 수도원으로 이주했다. 그는 어렸을 때부터 사제가 되기를 소망했지만 당시 수도원 아빠스는 그에게 선천적으로 휘어져 있는 척추 때문에 사제 서품을 받지는 못할 거라고 말했다. 그래서 그는 수도원 채석장에서 일하다가 교구를 전전하며 여러 성당의 살림살이를 맡았고(데이턴시에도 잠시 있었다고 한다) 다시 성 버나드 수도원으로 돌아와 수도원 전력 발전 담당자로 일했다. 그는 난로에 불을 때고, 연탄을 집어넣고, 연료의 수치를 재고, 어떤 문제라도 일어나면 해결할 때까지 작업을 계속했다. 하루 17시간 일할 때도 빈번했다고 한다. 조셉 수사는 발전소에서 하는 일을 마음에 들어 하지 않았고 그런 감정을 동료 수사들에게 종종 털어놓았으며 일기장에 기록했다. 그러던 중 1918년, 그는 프랑스 리지유 수도원 출신의 소화 데레사 성인Thérèse of Lisieux의 자서전을 읽게 되었다. '작은 길'의 영성을 잘 보여주는 그녀의 글을 통해 조셉 수사는 하찮아 보이는 일도 애정을 담아서 하기로 결단했다. 그리고 그는 쉬는 시간 동안 채석장 근처에 뒹굴던 콘크리트, 유리, 장신구와 온갖 건축 자재의 쓰레기들로 미니어처 건물과 기도를 드릴 수 있는 작은 인공 동굴을 만들기 시작했다. 조셉 수사가 만든 작은 예루살렘 미니어처가 유명해지면서 사람들이 수도원을 찾아오자, 수도원 아빠스는 그에게 자선기금을 모으기 위해 판매할 수 있는 작품들을 만들어 달라고 부탁했다. 조셉 수사는 이에 응해 54세까지, 즉 자신만의 세상을 만들고 가꾸는 일에 전념할 수 있도록 아빠스의 허락을 받았을 때까지 5,000여 개에 달하는 작품들을 모금 행사에 내놓았다. 1961년 세상을 떠났을 때, 그는 5,000평 남짓한 땅에 예루살렘과 베들레헴, 성 베드로 대성당과 몬테카시노 수도원, 피사의 사탑과 바빌론의 공중 정원을 비롯해 120점에 달하는 유적, 기념비, 탑, 예배당으로 이루어진 작은 도시를 남겼다. 건물을 만드는 재료로는 세계 곳곳에서 작품을 보러 온 사람들이 선물로 남기고 간 돌, 조개, 시멘트, 닭장 철사, 대리석, 재떨이, 장신구, 타일, 심지어는 변기통 등이 쓰였다.

조셉 수사는 지금도 천진난만한 미소를 지으며 우리와 함께 있다. 대표작인 아베 마리아 동굴의 이름을 따서 아베 마리아 그로토라고 불리는 이곳의 입구 근처에 세워진 조셉 수사의 동상은 자신의 작품들과 이곳을 찾는 방문객들을 계속 지켜보고 있다. 기념관에서 발견한 낡은 흑백사진 속 조셉 수사는 수도복을 입고 있었고, 삐딱하게 쓴 뉴스보이캡 아래로 이마에 깊게 파인 주름이 보였다. 소설 『양철북』Die Blechtrommel의 주인공 오스카 마체라트Oskar Matzerath가 노인이 되었다면 이런 모습을 하고 있지 않을까 생각이 들었다.

입구에 들어서자마자 조셉 수사의 넘치는 열정이 파도처럼 밀려왔다. 그는 커다란 건물, 게다가 직접 가보지 않은 곳을 어떻게 작게 재현할지 고민할 때 특정 부분을 부각하는 방식을 택했다. 그래서 어떤 부분은 재료를 더 많이 넣고, 더 크게, 더 화려하게 치장했고 그 결과 시멘트 범벅에 온갖 색채를 더한, 그러면서도 종교적인 감성이 묻어나는 특이한 작품이 나왔다. 각 미니어처를 볼 때마다 나는 감탄해야 할지 짜증을 내야 할지 감이 잘 오지 않았다. 콘크리트 계단을 내려가니 모자이크 타일로 만든 바벨탑과 파란색 잉크병으로 만든 십자가가 보였다. 자유의 여신상을 성모 마리아로 바꾼, 화려하지만 작은 예배당도 있었고 바다조개 껍질로 만든 새 전용 물 대야를 기둥 삼아 철 막대기로 '가지'를 표현하고, 작은 접시들로 '잎사귀'를 표현한 신기한 조형 나무도 있었다. 우리 뒤를 따라오던 페르시아고양이는 루르드의 성모 동굴에서 등을 몇 번 긁더니 파르테논 신전에서 오줌을 누었다. 헨젤과 그레텔의 요정 신전은 사람들에게 유독 인기가 많았는데 경석을 깎아 만든 오르간과 화장품 용기로 만든 (팅커벨같이 작은 요정들이 쓸 법한) 제단과 세례대가 눈에 띄었다. 그리고 신전 지하에는 시멘트로 만든 용이 빨간 구슬로 만들어진 눈을 번쩍이며 숨어 있었다.

새장으로 만들어진 성 베드로 대성당 옆에는 알라모 요새가 있었는데 이런 개연성 없는 모습은 조셉 수사의 꾸밈없는 천진함을 보여주는 것만 같았다. 조형물 세부 양식을 꼼꼼히 살펴보면 그의 다정다감한 마음을 엿볼 수 있다. 미국의 스페인식 수도원들 옆에는 작은 선인장 화분들을 놓았고, 곳곳마다 다람쥐가 오갈 수 있는 통로가 놓여 있다.* 상이군인과 전쟁 유공자 기념비에는 제2차 세계대전 때 참전해 목숨을 잃은 성 버나드 학교 학생들을 추모하는 작은 십자가 수십여 개가 꽂혀 있다. 안내문에 따르면 조셉 수사가 만든 미니어처 작품들은 원작과는 비율이 크게 다른 경우가 많다. 탑이나 벽의 지지대, 혹은 출입구는 실제보다 훨씬 크거나 작은 경우가 많다. 하지만 앞서 말했듯 그는 오로지 사진엽서와 책에 의존해 이 수많은 모형을 만들었음을 기억해야 한다. 그는 자신의 상상 속 예루살렘, 로마, 파리의 거리를 이곳에 재현했다.

이 인공 도시 정원 한가운데에는 조셉 수사의 대표작인 아베 마리아 동굴이 있다. 콘크리트, 돌, 조개껍질로 만든 8.2m 깊이와 높이의 거대한 인공 동굴 안에 성모가 서 있고 이 성모를 하얀 종유석과 대리석으로 만든 우박 폭풍이 둘러싸고 있다(조셉 수사는 근처에서 화물열차가 탈선했을 때 파손된 대리석을 한 무더기 가져와 이 동굴을 만들었다고 한다). 로코코 양식과 미국 남부의 전통 예술이 뒤섞인 이 동굴의 모습은 부담스러울 정도로 화려했다(카메라 초점을 어디에 맞춰야 할지 모를 정도였다). 마지막 조형물은 감사의 탑이었는데 조개껍질 무늬의 기울어진 탑이었다. 탑 꼭대기에는 코발트 빛을 내는 유리구슬 4개가 박혀 있었는데 아일랜드 연안에서 물고기를 낚는 그물의 부유물이었다고 한다.

아베 마리아 그로토에 있는 수많은 조형물을 둘러보는 것은 적지 않은 인내와 노력을 요구했다. 하지만 산책길 길가에 세워진 여

---

* 미국 스페인식 수도원들은 대부분 사막과 같이 건조한 서부지방에 있다.

러 작은 예배당shrine들을 볼 때는 한결 편안했다. 내 생각에 조셉 수사의 작품 중에서 가장 매력적이고 독창적인 작품은 바로 이 작은 예배당이었다. 유럽의 유명한 순례길에는 길가의 표식처럼 새장이나 감실 모양의 작은 예배당이 있다. 안내 책자에 따르면 길가의 예배당은 "순례자들에게 잠시 가는 길을 멈추고 하느님께 마음과 뜻을 모아 경배드리는 장소"라고 한다. 길가의 예배당은 이때까지 순례자가 올바르게 순례길을 걸어왔다는 사실을 알려주는 표식이다. 동시에 길가의 예배당은 순례자가 서 있는 바로 그곳에서 하느님을 경배하라는 부름의 의미도 내포한다.

길가의 예배당은 대부분 예수님, 마리아, 성인들의 형상을 모시고 있다. 하지만 조셉 수사는 이 성상들의 광배光背 부분을 병뚜껑, 구슬, 장신구, 소라게 껍질 등으로 꾸며 고유의 색을 입혔다. 아베 마리아 그로토에 있는 길가의 예배당들을 마주할 때마다 나는 잠시 발걸음을 멈추고 그 안에 있는 성상들을 말없이 지켜보았다. 입가에 절로 미소가 돌았다. 되돌아보면 기약 없이 하느님을 찾아 헤맨 내 순례 여정이 그리 나쁘지만은 않다는 생각이 들었다. 앨라배마주 쿨먼에서 만나게 된 이 이상한 나라에서도 나는 내 길을 가고 있었다.

한 길가의 예배당에는 주유소에서 주워왔을 법한 예수님의 석고 흉상이 있었다. 거기서 예수님은 천진난만한 친구처럼 알 듯 모를 듯한 미소를 하고 내게 말을 거시는 것 같았다. "레이첼, 계속 가렴. 서두를 필요는 없단다. 내가 세상 마지막까지 언제나 너와 함께 할 거야." 나는 길가의 예배당을 사진에 담고 짧게 감사의 기도를 드렸다. 성 버나드 수도원, 더 미션, 그레이스 바이블 교회, 청소년 집회, 대학교 예배당, 공항의 기도실, 종교 대회, 미시시피주 잭슨에 있는 감리교회, 텍사스 와코에 있는 침례교회, 앨라배마의 가톨릭 수도원, 볼리비아 코차밤바의 성 세바스티아노 메뜨로 뽈리따나 대성당, 그랜드 티턴 국립공원 안에 있는 주의 변모 예배당 등 내가 단 한 순간이라도 성소이자 예배처로 삼았던 모든 '길가의 예배당'을 기억했다. 매들렌 렝글Madeleine L'Engle은 말했다.

나이가 들어서 좋은 점은 자신이 겪은 순간들을 모두 고스란히 간직하고 있다는 것이다.[2]

교회도 마찬가지다. 우리가 한때 몸담았던 교회는 계속 우리 안에 남아있다. 우리가 그곳에서 경험했던 일들은 하나씩 하나씩 차곡차곡 쌓여 신앙이란 지형의 한 층을 이룬다. 나는 복음주의 교회에 감사드린다. 덕분에 나는 구글의 도움 없이도 에즈라서(에스라서)가 역대기 상·하 다음에 나온다는 것과 "사랑은 오래 참습니다. 사랑은 친절합니다"(1고린 13:4)가 어디에 나오는 구절인지를 알게 되었다. 나는 이머징 교회emerging church에 감사드린다. 덕분에 나는 나처럼 의심이 가득하면서도 하느님의 평화를 꿈꾸는 사람들이 있음을 알게 되었다. 성공회를 알지 못했다면 나는 성공회 기도서를 접

---

[2] Susan Heller Anderson and David W. Dunlap, 'New York Day by Day, Author to Readers', *The New York Times*, April 25, 1985, http://www.nytimes.com/1985/04/25/nyregion/new-york-day-by-day-author-to-readers.html.

하지도 못했을 것이고 성찬례와 사랑에 빠지지도 못했을 것이다. '더 미션'이 아니었다면, 나는 내 잠재적인 능력 그리고 위험을 감수하는 삶의 중요성을 깨닫지 못했을 것이다. 물론 신앙의 순례가 평탄하지만은 않다. 우리 어깨에는 짐이 가득하고 여러 우여곡절 끝에 얻은 상처들도 남아 있다. 하지만 동시에 우리는 수많은 선물을 받는다. 어떤 면에서 우리는 모두 수선공이고 조셉 수사처럼 잡동사니를 모아 작품을 만드는 사람들이다. 우리는 깨지고 상한 마음의 조각들을 하나하나씩 모아 신앙을 빚어나간다.

성 버나드 수도원을 다녀오고 일주일 뒤, 나는 한 퀘이커 공동체를 방문했다. 그곳에서 꽁지머리를 한 맨발 청년은 내게 말했다.

"저는 여러 그리스도교 전통들을 오가며 제게 어울리는 곳을 찾아 헤맸어요. 하지만 이제 저는 친구들이 있는 이곳에서든, 엄숙한 로마 가톨릭 미사에서든, 떠들썩한 흑인 교회 예배에서든 집에 있는 것 같은 편안함을 느껴요. 성령이 당신 안에서 살아 숨쉬고 있다면 어느 곳이든 성소가 될 수 있어요. 다만 필요한 것은 귀를 기울이는 것이에요. 우리는 성령께 주의를 기울여야 해요."[3]

. . . .

미로 기도labyrinth는 통상적인 미로maze와 달리 막다른 골목이 없

---

[3] 이 장을 주의 깊게 읽어보면 지난 장 '숨'에 언급한 성령의 여섯 가지 심상을 찾아볼 수 있을 것이다.

다. 프랑스 샤르트르 대성당 바닥에 새겨진 미로 기도는 사실상 하나의 통로다. 순례자는 미로 기도를 걸으며 수십 번 구불구불한 원을 돌아 조금씩 안으로 들어간다. 미로 기도 정 중앙에는 장미 문양의 공간이 있다. 영성가들은 이러한 미로 기도를 통해 깊은 묵상을 할 수 있다고, 자신의 신앙 여정이 미로처럼 굴곡져 있음을, 하지만 어딘가로 향하고 있음을 깨달을 수 있다고 주장한다.

신앙이 일종의 여정이라는 말은 식상한 표현일 수도 있다. 하지만 이 비유는 여전히 유효하다. 성경은 언제나 하느님과 동행하는 이들에 관해 이야기한다. 하느님과 함께하는 신앙이라는 여정은 앞을 예측할 수 없고 계속 진행 중인 사건이다. 어쩌면 우리는 이생에서는 종착지에 도착했다는 고백을 할 수 없을지도 모른다. 나는 내가 가야 하는 길을 하느님께서 전부 정해 놓으셨는지, 아니면 이상한 나라의 앨리스처럼 매번 발걸음을 내디딜 때마다 길이 바뀌는지, 아니면 백지상태로 있는지 알지 못한다. 하지만 나는 내 신앙의 여정이 미로가 아니라 미로 기도에 가깝다고 믿는다. 모든 것을 새롭게 하시는 하느님께서 주관하시는 한, 이 여정은 단 한 순간도 헛되지 않다. 워커 퍼시Walker Percy는 말했다.

무언가 찾아야 할 필요성을 느꼈다면 어느 정도 실마리를 잡은 것이다. 아무런 필요성도 못 느낀다면 우리에게 남은 것은 절망뿐이다.[4]

---

[4]   Walker Percy, *The Moviegoer* (New York: Vintage, 1998), 13

동굴에서 나와 차에 가방을 싣고 성 버나드 수도원을 뒤로 한 채 278번 고속도로를 달리면서 나는 퍼시의 말을 떠올렸다. 비록 다음 정거장을 짐작할 수 없지만 어느 정도 실마리는 잡혔다. 내가 찾는 교회는 집 바로 옆 골목에 있을 수도, 100만km 떨어진 곳에 있을 수도, 아니면 그 사이 어딘가에 숨어있을 수도 있다. 하지만 중요한 것은 바람이 나를 뒤에서 떠밀고 있다는 것이다. 그러므로 나는 계속 움직여야 했다. 앞으로 나아가야 했다.

제25장
———
혼들리는 거인

세상의 모든 독재자와 정복자는 얼마나 지루하게 하나같이
똑같은지 모른다. 반면에 성도들은 얼마나 영예롭게 다른지 모른다.

- C.S. 루이스C.S. Lewis

미국 유타주 피시 호수 근처에는 지구에 현존하는 가장 오래
된 나무가 살고 있다. 판도Pando라는 이름을 가진 북미사시나무는
약 8만 년의 나이를 자랑한다(하지만 판도의 정확한 나이를 아는 사람
은 아무도 없다). 구름 한 점 없이 선명한 10월의 하늘 아래 높이 솟
은 하얀 가지와 금빛으로 일렁이는 나뭇잎들로 단장한 판도의 모
습은 많은 사진작가의 사랑을 받는다. 그러니 미국의 자연경관을
담은 달력의 10월 사진으로 판도가 자주 꼽히는 것도 이상한 일은

아니다. 하지만 그게 다가 아니다. 작가 레이첼 서스먼Rachel Sussman이 말했듯 판도는 "울창한 숲의 모습을 하고 있는 한 그루의 나무"다.[1] 다시 말해 지하에 있는 거대한 뿌리에서 나온 47,000여 그루의 나무가 하나의 판도를 이룬다. 판도는 숲처럼 보이는 단일한(유전적으로 동일한) 거대 생명체인 것이다. 이 할아버지(판도의 성별은 남성이다)는 '흔들리는 거인'Trembling Giant이라는 별명을 갖고 있다.

하나의 뿌리에서 나왔고 동일한 유전자를 갖고 있지만 눈에 보이는 판도의 줄기들(나무들)은 모두 다르다. 각자 자신만의 아름다움을 갖고 있고, 자신만의 꺾이고 부러진 모습을 하고 있다. 흥미롭게도 판도의 나무 수는 현재 확인된 전 세계 그리스도교 교단 수와 엇비슷하다. 오늘날 많은 사람이 그리스 신화의 히드라처럼 갈수록 나뉘고 늘어나는 교단들을 보면서 애통해한다. 게다가 실제로 히드라처럼 괴물이 되어버리는 교회도 많다. 하지만 나는 교회의 일치와 연합을 추구하는 것이 현실에 있는 교단들을 부정하는 것이라고는 생각하지 않는다. 2,000년이 넘는 세월 동안 온 세상을 휩쓸고 지금도 20억에 가까운 사람들이 몸담은 거대한 운동이 완전히 균질하기를 기대할 수는 없다. 이러한 와중에 하나의 전통만이 진리를 독점하고 있다는 주장은 조롱거리밖에 되지 않는다. 그 진리가 하느님이라면 더더욱 말이다.

오늘날 다양한 그리스도교 전통들은 하나의 다이아몬드를 이루는 면에 하나의 빛을 쪼였을 때 각기 다른 색깔로 반사되는 광채들

---

[1]   Rachel Sussman, *The Oldest Living Things in the World* (Chicago: The University of Chicago Press, 2014), 55. 『위대한 생존』(윌북)

에 견줄 수 있다. 혹은 하나의 정원에서 각자 다른 일을 맡은 정원사들을 떠올릴 수도 있고, 많은 지체로 이루어진 하나의 몸으로 이해할 수도 있다(1고린 12장). 성령은 파이프 오르간의 연주를 통해서도 자신의 노래를 부를 수 있고, 전자 기타 연주, 그레고리안 성가, 흑인 영가를 통해서도 부를 수 있다. 우리는 이렇게 다양한 성령의 노래 중 가장 분명하게 성령의 소리를 들을 수 있는 장르를 하나씩 가지고 있다. 이를 인정한다면 우리의 '다름', 즉 다양한 교회가 있다는 현실은 슬픔의 원인이 아니라 기쁨의 원천이 될 수 있다. 신학자 존 R. 프랭키John R. Franke는 말했다.

여러 부분이 모여 상호의존적 개별성interdependent particularity이라는 특성을 지닌 하나의 몸을 이룬다. 한 사람은 특정 교회의 부분이며, 특정 교회는 특정 전통의, 그리고 특정 전통은 보편 교회라는 전체 중 일부다. 그렇게 교회는 예수 그리스도를 통해 드러난 진리의 복음을 증언하고 구현한다. 사랑의 하느님께서 예수 그리스도 안에서 나타나셨고, 그를 통해 세계와 화해하셨다는 이 복된 소식을 알리기 위해 수많은 전통과 그 전통에 속한 교회들은 자신의 고유한 문화적 · 사회적 · 역사적 맥락 안에서 예수 그리스도의 신실한 증인이 되는 것으로 자신이 맡은 역할을 수행한다.[2]

달리 말하면 교회의 일치와 연합은 단일한 형식을 요구하지 않는

---

[2]   John R. Franke, *Manifold Witness: The Plurality of Truth* (Nashville: Abington Press, 2009), 136.

다. 예수님은 아버지의 집에는 방이 많다고 말씀하셨다. 이 말씀을 묵상할 때면 나는 아버지 집의 서재에서 책을 읽고 있는 장로교 신자, 부엌에서 요리를 맡은 침례교 신자, 상을 차리고 있는 성공회 신자, 뒤뜰에서 수돗물 호스로 발을 씻고 있는 재세례파 신자, 빨래를 접고 있는 루터교 신자, 난로에 땔감을 집어넣는 감리교 신자, 오래된 가족사를 이야기하는 로마 가톨릭 신자, 문과 창문을 활짝 열어젖히고 소리 높여 밖에 있는 사람들을 집으로 부르는 오순절 신자의 모습을 상상하곤 한다. 각 전통의 차이를 무시하자는 이야기가 아니다. 내 양심은 여성에게 설교의 기회를 주지 않고 동성애자들의 성찬례 참여를 금지하는 교단과 함께할 수 없다고 말한다. 역사적으로 교회는 주로 부패, 노예 제도, 시민권 등 중요한 사회적 문제를 두고 갈라졌다. 교리적으로는 그 차이를 무시해도 좋을 정도로 작은 경우도 있었고 때로는 첨예하게 갈라서기도 했다. 우리는 가족이다. 결국, 그래서 우리는 가족처럼 싸운다.

언젠가 하느님께서 모든 것을 새롭게 하실 때, 각 그리스도교 전통에서 나쁜 것들은 불순물처럼 빠져나가고 좋은 것들이 모여서 하나를 이룰지도 모른다. 하지만 종말이 찾아오기 전까지 여러 그리스도교 전통들은 우리에게 유익하고 꼭 필요한 하느님의 은총으로 여겨진다. 우리가 교만과 자기중심적인 생각을 내려놓고 시공간을 가로지르는 성령의 움직임에 주의를 기울인다면 우리는 우리의 판단과 기대를 뛰어넘는 하느님의 활동을 순간적으로나마 감지하게 될 것이다. 그분께서는 우리의 예배, 예술, 신학, 문화, 경험, 생각 안에 머무르시며 동시에 이를 뛰어넘으신다.

많은 그리스도교인에게 견진은 여러 그리스도교 전통 중 자신이 몸담을 전통과 교회를 찾았다는 고백, 이와 자신을 일치시켜 나가겠다는 결단을 뜻한다. 나는 견진을 받지 않았지만 가족과 친구들이 여러 전통과 교회 중 한 가지 길에서 자신이 걸어가야 할 길을 발견했을 때 이를 기뻐했고 그들을 응원했다. 그들은 견진을 통해 마치 처음 신앙을 갖게 되었을 때처럼 신앙이 활기차게 움직이는 경험을 했다. 나는 자신이 자라난 복음주의 교회들에서 찾지 못했던 고대 그리스도교 전통 및 역사와의 연결을 정교회에서 발견한 친구 레이첼Rachel을 응원한다. 성공회 예식에서 찾지 못한 열정과 뜨거움을 복음주의 예배에서 드리는 현대적인 찬양을 통해 발견한 새라Sarah를 응원한다. 가부장적이고 근본주의적인 교회에서 받은 상처를 로마 가톨릭 교회와 성모 마리아를 통해 치유 받은 엘리자베스Elizabeth를 응원한다. 불가지론자로서 하느님에 대한 고민과 질문의 토론장을 뉴욕의 한 장로교회에서 발견한 로버트Robert를 응원한다. 그들은 새롭게 몸담은 교회에서도 여전히 자신의 신앙과 씨름하고 있다. 친구 에드Ed는 언젠가 말했다. "여러 교회 중 한 교회에 몸담게 된다는 것은 여러 시궁창 중에 가장 마음에 드는 시궁창에 들어가는 것과 마찬가지야." 나는 그 말에 고개를 끄덕일 수밖에 없었다. 윌리엄 제임스William James는 썼다.

우리의 삶은 바다의 섬이나 숲속의 나무와 같다. 단풍나무와 소나무는 각자 다른 모양의 잎으로 자신을 드러내며 서로 이야기할 수 있다. … 하지만 땅속 깊이 파고 들어가다 보면 그들의 뿌리는 뒤엉켜 있다. 바다의 섬들도 해저의 지형을 통해 서로 연결되어 있다. 이처럼 우리도 하나의 거대한 의식으로 이어져 있다. 우리의 개성은 자신의 주위에 담을 쌓지만 궁극적으로 같은 바다, 수원水源에 바탕을 두고 있다.[3]

우리의 다름은 중요하다. 그러나 궁극적으로 한 사람이 다른 사람과 자신을 구분하기 위해 세운 장벽은 무한한 하느님의 은총 안에서 우연히 생긴 벽일 뿐이다. 흔들리는 거인처럼, 우리는 같은 뿌리를 나누는 숲, 한 그루의 나무다. 보이지 않는 성령의 바람은 우리 모두를 흔들고 움직인다.

---

[3] William James, 'The Confidences of a Psychial Researcher', *The American Magazine* (Volume 68: May-October, 1909), 589.

제26장

의심

나는 하느님에게 말을 걸지만 하늘은 텅 비어있다.

- **실비아 플라스**Sylvia Plath

의심은 신발에 들어간 자갈처럼 우리를 성가시게 한다. 의심은 이른 태풍의 천둥소리처럼 우리를 깜짝 놀라게 한다. 의심은 깨진 유리 조각처럼 우리 살을 파고든다. 의심은 언제 어느 곳에서든 무거운 발소리를 내며 다가오는 초대 받지 않은 손님이며 때로는 최악의 시간에 찾아와 집 초인종을 누르고 문을 두드린다. 의심은 거센 파도가 되어 우리를 바다 한복판에 데려다 놓기도 하고 때로는 물에 빠져 허우적거리는 우리를 다시 물속으로 집어넣는다. 의심의 방아쇠를 당기는 건 너무나도 많다. 눈을 감으면 떠오르는 장면

들, 사라지지 않는 질문들, 예배 시간 목사님이 한 말들, 무언가 이
야기를 덧붙이고 싶은 충동이 들 때, 진짜로 일어나지 않았을 법
한 모든 일에 대해 들었을 때, 진짜라고 믿기에는 너무나 좋게 들
릴 때 … 하다못해 옆자리에서 진한 향수 냄새를 풍기는 여인이 확
신 어린 목소리로 "원수를 다 이기고 무덤에서 다시 사셨네!"하고
노래 부를 때도 의심이 들 수 있다. 왜 필사적으로 믿기 위해 애썼
으면서도 우리 안에서는 의심이 솟구치는 것일까? 이렇게 된 지가
벌써 몇 년이 되었던가? 몇 년? 그렇게 오래되었던가?

옷장에서 꺼내 놓았던 드레스를 입고 교회를 찾아 빵과 포도
주를 삼킨다. 그러나 그 말씀이 믿어지지 않는다. 뒷주머니에 있
는 기도문을 더듬으며 되뇐다. "믿음 없는 나를 도와주십시오."(마
르 9:24) 다른 사람들은 오래전에 이 기도의 응답을 받고 다음 단계,
그리고 그다음 단계를 밟고 있는 것처럼 보인다. 사람들의 시선이
느껴진다. 그들은 밝은 표정으로 인사하지만, 실제로는 나를 걱정
하고 있음을 안다. "오랜만에 보네요! 오랜만에 보니까 정말 좋네
요." 한때 내가 교회에 얼굴도장만 찍고 재빨리 발걸음을 돌리는
이들을 보면서 하던 생각을 이제는 사람들이 나를 보며 하고 있다.

  '이름뿐인 신앙, 미지근한 신앙, 무관심으로 일관하는 신앙이군.'

하지만 매일 폭풍처럼 휘몰아치는 의문들에 둘러싸인 이 상태가
과연 이름뿐이고, 미지근하며, 무관심으로 일관하는 것일까? 용기
를 내어 결단하고 타인에 대한 믿음을 다시 한번 쥐어짜 누군가에

게 '우리는 그저 죽기가 두려워 이 모든 것을 만들어낸 것은 아닐까?'라고 질문을 던질 때 이를 두고 그렇게 냉소해도 좋은 것일까?

우리는 이유를 설명할 수 없지만, 속삭이듯 낮은 목소리로 이 질문을 던지는 순간 우리가 살아있음을 느낀다. 역설적이지만 그때 비로소 우리는 예수님이 부활하셨다는 의미를 곱씹어 보게 된다. 오랫동안 마음속에 품고 있던 생각이 밖으로 나올 때, 이러한 질문을 더는 내 가슴속에 두지 않고 내보낼 때 그래도 괜찮다는 것을 깨닫는다. 그렇게 우리는 자유를 경험한다. 어쩌면, 그리고 운이 좋으면 누군가는 우리의 이러한 의심을 반길 수 있다. 그때 우리는 거룩한 침묵에 잠시 빠질 수 있다. 그리고서 상대는 이 대화를 부활절 아침을 먹으며 나누어보자고 제안할 것이다.

물론, 누군가는 이런 의심에 너무 섣불리 답을 해주려 할 수도 있고, 거룩한 침묵이 아닌 정적만이 맴돌 수도 있다. 하지만 기억하라. 당신은 혼자가 아니다. 찬송가의 가사에 대한 의심과 불편함을 떨쳐내지 못하며 노래를 부르는 사람들이 있다. 오래전에 입었던 신앙의 옷을 찾으려고 옷장을 들춰내는 사람들이 있다. 화기애애한 부활절 아침 식사의 분위기를 낯선 질문들로 망치는 사람들이 있고, 오늘 어쩌다가 교회에 나타난 사람들이 있다. 때로는 모습을 보이는 것만으로 충분할 때가 있다. 그렇게 하고서도 우리는 기적을 목격할 수 있다. 2,000년 전 향료를 들고 무덤으로 향했던 여인들이 그랬듯 말이다.

제27장

하느님의 도우심으로

나는 쓰라린 눈을 가라앉히려 물가로 내려갔다. 하지만 가는 곳마다
불이 보인다. 곳곳이 부싯돌과 불쏘시개, 불꽃과 화염으로 가득하다.

- 애니 딜라드 Annie Dillard

어머니는 언제나 별로 많은 것을 믿지 않더라도 성공회 신자가
될 수 있다고 말했다. 실제로, 성공회 전통은 어떤 통일된 교리나
특정 신학 노선을 고집하기보다는 역사 대대로 내려오는 신경 및
신조에 기반을 둔 공교회 신앙 고백을 강조한다.

살아계시고 참되신 하느님은 무한한 능력과 지혜와 선을 가지시
며, 모든 보이는 것과 보이지 않는 것의 창조자시다. 한 분이신

하느님은 성부와 성자와 성령의 세 위격으로 존재한다. 하느님은 세상을 사랑하셔서 성부의 말씀이자 하느님의 아들이신 예수님을 통해 인간이 되셨다. 예수 그리스도는 참 하느님이자 참 인간으로 우리와 함께 사셨고, 가르침을 전하셨고, 굶주린 이를 먹이셨으며, 병을 고치셨고, 고난을 받으셨다. 성자이신 예수 그리스도는 성령의 능력으로 동정녀에게서 나셨다. 그리스도는 로마 제국의 십자가에 달려서 죽으셨고 묻히셨으며, 사흘 만에 죽음에서 부활하셨고, 하늘에 올라가셔서 아버지와 함께 통치하시며 다시 오셔서 정의를 이루시고 당신의 뜻에 따라 이 세계를 회복하실 것이다. 하느님은 성령과 교회와 하느님의 백성을 통해 활동하시며 예수 그리스도 안에서 용서와 부활과 영원한 삶을 선포하신다.

보면 알겠지만, 별로 많지 않다. 그렇지 않은가?

주일에 사도 신경, 혹은 니케아 신경을 고백하며 나는 내 안에 있는 신앙의 마지막 보호 구역을 그린다. 어쩌면 바로 그래서 성공회의 원론적인 교회론은 나에게 평안을 주면서 동시에 도전을 던진다. 그리고 바로 이 때문에 요즘 댄과 나는 50km 거리를 운전해 이웃 동네인 클리블랜드(오하이오주에 있는 클리블랜드가 아니라 테네시주 클리블랜드다)에 있는 성 루크 성공회교회를 찾는 것일지도 모르겠다. 나는 전례와 성서정과와 예배에서 성찬례가 중심을 이루는 것과 성공회 기도서, 그리고 모두에게 열려 있는 교회의 빨간 대문을 좋아한다. 댄은 친절한 성 루크 교회 사람들을 좋아하고, 내가 교회에서 돌아오는 길에 더는 화내지 않는 것을 좋아한다.

우리는 견진을 받지 않았다. 교회를 열심히 다니고 있는 것도 아니다. 그저 얼굴만 비칠 정도이다. 그리고 이유는 잘 모르겠지만, 성 루크 교회 신자들은 우리가 얼굴을 비친다는 것만으로 우리를 사랑해준다. '더 미션'에서 마지막 예배를 드린 지 2년 만에, 우리는 망설이면서 반半 정식 성공회 신자가 되었다.

성 루크 교회는 19세기 옥스퍼드 운동의 영향을 받은 고딕 복고 양식의 건물에서 예배를 드린다. 3층 높이의 종탑과 예배당 안의 화려한 목공예 무늬, 아름다운 스테인드글라스 창문은 많은 이의 감탄을 자아낸다. 1872년 지역 유지였던 크레이그마일스the Craigmiles 부부는 7살이라는 앳된 나이에 이 세상을 떠난 딸 니나 Nina를 추모하며 교회를 세웠다. 기관차가 니나가 타고 있던 마차를 덮친 날이 바로 성 루가 축일이었다. 교회는 곳곳에 니나를 추모하는 흔적들을 숨겨 놓고 있다. 독서대 뒤로 보이는 벽감에는 니나가 가장 좋아했던 꽃문양이 새겨져 있고, 스테인드글라스 창 구석에는 니나의 이름이 새겨져 있다. 놀이터를 마주한 교회 뜰에는 크레이그마일스 일가의 대리석 묘가 놓여 있다(묘지 입구에 묻은 적 갈색 얼룩은 오랫동안 동네 괴담의 소재가 되었다). 매년 한 번씩, 부활절이 돌아오면 닫힌 묘지의 문이 열리고 아이들은 꽃을 들고 예배당에서 묘지까지 걸어가 묘 앞에 꽃을 둔다. 그렇게 삶에서 죽음으로, 죽음에서 생명으로 이어짐을 기억한다.

성 루크 교회를 먼저 발견한 이들은 '더 미션'을 함께했던 크리스와 티파니였다. '더 미션' 이후 그들은 사는 지역에서 가장 오래된 교회 중 하나지만 최근 젊은 가정들이 꾸준히 늘고 있는 이곳을 찾았다. 시퍼런 강가에 몸을 던져 강이 얼마나 깊은지 알려주는 친구처럼 그들은 견진 교육을 받고 소감을 우리와 나누었다. 댄과 나는 부활절과 다른 절기에 성 루크 교회를 방문했다. 우리는 예배 중 뛰쳐나가고 싶을 때를 미리 생각해 출구에서 가까운 뒷자리에 앉았다. 도망친다면, 교회에서 나와 길을 걸어 내려가다 보면 나오는 루피스 피자Lupi's Pizza를 대피소로 정했다. 하지만 관할사제인 조엘Joel 신부님은 진화론에 대해 어떻게 생각해야 하는지, 다가오는 선거에서 누구를 뽑아야 하는지 이야기하지 않았다. 결벽증이 있는 댄은 성작에 입을 대지 않고 성체를 성작 안의 포도주에 찍어서 먹는 이곳의 성찬례 방식을 선호했다. 그래서 우리는 뛰쳐나가지 않았다.

2014년 봄, 우리는 크리스와 티파니의 견진 예식에 초대를 받았다. 견진은 교단과 신자의 상황에 따라 여러 가지 방식으로 이루어진다. 하지만 기본적으로 견진은 세례받은 그리스도교인의 삶에 성령이 임하게 하며 그/그녀가 하느님의 사랑받는 자녀이자 교회라는 가족의 일원임을 선포하는 성사다. 유아세례를 받은 교인의 경우, 견진은 청년 혹은 성인이 되었을 때 다시 그리스도교 신앙의 기본적인 교리를 확인하고 긍정하는 기회를 제공한다. 다른 교단에서 온 신자이거나 교회를 옮긴 신자의 경우, 견진은 공동체의 일원이 된 것을 환영하는 일종의 영접식으로 이해된다. 예식은 주교 같은 고위직 사제가 신자의 이마에 기름을 바르고, 안수기도하는 것이 주된 내용을 이룬다. 가톨릭 교회 교리서Catechism of the Catholic

Church에 수록된 성 암브로시우스St. Ambrose의 글은 견진의 핵심을 잘 보여준다.

그러므로 그대는 영적인 날인, 곧 지혜와 통찰의 영, 의견과 용기의 영, 지식과 공경의 영, 주님을 두려워하는 경외의 영을 받았다는 것을 기억하고, 그대가 받은 것을 지키십시오. 하느님 아버지께서 그대에게 인장을 찍으셨고, 주 그리스도께서는 그대를 인정하셨고, 그대의 마음속에 성령을 보증으로 주셨습니다.[1]

견진 예식을 위해 우리는 다 같이 접이식 철제 의자를 치우고 장의자에 비좁게 앉아 이곳을 방문한 주교님이 집전하는 오전 10시 45분 감사성찬례에 참석했다. 우리는 허리를 펴고 꼿꼿이 든 고개로 좌우를 살피며 20명의 견진 후보들과 함께 예배당 앞에 서 있는 크리스와 티파니를 찾았다. 나비 모양 리본을 한 크리스와 티파니의 두 딸(얼리Early와 윌라Willa) 덕분에 두 사람을 찾을 수 있었다. 스테인드글라스를 통해 들어온 빛 사이로 종이 울리고 주교님이 행렬을 이끌자 예배당의 분위기가 고조되었다. 아이들은 주교관을 보고 속닥거렸고 부모들은 부드럽게 손가락을 입에 대고 아이들을 조용히 시켰다.

나는 견진 예식이 견진 대상자를 중심으로 진행될 것이라 예상했다. 하지만 다른 성공회 예식처럼 견진 예식도 예배를 찾은 모든

1 Catholic Church, *Catechism of the Catholic Church* (Vatican: Liberia Editrice Vaticana, 2000), 1302~1303.『가톨릭 교회 교리서』(한국천주교중앙협의회)

이가 함께 하는 식으로 이루어졌다. 대상자들은 죄악을 물리치고 예수님을 섬기겠다는 서약을 새롭게 하고, 한 명씩 호명 받아 무릎을 꿇고 주교님의 안수기도를 받았다. 그러고 나서 주교님은 고개를 회중 쪽으로 돌리고 일어서 달라고 요청했다. "이 고백과 서약의 증인이 된 모든 교우는 서로 힘을 다하여 지금 견진을 받는 이들과 함께 하느님의 나라를 이 땅에 이루도록 힘쓰겠습니까?" "예, 그렇게 하겠습니다."

나는 머릿속으로 크리스와 티파니, 얼리와 윌라, 그리고 곧 세상에 나올 월터Walter를 기억했다. 그리스도 안에서 살고 있는 이 가족의 모습은 아름답기 그지없었다. 그리고 이들을 응원할 수 있어서 너무나 기뻤다.

"이제 우리는 견진을 받은 신도들과 함께 그리스도께 헌신하기로 결심하는 엄숙한 약속인 세례 언약을 갱신합시다." 주교님은 예배당에 있는 모든 이에게 신앙의 서약을 다시 한번 확인하자고 권했다.

"여러분은 창조주 하느님을 믿습니까?" 주교님이 물었다.

"전능하신 하느님 아버지, 하늘과 땅의 창조주를 믿습니다." 나는 답했다. 내 고백은 댄의 고백에, 크리스, 티파니의 고백에, 조엘 신부님의 고백에, 테네시 동쪽 억양으로 가득한 회중의 고백에, 전 세계의 수백 수천만의 그리스도교인의 고백에 합류했다.

"여러분은 구세주 예수 그리스도를 믿습니까?"

"하느님의 외아들, 우리 주 예수 그리스도,

성령으로 동정녀 마리아에게 잉태되어 나시고,

본티오 빌라도 치하에서 고난을 받으시고,

십자가에 못 박혀 죽으시고 묻히셨으며,

죽음의 세계에 내려가시어

사흘 만에 죽은 자들 가운데서 부활하시고,

하늘에 올라 전능하신 하느님 오른편에 앉아 계시며,

산 이와 죽은 이를 심판하러 다시 오시리라 믿습니다."

오랫동안 들어온 사도신경의 운율에 내 온몸이 반응했다.

"여러분은 성령을 믿습니까?"

"성령을 믿으며, 거룩한 공교회와, 모든 성도의 상통을 믿으며,

죄의 용서와 몸의 부활을 믿으며, 영원한 생명을 믿습니다."

"여러분은 감사성찬례를 통하여 말씀과 성사의 은총을 나누며 그리스도의 몸 된 교회를 온전히 섬기겠습니까?" 주교님이 물었다. "예, 하느님의 도우심으로 그렇게 하겠습니다." 무언가 벅차오르는 감정을 누르며 답했다.

"여러분은 악을 꾸준히 물리치고, 죄에 빠졌을 때마다 곧 회개하고 주님께로 돌아오겠습니까?" "예, 하느님의 도우심으로 그렇게 하겠습니다." 눈물이 눈 앞을 가리기 시작했다.

"여러분은 그리스도 안에서 말과 행위로 하느님의 복음을 전파하겠습니까? 여러분은 이웃을 내 몸같이 사랑하고 그리스도처럼 섬기겠습니까? 여러분은 정의와 평화를 위하여 힘쓰며 인간의 존엄성을 지키겠습니까?" "예, 예, 그렇게 하겠습니다. 예, 하느님의 도우심으로 그렇게 하겠습니다."

서약이 끝나고 침묵이 드리운 순간, 제멋대로고, 갈라졌고, 변

덕으로 가득했던 믿음의 조각들이 하나의 분명한 목소리로 합쳐졌다. 회개하라. 빵을 나누고 정의와 평화를 위해 힘쓰라. 이웃을 사랑하라. 그리스도교는 세상에서 가장 단순하면서도 가장 어렵고 불가능한 그 모습을 내게 드러냈다. 하느님께서 나를, 내 삶의 이야기들을 인정하셨고 확인해주셨다. 절대로 떨쳐버릴 수 없는 날인을 내 마음에 새겨주셨다.

로렌 위너Lauren Winner는 자신의 자서전 『스틸』Still에서 친구 줄리언Julian에 관한 이야기를 전한다. 줄리언이 12살 때, 그녀는 견진 예식(입교식)을 앞두고 아버지(교회의 목사)에게 자신이 예식을 치를 준비가 되었는지 모르겠다고 고백했다. 당시 그녀는 믿음으로 고백해야 하는 것들을 실제로 믿고 있는지 확신하지 못했고, 하느님과 교회 회중 앞에서 모든 것을 믿겠다고 약속할 자신이 없었다. 그러자 그녀의 아버지가 말했다.

> "네가 견진 예식에서 약속하는 것들은 네가 영원히 신앙의 고백들을 의심하지 않고 믿겠다는 것을 이야기하는 게 아니란다. 견진 예식은 그 신앙의 고백들이 우리가 영원토록 되새겨야 할 이야기임을 인정하고, 일평생 고민하고 씨름하겠다고 약속하는 시간이야."[2]

나는 고집스럽고 다루기 힘든 사람이다. 만화 속 인물들이 싸

---

[2] Lauren Winner, *Still: Notes on a Mid-Faith Crisis* (New York: Harper One, 2013) 『스틸』(코헨)

울 때마다 먼지구름이 피어나듯 신앙생활을 할 때도 나는 이런저런 사안에 눈으로 광선을 쏘고, 티격태격하고, 발을 동동 구른다. 내 신앙 여정은 여전히 시작 단계에 있고, 아마도 한동안 계속, 어쩌면 마지막 숨을 쉴 때까지 이러한 상태에서 벗어나지 못할지도 모른다. 성공회 또한 다른 교단 못지않게 많은 문제를 안고 있음을 나는 안다. 그러나 성공회는 내게 고민하고 씨름할 수 있는 공간을 주었고 무엇을 위해 고민하고 씨름해야 하는지를 일깨워주었다. 그래서, 하느님의 도우심으로 나는 성공회교회에 얼굴을 비친다.

제 28장

바람

바람은 제가 불고 싶은 대로 분다. 너는 그 소리를 듣고도 어디서 불어와서
어디로 가는지를 모른다. 성령으로 난 사람은 누구든지 이와 마찬가지다.

- 요한의 복음서 3:8

니고데모는 한밤중에 예수님을 찾아갔다. 이 저명한 유대교 지도자는 예루살렘까지 소문이 자자한 랍비에게 궁금한 것을 묻고 싶어 했다. 하지만 그는 죄인들과 함께 먹고 마시기로 악명이 높은, 게다가 얼마 전 성전에서 소동을 일으킨 문제적 인물을 찾아갔다가 괜히 그 사실이 다른 곳에 알려져 자신의 명성에 금이 갈까 두려워했다.

니고데모와 예수님이 이야기를 나누는 모습을 담아낸 예술 작품을 보면 대개는 두 사람이 옥상 위에서 이야기하고 있으며 그들 머리 위로는 별들이 반짝이고 앞에는 등불이 있다. 니고데모는 긴장 가득한 표정을 하고 있어서 작품만 보고 있어도 그의 낮고 떨리는 소리가 들리는 것만 같다.

"선생님, 우리는 선생님을 하느님께서 보내신 분으로 알고 있습니다. 하느님께서 함께 계시지 않고서야 누가 선생님처럼 그런 기적들을 행할 수 있겠습니까?" (요한 3:2)

예수님은 율법을 따라 움직이지 않으셨다. 그분은 안식일에 병자를 치유하셨고, 하층민들, 사회에서 암적 존재 취급받는 이들의 친구가 되시어 종교지도자들을 비판하셨다. 니고데모의 친구들은 예수님이 성전에서 벌인 소동을 용납할 수 없었다. 하지만 니고데모는 하느님께서 전혀 예상하지 못했던 사람들(후사가 없이 방랑하는 74세의 유목민, 이집트에서 도망친 말이 어눌한 범죄자, 가난한 모압의 시골 여인, 왕이 되기에는 너무나 어린 양치기 소년, 페르시아왕의 첩)을 들어 쓰신다는 것을 성경을 통해 잘 알고 있었다. 그렇기에 그는 예수님을 직접 만나 이야기를 들어보지도 않고 섣불리 그분을 거부해서는 안 된다고 생각했다.

예수님은 니고데모에게 성령은 자궁과 같다고, 하느님의 나라를 보려면 새로운 눈이 필요하며 누구든지 새로 나야 한다고 말씀하셨다. 니고데모는 이 말씀을 이해하지 못했다. 이어서 예수님은 그에게 성령은 물과 같다고, 하느님께서 활동하시는 모습을 보려면 몸과 영을 씻고 새롭게 되어야 한다고, 다시 태어나야 한다고 말씀하셨다. 니고데모는 겸연쩍게 머리를 긁었다. 여전히 그는 예수님의 말씀을 이해하지 못했다.

다시, 예수님은 성령은 바람과 같다고, 그리스어로 숨과 영을 뜻하는 프뉴마πνεύμα라는 단어를 쓰시며 성령은 불고 싶은 대로 분다고 말씀하셨다. 그분은 우리가 바람의 소리를 들을 수 있고 움직임을 감지할 수 있지만, 어디서 불어와 어디로 가는지는 알 수 없다고, 성령도 이처럼 홀연히 나타난다고, 새롭게 된 사람, 다시 태어난 사람, 세상을 새로운 눈으로 보는 사람도 그렇다고 말씀하셨다. 그들은 그들의 부모나 신분, 행동이나 업적으로 다시 태어나지 않으며, 겉으로 보기에는 다른 사람과 구분할 수 없지만 홀연히 성령이 나타나 그들의 모든 것을 변화시킨다고 말씀하셨다. 그리고 니고데모에게 물으셨다. "너는 이스라엘의 이름난 선생이면서 이런 것들을 모르느냐?" 예수님은 이 모든 것을 평범한 눈으로는 볼 수 없지만, 정말로 보는 법을 터득한다면 눈앞에 있는 손을 보듯 분명하게 알게 될 것이라고 말씀하셨다.

결국, 니고데모는 예수님의 말씀을 이해한 것으로 보인다. 그의 친구들, 다른 종교지도자들이 예수님을 비난하고 그분에게 온갖 혐의를 씌울 때 그는 예수님을 변호했다. 예수님이 십자가에 달려 죽음을 맞이하실 때 니고데모는 그분의 곁에 있었다. 우리는 바리사이파라면 '율법주의자', 그리고 '위선자'와 사실상 동의어로 간주하고 그들을 한데 묶어 깎아내리고 경멸하려는 경향이 있다. 하지만 여기 자신의 지위와 명망이 실추됨에도 불구하고 친구를 변호한 바리사이파 사람이 있다. 대다수 제자가 도망치고 나서도 그는 예수님과 함께 있었다. 그는 모두에게 버림받고 싸늘하게 식은 예수님의 시신을 안치하기 위한 무덤을 준비했다. 성령은 바리사이인에게도 나타나셨다. 바리사이인도 하느님의 나라를 볼 수 있었다. 이처럼 성령은 바람처럼 누구에게나 갑작스럽게 다가간다. 그렇기에 성령은 형용할 수 없이 아름답고 견딜 수 없을 만큼 낯설고 불편하다. 그래서 우리는 곧잘 성령의 활동을 놓치곤 한다. 모든 그릇된 사람들과 그릇된 장소들에서도 성령은 활동한다. 성령은 그렇게, 우리의 기대를 저버리고 우리의 의도와 어긋난 모습으로 나타난다. 니고데모는 자신이 속한 종교 제도 밖에 나타난 성령을 보고 갈등했다. 오늘날 어떤 그리스도교인들은 종교 제도 안에서 나타나는 성령을 이해하지 못해 갈등한다. 물론 여기에는 타당한 이유가 있다. 하지만 하느님께서는 전통적인 교회 안과 밖 어디에든 계시고, 온갖 기적들을 매일 펼쳐내 우리에게 힘과 영감을 불어넣으시고 우리 삶을 변화시키신다. 우리가 주의를 기울인다면 말이다. 새라 마일스는 말한다.

우리는 하느님께서 하는 일을 조종할 수 없다. 하지만 우리는 닫힌 눈을 열어 하느님께서 하시는 일을 볼 수 있다.[1]

때때로 나는 얼마나 많은 것을 보지 못하고 놓쳤을까 생각해 보곤

---

[1] Sara Miles, *Jesus Freak: Feeding, Healing, Raising the Dead* (San Francisco, CA: Jossey Bass, 2010), 11.

한다. 특정 교회나 인물, 교단을 보고 하느님께서 일구시는 이 세계에 하느님이 부재한 곳이 있으리라고 생각했던 적이 한두 번이 아니었기 때문이다.

우리는 성령을 직접 볼 수는 없지만, 사도 바울은 우리가 성령이 남긴 흔적을 알아볼 수 있다고 말했다. 바로 **사랑, 기쁨, 평화, 인내, 친절, 선행, 진실, 온유, 절제**다. 나는 부모가 참석을 거부한 젊은 부부의 결혼식을 대신 열어서 음식을 마련하고 결혼 비용을 대준 작은 교회에서 **사랑**을 보았다. 나는 인도 하이데라바드의 울퉁불퉁한 도로를 달리는 자동차에서 HIV/AIDS로 고아가 된 아이들과 함께 《예수 사랑하심은》Jesus Loves Me을 부르며 **기쁨**을 느꼈다. 나는 이스라엘-팔레스타인 분쟁으로 자녀를 잃은 뒤 그리스도교인들 앞에서 타인에 대한 존중, 생명의 존엄을 잊지 말라던 팔레스타인 남성과 이스라엘 여성을 보며 **평화**를 발견했다. 한 성공회 여성 사제는 자신의 성직 서품을 끝까지 반대하던 신자가 병에 걸리자 그의 집에 병문안을 하러 가서 기도를 해주었다. 나는 그 모습에서 **인내**를 보았다.

오랫동안 매일 두 번씩 몸이 불편한 학생과 함께 화장실에 가서 학생을 도와준 학교 선생이 있었다. 누구도 그가 한 일을 몰랐지만, 그의 장례식날 학생은 그가 한 일을 증언했다. 나는 그 선생에게서 **친절**을 보았다. 한 온라인 커뮤니티는 아이 여덟을 둔 한 췌장암 말기 여성의 이야기를 듣고 그녀와 그녀의 온 가족이 가고 싶어 했던 바닷가에서 휴양할 수 있도록 돈을 모아주는 **선행**을 베풀었다.[2] 나는 다섯 명밖에 모이지 않았던 '더 미션'의 주일 설교를 위해 수 시간 동안 본문과 씨름하고 설교문을 작성하던 브라이언 워드의 모습에서 **진실**을 보았다. 새로운 교정이 낯설어 불안에 떨고 있던 신입생 시절, 한 사람은 대학교 입학식에 있던 세족식에서 내 발을 씻어주었다. 그의 손에서 나는 **온유**를 느꼈다. 저스틴Justin, 매튜Matthew, 레이첼Rachel, 제프Jeff는 교회가 성소수자들을 인정하도록 운동을 벌이고 있다. 적잖은 그리스도교인들이 그들을 향해 비난과 조롱을 던지며 자신들의 분노와 혐오를 표출했고 결국 그들을 교회에서 쫓아냈다. 그러나 그들은 성소수자들을 포함해 자신들을 쫓아낸 사람들조차 사랑으로 섬긴다. 나는 그들의 삶에서 **절제**를 보았다. 성령은 바람과 같으며 불과 같고 새와 같고 숨과 같다. 성령은 이 세상 모든 문화와 언어를 통해 움직이며 모든 규제와 속박을 뛰어넘고 모든 서사와 논리를 뒤집는다. 누가 감히 성령의 다음 발걸음을 예측할 수 있겠는가?

---

[2] 글레넌 도일 멜턴이 설립한 온라인 공동체 모마스테리Momastery의 놀라운 활동을 알고 싶다면 이곳을 참조하라. http://momastery.com/blog/category/love-flash-mobs.

6부

도유

Anointing

제29장

기름

기름 부어 내 머리에 발라주시니, 내 잔이 넘치옵니다.

- 시편 23:5

파라오의 압제를 벗어난 노예들은 시나몬과 계피와 올리브유와 몰약의 냄새를 맡을 때마다 하느님을 떠올렸다. 모세가 시나이산에서 하느님을 만났을 때, 하느님께서는 모세에게 특별한 향유의 제조법을 알려주셨다. 그리고 모세는 하느님께서 가르쳐 주신대로 향유를 만들어 성전과 제단과 성전에 있는 가구와 도구들에, 심지어는 제사장들에게도 부었다. 다른 사람들은 이 향유를 사용할 수 없었다. 하느님께서 말씀하셨다.

이것은 네가 야훼를 섬기는 데 쓰는 거룩한 것인 줄 알아야 한다. 냄새를 즐기려고 이것을 만드는 자는 족보에서 제명당할 줄 알아라. (출애 30:37~38)

이제 우리는 그때 하느님께서 염두에 두셨던 향의 기능을 알고 있다. 인간의 후각 신경은 기억과 감정을 담당하는 뇌의 편도에 연결되어 있다. 그래서 우리는 특정한 꽃이나 비누의 냄새를 맡을 때 구체적인 기억과 감정을 선명하게 떠올리고 전율한다. 하느님께서는 당신의 백성이 당신의 향을 알기를 바라셨다. 당신과 당신께서 하신 일을 기억하기를 바라셨다. 그래서인지 성경에는 온갖 기름이 등장한다(약 200번 언급된다). 등불을 켜기 위한 기름, 건조한 피부에 수분을 공급하는 기름, 손님을 맞이하는 기름과 성소를 구별하기 위한 기름, 서약을 거행할 때 사용하는 기름, 연인을 유혹할 때 쓰는 기름, 위로할 때 쓰는 기름과 축성할 때 쓰는 기름, 약으로 쓰는 기름, 사제와 예언자, 왕을 세울 때 쓰는 기름, 장례를 치를 때 시신의 방부제로 쓰는 기름 등.

고대 이스라엘 사람들은 기도할 때마다 향긋한 나무 향, 송진 냄새, 솔 향이 나는 유향을 떠올렸다. 그들은 이 향을 하느님을 기쁘게 하는 향기라고 여겼기에 성전에서는 언제나 유향을 태웠다. 정결 의식을 치를 때는 박하 향이 나는 우슬초를 썼고 사랑을 나눌 때는 청량하면서도 달콤한 계피, 매혹적인 향의 사프란과 깊고 은은한 나르드를 준비했다. 따뜻하면서도 톡 쏘는 나무 냄새가 나는 몰약은 왕족을 상징하는 향수로 결혼, 장례처럼 중요한 예식에 쓰였다. 사람들은 진하고 향기로운 유향을 맡으며 부wealth를 떠올렸고 우슬초와 백향목 향을 맡으며 성전에서 제사를 드렸다.[1] 예언자들은 기름을 부을 때 달콤한 계피를 약간 넣은 올리브유를 사용했다. 기름 부음 받은 사람은 거룩한 일을 하도록 선택받고 하느님의 권한을 위임받은 이였다. 메시아, 그리스도는 '기름 부음 받은 사람'이라는 뜻이다.

주님의 성령이 나에게 내리셨다. 주께서 나에게 기름을 부으시어 가난한 이들에게 복음을 전하게 하셨다. 주께서 나를 보내시어 묶인 사람들에게는 해방을 알려주고 눈먼 사람들은 보게 하고, 억눌린 사람들에게는 자유를 주며 주님의 은총의 해를 선포하게 하셨다. (루가 4:18~9)

사도 요한은 "너희는 거룩하신 자에게서 기름 부음을"(1요한 2:20) 받았다고 이야기했고 사도 바울은 "우리는 하느님께 바치는 그리스도의 향기"(2고린 2:15)라고 말했다.

고대인들도 기름이 가지고 있는 치유의 힘을 알았다. 그들은 기름을 상처 위에 바르거나 약으로 마셨다. 야고보가 자신의 편지에서 앓는 사람에게 기름을 바르고 그를 위하여 기도하라고 권했을 때, 이 권유에는 영적인 의미와 실용적인 기능이 모두 담겨 있다. 그리스도께서는 삶에서 겪는 벅차고 곤혹스러운 아픔과 고난이 거

---

[1] 출애 30:34~38, 레위 6:15, 시편 45:8, 시편 51:7, 아가 4:13~14, 요한 12:3~5, 요한 19:39~42, 묵시 5:8 참조

룩한 부름이기도 함을 잘 알고 계셨다. 치유는 약을 통해, 기도를 통해, 함께 함으로써, 손길을 내밀고 특정한 향을 냄으로써, 이 과정이 거룩하게 됨으로써 이루어진다. 치유는 고귀하며 하느님의 은총과 뜻이 함께한다. 로마 가톨릭 교회에서는 도유, 혹은 병자성사the anointing of the sick에 대해 이렇게 말한다.

> 병자성사의 목적은 중병이나 노쇠에 따르는 어려움을 겪고 있는 그리스도인에게 (하느님께서) 특별한 은총을 베푸는 것이다.[2]

심지어 죽음을 목전에 두고서도, 신자들은 성령의 인장이 육신의 죽임보다 더 영속적임을, 영원함을 되새기며 기름을 받는다. 기름은 마법의 재료가 아니다. 기름은 기억과 치유와 은총을 실어 나르는 도구다. 우리는 단순히 치료cure되기 위해서가 아니라 치유healing되기 위해 기름 부음을 받는다. 지치고 쇠잔한 우리에게 위로를 건네기 위해, 어떠한 고난과 고통 가운데 있을지라도 우리가 존귀한 존재임을 상기시키기 위해, 당신의 향을 기억나게 하기 위해 하느님께서는 우리에게 기름을 주셨다.

---

[2]   Catholic Church, *Catechism of the Catholic Church*. 2nd ed. (Vatican: Libreria Editrice Vaticana, 2000), 1527.

제30장

치유

> 인생에서 가장 중요한 사람이 누구인지 정직하게 물어보라. 조언자?
> 특정 문제에 해결책을 제시해주는 사람? 당신이 다쳤을 때 치료해준 사람?
> 아마도 그보다는 당신의 고통을 나누고, 당신의 상처를 따뜻하고도
> 부드러운 손길로 어루만져 주는 사람일 것이다.
>
> - 헨리 나우웬Henri Nouwen

클레어Claire는 자신이 다니는 크고 분주한 대도시 교회를 사랑
했다.[1] 그녀는 그곳에서 남편과 가장 친한 친구들을 만났으며 자신
에게 딱 맞는, 노숙자들을 섬기는 사역을 했다. 남편이 교회 직원

---

[1] 사생활과 개인정보 보호를 위해 이름을 비롯한 구체적인 정보를 바꾸었음
을 밝혀둔다.

으로 채용되고 클레어가 임신하게 되었을 때 삶은 본격적으로 안정 궤도에 들어서는 것 같았다.

"아이가 태어나기 2달 전에 집에 물이 새서 다른 곳으로 이사를 했어요. 출산 한 달 전에는 다른 차가 주차 중인 제 차를 치는 바람에 폐차를 해야 했죠. 출산 예정일 전날, 아기의 맥박이 갑자기 멈추었어요. … 저는 건강하고 문제없이 자라던 태아도 유산될 수 있다는 것을 몰랐어요. 두려움과 희망을 안고 병원을 찾았지만 아기의 심장은 멈춰있었죠."

교회는 클레어와 남편을 헌신적으로 도왔다. 장례비를 대고 식사를 제공했으며, 클레어와 남편이 잠시 쉬다 올 수 있도록 주말 오두막 별장을 예약해주었다. 하지만 일상으로 돌아와 그들은 길고도 고통스러운, 슬픔으로 가득 찬 길 위에 자신들만이 서 있음을 깨달았다.

"고통스러운 죽음을 애도하는 찬송은 없어요. 아기가 죽도록 내버려 둔 하느님 … 그분께서 우리를 버린 것만 같은 느낌을 나눌 수 없었죠. 우리는 우리 교회 목회자들과 신자들이 함께 고민하고, 질문을 던지고, 이 견딜 수 없을 만큼 슬프고 잔인한 현실을 함께 마주하기를 바랐어요."

하지만 클레어의 비탄과 슬픔에 교회는 너무나도 신속하게 대답을

제시했다. 성경 구절, 신학적 해설, 더 나은 날이 올 거라는 약속들
… 클레어가 치유를 얻은 곳은 교회 밖이었다. 그녀는 상담을 받았
고, 몇몇 친한 친구들과 이야기를 나누었다. 그리고 인터넷 게시판
에 신앙, 의심, 슬픔을 자유롭게 털어놓았다. 결국 두 사람은 교회
를 옮겼다. 그러나 여전히 클레어는 예배를 드릴 때마다 힘이 든다
고 말했다.

> "상담사는 이런 와중에 교회에 가는 것은 온갖 소리를 들을 수 있
> 는 10,000개의 안테나를 돌리는 것 같다고 말했어요. 다가오는
> 모든 것이 고통스러워요."

클레어와 비슷한 처지에 있는 사람들이 자신들의 이야기를 전
했다. 그들은 교회 생활에 만족했다. 적어도 … 이혼할 때까지는,
불치병 선고를 받기 전까지는, 유산하기 전까지는, 우울증을 경험
하기 전까지는, 커밍아웃하기 전까지는, 마음에 품은 질문을 꺼내
기 전까지는, 모두가 불편해하는 진실을 말하기 전까지는. 그들이
자신의 고통, 의심, 불편한 진실을 교회에 가져가면 누군가 그들의
고통, 의심, 불편한 진실을 손에서 낚아채듯 가져간다. 순식간에
해답이 주어지고 그 이후로는 다시 언급하고 싶지 않아 한다. 성경
구절이 인용되고, 확신에 가득 찬 말이 반복된다. 10가지 점진적
인 발전 단계와 수치화된 목표가 제시된다. 위와 같은 상황과 마주
했을 때 많은 그리스도교인은 선한 의도로, 그러나 두려움에 물든
상태에서 이 상황을 '해결'하기 위해, 상황과 맞닥뜨린 이를 '치료'

하기 위해 자신들의 창고에서 만병통치약을 찾는다. 그러나 치료와 치유는 다르다. 그리고 나는 교회가 길고도 험난한 치유의 활동으로 부름받았다고 믿는다. 우리는 타인의 고통으로 들어가 그 결과와 상관없이 함께하며 여기에 기름을 부어 거룩하게 하도록 부름 받았다. 이에 관해 새라 마일스는 저서 『예수쟁이』Jesus Freak에서 말한다.

> 예수님은 자신의 제자들을 부르신다. 그분은 제자인 우리에게 치유할 수 있는 권위를 주시고 우리를 세상으로 보내신다. 그분은 우리에게 포상기태 임신Molar pregnancy을 치료하는 법을 가르쳐주시지 않는다. 눈먼 사람이 어떻게 다시 눈을 뜨게 되었는지 그 과정을 보여주시지 않는다. 사람들의 눈물을 멈추게 하는 법도, 심지어 마귀를 쫓는 법도 가르쳐주시지 않는다. 하지만 그분은 우리에게 상처받고 아픔으로 흩어진 삶의 조각들을 사랑으로 끌어안는 법을 보여주셨고 그 의미를 일깨워주셨다. 그분은 낯선 사람들이 문자 그대로 서로를 끌어안을 때 모든 사람이 함께할 수 있는 공동체가 만들어짐을 알려주셨다.[2]

치유와 치료의 차이는 관계적인 측면에 있다. 치유는 시간이 든다. 치유는 구불구불하게 굽이치는 강을 거슬러 올라가는 것과 같다. 즉, 치유는 효율성을 따지지 않는다. 치유가 어떤 예측을 따라

2 Sarah Miles, *Jesus Freak; Feeding, Healing, Raising the Dead*, 105.

순서대로 진행되거나 한 방향으로 진행되는 경우는 매우 드물다. 우리의 기대에 부합하거나 적시 적소에 나타나는 경우도 드물다. 고통받는 사람, 슬픔에 차 있는 사람과 함께 걷고 화해의 여정에 동행하려면 인내하면서 함께하고, 때로 길을 잃고 헤맬지라도 괜찮다는 의지와 여유가 필요하다.

그러나 오늘날 우리는 기다림이나 헤매는 것을 그다지 좋아하지 않는다. 그 대신 우리는 '결과들'을 선호한다. 우리는 복음을 점점 줄어드는 시장에서 경쟁하고 팔아야 할 상품으로 여기고 신자한 사람 한 사람이 걸어 다니는 광고판으로, 예수라는 상품의 효능을 입증하는 완성된(완전한 행복을 이룬) 모델로 역할을 다하기를 바란다. 이러한 문화에 잠식되면 교회는 아무리 활력 있게 움직이더라도 결국 인형극처럼 똑같은 웃음을 짓고 똑같은 모습으로 움직이는 기계 같은 신자를 양성하게 된다. 그리고 이조차 실패할 경우 자신의 명성을 유지하고, 위신을 보존하기 위해 온갖 거짓과 부패를 은폐하는 환경을 조성하게 된다. '결과들'의 노예가 된 교회는 말한다. "세상이 우리를 지켜보고 있습니다. 그러니까 우리는 가장 좋은 모습을 보여주고 안 좋은 모습은 재빨리 해결해버립시다. 다이어트 성공 사진처럼 이전과 이후 사진을 내걸고, 기적이 일어났다면 하이라이트 영상을 계속 보여줍시다. 흠은 덮고, 문제는 숨기는 게 낫습니다."

하지만 정말로 세상이 우리를 지켜본다면, 그리고 이 세상에 우리가 전해야 할 것이 복음의 진리라면, 우리는 우리에 관해서도 진실을 이야기해야 한다. 진실을 말하자면, 교회는 치료 약을 주지 않는다. 교회는 삶을 단번에 확 바꿀 수 있는 해결책을 제시하지 않는다. 대신 교회가 주는 것은 죽음과 부활이다. 교회는 혼란스럽고, 불편하고, 녹록지 않은, 평생 이어지는 치유와 화해의 활동을 보여준다. 교회는 하느님의 은총을 보여준다. 교회가 이 외에 다른 것을 내놓는다면 그것은 독기름이다. 참된 그리스도교가 제시하는 것이 아니다. 한 인터뷰에서 브레네 브라운Bren Brown은 말했다.

저는 마치 주사를 맞는다는 느낌으로 교회에 갔어요. 교회에 가면 고통이 사그라들 거라고 생각했죠. … 하지만 교회는 마치 주사가 아니에요. 교회는 산모와 같아요. … 저는 신앙을 갖게 되면 신앙이 제 고통과 불편함을 다 가져갈 거라고 생각했어요. 하지만 주님은 이렇게 말씀하시더군요. "내가 너와 함께 있을게."[3]

나는 이 문제에 대해서 누구보다 잘 아는, 테네시주에서 활동하는 한 치유 사역자를 안다. 베카 스티븐스는 내슈빌에 있는 성공회교회의 관할 사제이자 가시밭 농장Thistle Farms의 창립자다. 가시밭 농장은 가정 학대를 받은 여성, 성매매 여성, 마약 중독 여성, 감옥 생활을 한 여성, 부랑자 여성들의 재활을 돕기 위해 직업 훈련을 시켜 사회생활을 할 수 있도록 돕는 사회적 기업이다. 여기서 그 여성들이 막달레나 프로그램을 통해 공동체에 속하며 치유받도록 하는 한편, 식물에서 추출한 방향유로 목욕용품과 몸 관리 제품을

---

3 'Brené Brown: Jesus Wept', video, 6:00, *The Work of the People*, http://www.theworkofthepeople.com/jesus-wept

만들어 온라인과 매장에서 판매함으로써 다른 사람들도 치유를 받을 기회를 제공한다.[4] 가시밭 농장에서 치유는 라벤더, 녹차, 박하, 바닐라 향처럼 은은하게 퍼지고, 피부에 로션과 연고를 가지고 마사지를 할 때처럼 느릿하게, 긴장을 완화하는 방식으로 이루어진다. 때로는 작은 촛불처럼 위태롭게 흔들리고, 때로는 뜨거운 물이 찻주전자에서 내는 가벼운 휘파람 소리처럼 활기차게 진행된다. 또한 치유는 오랜 시간이 걸린다.

> 우리는 기름을 만들고 팔면서 치유가 단번에 끝나는 일이 아니라 하느님께 돌아가기를 반복하는 여정임을 깨닫는다.[5]

이 여정이 언제나 순탄하게 이루어지지는 않는다. 막달레나 프로그램에 참여한 여성 중 72%는 재활에 성공하지만, 다른 재활 프로그램처럼 이 역시 실패로 돌아갈 때도 많다. 가시밭 농장은 실망, 실패, 실수, 재발의 고통을 안다.

> 하지만 사랑은 우리가 치유를 진단에서 완치까지 가는 여정이라고 보는 좁은 시야 그 너머에 있는 길을 보여준다. 치유는 사랑이 자연스럽게 도달하는 종착역이다. 우리는 사랑하는 법을 배우며

---

[4] 교육과 사업, 그리고 사랑을 통해 삶을 치유하는 가시밭 농장 상품들은 이곳에서 찾아볼 수 있다. http://www.thistlefarms.org

[5] Becca Stevens, *Snake Oil: The Art of Healing and Truth-Telling* (Nashville: Jericho Books, 2013), 49.

치유하는 법을 익힌다.[6]

가시밭 농장 사업 외에도 베카는 교회들이 치유 오일healing oil을 적극적으로, 자유롭게 사용하기를 장려한다. 기름을 만병통치약이나 주술로 보기 때문이 아니다. 기름은 우리 안에 깃든 은총을 밖으로 드러내고 이를 주고받는 선물이다. 기름은 도유 예식을 치를 때만 한 방울 뿌리는 식으로 사용할 필요가 없다. 예배당을 기분 좋은 향으로 가득 채우면 우리의 모든 감각을 예배에 사용하는 데 도움이 된다. 베카가 사목하는 교회에는 라벤더, 시나몬 잎, 레몬 그라스, 재스민, 제라늄, 발삼과 몰약 등의 방향유를 담아 놓은 병들이 한 상 위에 가지런히 놓여 있다. 신자들은 취향대로 기름을 섞어 자신이 사랑하고 섬기는 이들의 손과 발 위에 붓는다. 베카는 출산을 앞둔 여성, 결혼 전 상담을 받는 연인, 병으로 고생하는 사람, 새로운 삶을 시작하기 위해 한 걸음 발을 내딛는 이에게 특별하게 제조한 기름을 선물한다. 기도와 부드러운 손길이 한데 어우러진 기름의 향은 강력한 육체적, 영적 치유를 이루는 도구가 되며 매번 재료를 채취해 기름을 만들 때, 새로운 기름을 만들 때 일어나는 (시행착오를 포함한) 모든 과정은 그 산물이 빚어내는 향만큼이나 치유를 향한 여정의 일부가 된다.

궁극적으로 기름 부음은 '인정'의 의미를 담고 있다. 고통받는 이에게 기름을 부을 때 여기에는 아무런 내용이나 실속도 없는 말,

---

6   위의 책, 140.

성급히 내놓는 답 대신 그에게 다가가 그가 고통받고 있음을, 그 고통의 무게를 '인정'하고 기름을 붓는 우리 또한 그 고통을 함께 하겠다는 무언의 고백이 담겨 있다. 우리가 모든 것을 단숨에 치료하고픈 충동, 혹은 모든 문제를 단번에 해결하고픈 충동을 내려놓는다면, 다 함께 사랑이라는 구불구불하고 먼 길을 천천히 걸어간다면, 참된 치유는 가능하다. 그리고 이는 교회가 이 세상에 줄 수 있는 가장 강력하고도 대항문화적인 선물일 것이다.

....

'제1항에 찬성'Vote Yes On One 운동으로 인해 그레이스 바이블 교회와 작별한지 7년 후, 나는 전혀 예상치 못한 시간에 교회를 만났다. 바로 시카고에서 열린 성소수자 그리스도교인 연합GCN: Gay Christian Network의 연례행사인 '삶을 펼쳐라'Live It Out 대회에서였다. 성소수자 그리스도교인 연합은 남침례교 가정에서 태어나 '탈동성애 사역'ex-gay ministries의 폭력을 견디고 동성애자로서의 자신의 정체성을 받아들인 저스틴 리Justin Lee의 주도로 설립되었다. GCN은 게이, 레즈비언, 양성애자, 트랜스젠더 등 성소수자 그리스도교인에게 공동체와 지원을 제공한다. 이 단체는 교회일치운동의 성격을 가지고 있지만, 많은 복음주의자가 합류했다. 그들 중 상당수는 (자신이 자란) 교회에서 따돌림당하거나 강제로 쫓겨난 경험을 했다. 대회에는 700명이 넘는 사람들이 참석했는데, 어떤 이들은 성경이 동성애자의 경우에는 독신의 삶을 살도록 요구한다고 믿었고, 어떤 이들은 성경이 자유롭게 사랑하고 결혼하는 것을 허락한다고 믿었다. 아버지의 집처럼 이곳에도 모두를 위한 방이 있었다.

나는 연대를 표시하는 차원에서 대회에 참여해 강연을 맡았다. 그렇지만 시카고 강가가 보이는 웨스틴 호텔에 도착했을 때 나는 내가 이곳의 형제들과 자매들을 가르치는 것이 아니라 그들에게 배우러 왔음을 깨달았다. 매년 수십 개의 대회와 모임에서 강연을 하지만, 이 대회처럼 성령의 기운으로 가득 찬 대회를 나는 여태껏 보지 못했다. 입에 발린 말이나 허세 없이 사랑에 기댄, 은총으로 가득한 시간이 대회 내내 이어졌다. 대회의 참석자 중 한 사람은 이 대회가 너무나 노골적인 그리스도교인들의 모임이라고 말했다.

실제로 그랬다. 대회 중간에는 성찬의 시간이 있었고, 고백의 시간이 있었으며 사람들은 함께 예배를 드리고 교제를 나누었다. 참가자들은 성경 말씀을 귀히 여겼다. 그리고 그들에게는 예수님을 따라 고통과 어려움을 감내하고 하느님과 이웃을 사랑하려는 깊은 열망이 있었다. 참가자들은 다이아몬드 무늬 스웨터를 입고 함께 포옹했고, 함께 울었고 함께 기도했다.

하지만 가장 나를 놀라게 했던 것은 이 대회에 참가한 이들이 내게 들려준 이야기였다. 적잖은 그리스도교인이 이들의 잘못된 성 정체성, 지향을 '치료'한다는 명목 아래 커다란, 때로는 가혹할 정도의 고통을 안겨다 주었다. 한 젊은 여성 참가자는 동성에게 끌리는 마음이 '마귀에 홀린 것'이라고 여기고 이를 쫓아내기 위해 받은 구마 예식을 내게 생생하게 들려주었다. 또 다른 여성 참가자는 자신의 고민에 대해 교회에서 상담을 받은 이야기를 들려주었는데 당시 상담자는 그녀의 동성애 지향이 가정 학대, 혹은 성폭력으로 인한 결과라고 결론지었다고 한다(그녀는 둘 중 어느 사항에도 해당하지 않았다). 한 남성 참가자는 다니던 교회 목사의 조언을 따라 여성과 결혼한 이야기를 들려주었다. 그는 이 결혼으로 자신의 동성애 정체성을 극복할 수 있기를 소망했지만 결과는 비극적이었다. 많은 참가자는 복음주의 교회에서 지원하는 '탈동성애 사역'의 일환으로 열리는 재활 프로그램에 참가한 경험이 있었고(최근 '탈동성애 사역'을 했던 가장 큰 단체의 대표가 자신들의 활동이 거의 효과를 내지 못했음을 고백하고 활동을 중단한 바 있다), 커밍아웃을 하자 가족과 교회에서 쫓겨난 이들도 많았다(오늘날 미국에는 집 없이 거리를 배회하는 청소년들이 160만 명으로 알려져 있고 이 중 20~40%가 동성애자, 양성애자, 트랜스젠더라고 한다). 하느님께 눈물 흘리며 자신을 '고쳐' 달라고 기도했지만 아무것도 달라지지 않은 현실을 마주하고 자살을 생각한 적이 있다는 이야기도 끊임없이 이어졌다. 그들은 교회에서 도망치더라도 손쉽게 탓할 수 없는 사연을 갖고 있었다. 하지만 그들은 이곳에 함께 모여 예배드리고, 함께 기도하고, 서로를 치유했다. 그들은 교회에서 쫓겨나 교회가 되었다. 나는 그리스도교가 보여줄 수 있는 놀라운 폭력의 가능성, 그리고 놀라운 치유의 가능성을 보고 분노와 경외심을 동시에 느꼈다.

대회 마지막 날 밤에는 자유 발언 시간이 있었다. 모든 참가자가 대회장 앞에서 자신의 이야기를 털어놓았다. 한 명씩, 한 명씩 수백 명의 사람이 용기를 내어 마이크 앞에서 길게 숨을 내쉰 뒤, 진실을 이야기했다. 먼저 하얀 티셔츠에 청바지를 입은 키 작은 여성이 중서부 억양으로 말했다.

"저는 메리Mary에요. 제이콥Jacob의 엄마죠."

그녀의 티셔츠에는 대회에 참가한 다른 부모들처럼 '엄마가 안 아줄게'FREE MOM HUG라는 커다란 빨간 글씨가 쓰인 배지가 달려 있었다.

"저는 오늘밤 제이콥에게 용서를 빌고 싶습니다. 그리고 여러 분에게도 용서를 구합니다. … 왜냐하면 저는 여기 오기 전까지 제 아들이 부끄러웠거든요."

그녀는 터지는 울음을 손으로 틀어막으며 말을 이어갔다. 우리는 무겁게 내려앉은 침묵 속에서 그녀의 이야기를 들었다.

"저는 제가 다니는 교회 사람들이 제이콥이 동성애자라는 것을 알기를 원하지 않았습니다. 그들이 어떻게 생각할지, 무슨 말을 할 지 두려웠기 때문이지요. 하지만 이제는 아닙니다. 저는 제 아름다 운 아들이 정말로 자랑스럽습니다. 그리고 여러분 모두가 자랑스 럽습니다. 이제 전 건물 옥상에 올라가 큰소리로 외칠 겁니다. 여 러분이 정말 자랑스럽다고 말이지요!"

가벼운 웃음이 파도처럼 잔잔히 퍼져 나갔다. 메리는 맨 앞줄에 앉 아있던 제이콥을 보고 다시 고개를 들어 모든 사람 앞에서 말했다.

"내가 정말 잘못했어. 정말 미안하다. 부디 나를 용서해주렴."

내 뒤에 앉아있던 한 여성이 외쳤다.

"용서할게요!"

제이콥은 달려나가 메리를 안아주었다. 그들은 다음 발언자가 나 올 때까지 몇 분 동안 아무 말 없이 서로를 꼭 안고 있었다.

다음 발언자는 많아야 20세 정도로 보이는 젊은 여성이었다. 그녀의 머리에는 꽃 한 송이가 꽂혀 있었다.

"저는 … 제가 동성애자라고 처음 … 욕을 들었던 곳을 기억합니다."

그녀는 말하는 내내 고개를 숙이고 말을 쉽게 잇지 못했다.

"그곳은 교회였습니다."

곳곳에서 짧은 탄식이 흘러나왔다.

"정말 오랜만에 다른 형제, 자매님들과 겁먹지 않고 이야기할 수 있었어요. 그래서 정말 고맙습니다."

그녀는 끝까지 고개를 들지 못했다.

다음으로, 중절모를 쓴 준수한 용모의 남성이 나와 활기차게 이야기했다.

"저는 어렸을 때부터 하루를 시작할 때면 거울을 보며 묻곤 했습니다. '이렇게 입으면 너무 동성애자처럼 보이지 않을까?'"

주변에서 가벼운 웃음소리가 들렸다.

"제가 누구인지 안 다음부터는 거울을 보며 이렇게 말했죠. '마이크Mike, 손짓하지마. 마이크, 그렇게 말하지 마. 마이크, 크게 웃지마. 마이크, 그렇게 걷지 마. 마이크, 무엇을 하든 게이스럽게 굴지마.'"

갑자기 마이크의 목소리가 잠겼다.

"저는 목회자라는 제 직업을 잃기 싫었습니다. 하지만 그렇게 20년이 흘렀고 저는 저 자신을 속이는 것에 지쳤습니다. 더는 그렇게 살 수 없었고, 끝을 내고 싶었습니다. 저는 연기에 질렸고 거짓말을 하는 데도 이골이 났습니다. 이제는 진실을 고백하려 합니다. 저는 그리스도교인입니다. 저는 게이입니다."

사람들은 환호했다. 그다음 휠체어를 타고 나온 흑인 남성은 연이은 환호와 웃음을 이끌어내 회의장을 들썩이게 했다.

"저는 흑인이고, 장애인인 데다가 게이입니다. 게다가 저는 (인종차별이 심한) 미시시피주에 삽니다. 도대체 하느님께서는 저를 창조하실 때 무슨 생각을 하셨던 걸까요?"

그다음으로 나온 대학생은 최근 부모님에게 용기를 내어 커밍아웃을 했다고 말했다.

"하지만 기대했던 만큼 잘 되지는 않았습니다."

우리는 그와 함께 고통스러운 침묵을 나누었다.

작년 대회에 참가했던 한 청년은 작년에 참가했을 때는 우울증을 심하게 앓고 있었지만 올해는 새로운 교회에 다니게 되었고 남자친구도 생겼으며 가족관계 또한 나아졌다고 말했다. 조금씩이지만 나아지고 있다고 했다.

자유 발언이 끝날 무렵, 키 작은 중년 남성이 마이크 앞에 섰다. 그는 조심스럽게 말했다.

"저는 여러분에게 용서를 구하기 위해 이곳에 섰습니다. 저는 보수 교단의 목사로 30년이 넘게 목회를 했습니다. 그리고 저는 반동성애 운동가였습니다. 저는 모든 성경 구절과 모든 논쟁, 모든 관점, 모든 입장을 줄줄 꿰고 있었습니다. 저는 누구와 토론을 벌여도 이길 자신이 있었고 소리 높여 많은 사람을 '이단'으로 정죄했습니다. 오랫동안 저는 제가 말하는 것이 진리라고 확신했고, 이 진리를 죽을 때까지 수호하겠다고 굳게 다짐했습니다. 그러다 저는 한 젊은 레즈비언 여성을 만났습니다. 오랜 시간 동안 그녀를 보며 제 생각이 조금씩 바뀌었습니다. 그녀는 진실한 믿음을 가진, 은총의 사람이었습니다. 그녀의 삶은 그 자체로 가장 훌륭한 변증 apologetic이었습니다."

그는 얼굴을 손에 파묻고 흐느끼기 시작했다.

"제가 여러분에게 저지른 일에 대해 진심으로 사과하고 싶습니다. 제가 직접 여러분 한 사람 한 사람에게 상처를 주지는 않았지만, 제 잘못된 생각과 행동, 그리고 고통에 신음하는 여러분을 침묵으로 방관했던 과거는 제가 상상할 수 없을 정도로 많은 상처를 여러분에게 입혔을 것입니다. 정말 죄송합니다. 그리고 회개합니다. 저를 용서해주시기를 바랍니다."

"용서할게요!" 앞의 누군가가 외쳤다. 그는 손으로 눈물범벅이 된 얼굴을 닦고 떠는 목소리로 말을 이어갔다.

"그리고 … 아들을 학교에 데려다 주던 길에 더 놀라운 사실을 알게 되었어요. 아들은 고등학교 4학년입니다. 그리고 우리는 성에 관해서 이야기했지요. 저는 아들에게 제가 최근 동성애자들에 대한 생각을 바꾸었다고 말했습니다. 그러자 아들은 한동안 가만히 있다가 말했습니다. "아빠, 저는 게이에요.""

회의장에 있던 모든 사람의 숨이 잠시 멎었다.

"최근 몇 년 동안 제가 배우고, 기도하고 생각을 바꿨던 것 모두가 바로 그 순간을 위해 있었던 건 아닐까 하는 생각이 듭니다. 제 인생에서 가장 소중한 순간이었습니다. 제가 제 아들의 고백을 받아들일 준비가 되어 있었다는 게 말로 표현할 수 없을 만큼 행복했습니다. 그 저 제 아들이기 때문에 아들을 사랑할 준비가 되었다는 게 너무나 행복했습니다."

자유 발언이 끝나고 나는 왜 사람들이 오늘밤 화장을 하고 오지 말라고 했는지 이해했다. 내 삶에서 가장 강력한 치유와 은총을 경험했던 두 시간이었다. 그 모임은 결국 교회였다.

언젠가 지인과 함께 대화를 나누며 교회가 성과 관련한 문제들을 접했을 때 성소수자 그리스도교인들은 좀 더 사려 깊게 접근하는 법을 교회에 가르쳐주는 특별한 역할을 맡고 있다고 이야기한 적이 있다. 성소수자 그리스도교인 연합 대회에 다녀오고 나서 나는 성소수자 그리스도교인들에게 우리 모두가 그리스도인으로 살아가는 법을 가르쳐 주는 특별한 역할이 있다는 확신이 생겼다.

서로에게 진실을 털어놓는 그리스도인.

서로에게 자신의 죄를 고백하고 적을 용서하는 그리스도인.

자신의 이웃을 껴안는 그리스도인.

고통의 자리에 함께 앉고, 치유의 과정을 함께하며

부활을 한마음으로 기다리는 그리스도인.

....

가끔씩 사람들은 내가 신유神癒를 믿느냐고 묻는다. 아마도 이 물음은 이러한 의미를 지니고 있는 것 같다. '목사의 안수기도로 알코올 중독자를 치료할 수 있을까? 마비되었던 몸이 성물함을 만지면 휠체어를 박차고 일어날 수 있을까? 24시간 중보 기도를 하면 어린 소녀의 몸에 퍼지는 암세포를 깨끗하게 없앨 수 있을까?'

모를 일이다. 나는 헌신적인 신자들이 병마와 질환에 신음하는 경우를 많이 목격했다. 나는 하느님께서 이 문제와 관련해 특정인을 편애하시지는 않는다고 생각한다. 하지만 그럴 때마다, 나는 어쩔 수 없이 두 손을 모으고 기도한다.

그래서 나는 신유를 믿느냐는 질문을 받을 때마다 가시밭 농장 이야기를 들려준다. 그리고 GCN 대회에서 일어난 일을 이야기한다. 자신의 에이즈 바이러스를 고치지 못했지만 서로 돕고 사랑하면서 가난과 절망을 치유해 나가는 인도의 미망인들에 관해 이야기해 준다. 또한 '처참히 실패한 목회자 대회'와 (블로그에서 만난) 학대에서 살아남은 수많은 사람들에 관한 이야기를 들려준다. 그리고 교회를 떠났다가 다시 돌아오게 된 내 신앙 여정을 이야기해준다. 이야기를 다 하고 나면 어깨를 으쓱하면서 마지막으로 말한다. "저는 무슨 일이든 일어날 수 있다고 생각해요."

제31장
─────

냉소주의에서 벗어나기

아직도 네게 가는 길을 달달 외우고 있어.
하지만 이제 나는 그 길을 가고 싶지 않아.

- 테일러 스위프트 Taylor Swift

"레이첼, 당신에게 복음주의는 몇 년 전에 헤어진 전 남자친구 같다는 생각이 들어요. 하지만 당신은 매일같이 그의 페이스북 페이지를 훔쳐보고 있죠."

정곡을 찔렸다. 난 반박할 말을 떠올릴 수 없었다. 이 말을 한 사람이 침례교회 목사님이라는 게 아이러니했지만 말이다. 목사님은 커다란 SUV를 몰고 호텔에 약속 시각 15분 전에 도착했다. 나는 노스캐롤라이나주 샬럿 근처에 있는 윈게이트대학교에서 강연이 있었고 목사님은 나를 데리러 왔던 차였다. 하지만 그는 내가 평정심을 되찾을 때까지 꽤 오랜 시간을 기다려야 했다. 찬물로 여러 번 얼굴을 씻고 화장을 다시 했다. 내 평생 가장 목 놓아 울었던 날이었다.

사건의 발단은 월드비전World Vision이었다. 오랫동안 후원하고 여러 번 단기자원봉사도 참여했던 그곳은 얼마 전 임용 정책을 바꾸었다. 미국 본부와 지역 사무실의 경우 동성애자들도 취업을 허락한다는 내용이었다. 보수적인 복음주의자들은 이에 반발했으며 농성에 들어갔다. 정책 개정을 발표한 지 72시간 만에 10,000명이 넘는 아이들이 자신의 후원자와 그들이 약속한 재정 후원을 잃어버렸다. 10,000명이 넘는 아이들이.

월드비전에는 계속 후원을 취소하겠다는 개인과 교회의 전화가 빗발쳤다. 나는 걷잡을 수 없이 커진 피해를 최소화하기 위해 뜻이 맞는 월드비전 블로거들과 함께 블로그에 글을 올려 독자들에게 월드비전 후원을 독려했다. 그 결과 수천 달러의 후원금과 여러 후원자를 확보했지만 월드비전 대표는 발표했던 임용 정책을 철회하고 동성애자 직원의 취업을 허락하지 않는 과거의 상태로 돌아갔다. 성공적인 인질극이었다. 도움을 절실하게 필요로 하는 아이들을 협상 도구로 삼아 문화 전쟁을 벌인 보수 복음주의자들의 전략은 효과적이었다. 월드비전 대표가 임용 정책 개정을 철회하는 발표를 한 뒤 몇 시간 동안 월드비전 전화상담실은 자신의 후원 계좌를 되살리고, 자신의 후원 아동을 돌려받고 싶다는 신청 전화가 끊

이질 않았다고 한다.[1]

SNS로 이 소식을 접했을 때 나는 호텔 방에서 윈게이트대학교에 갈 준비를 하고 있었다. 주먹으로 배를 맞은 것 같았다. 가슴 아프고 숨 막히는 경험을 한 게 이번이 처음은 아니었다. 이것은 만성적인 통증이고 나는 여전히 아파하고 있다.

나를 데리러 온 침례교회 목사님도 화가 많이 나 있었다. 호텔에서 대학교 캠퍼스까지 가는 동안 그분은 노스캐롤라이나 억양으로 불만을 토로했다. 하지만 진보적인 침례교단에서 자란 분이 이에 관해 이야기하는 것은 마치 집안싸움을 밖에서 바라본 이웃의 이야기 같았다. 목사님은 마치 TV에서 정치 논객들이 난상 토론을 벌이는 것을 바라보듯 충분한 거리를 유지하며 이 사태를 바라보고 한숨을 내쉴 수 있었다. 그분은 나처럼 감정을 소비하거나 깊은 상실감을 느낄 필요가 없었다. 나는 그런 목사님이 부러웠다.

그분은 내게 성공회교회를 다니고, 진보적인 태도를 취하면서 왜 복음주의에 미련을 놓지 못하고 계속 책으로, 온라인으로 이야기하느냐고 물었다. 이에 나는 다시는 복음주의에 관심을 기울이지 않겠다고, 내게 복음주의는 더는 아무런 의미도 없으니 아무 신경도 쓰지 않겠다고 선언했다(내 삶에서 이런 다짐을 100번은 한 것 같다). "이걸로 끝이에요! 이제는 쳐다보지 않을 거예요!" 나는 소리를 높였다. 그리고 스마트폰을 들어 트위터에 글을 남겼다. 그때

---

[1] Laurie Goodstein, 'Christian Charity Backtracks on Gays', *New York Times*, March 27, 2014, http://www.nytimes.com/2014/03/28/us/christian-charity-backtracks-on-gays.html?_r=0

목사님은 앞에서 언급한 페이스북 이야기를 꺼냈다. 전에도 복음주의권에 화가 났던 적이 있다. 몇 년 전, 댄과 나는 잘 모르는 사람들에게 "자신의 신앙 경험에 관해 이야기" 해보자며 초대를 받은 적이 있었다. 우리는 도착한 다음에야 복음주의자들이 우리를 '구제'하려고 마련한 자리였음을 알았다. 우리는 각각 긴 소파의 양 끝에 자리를 잡은 채 몸을 뒤척였다. 우리 사이에는 갓 구운 초콜릿 쿠키가 가득 담긴 접시가 놓여 있었다. 그날 자리에 있던 사람은 4명이었는데 잘 모르는 사람들이었다(한 나이든 부부는 친척의 친구였고, 한 부부는 처음 만났다). 그들은 진화론을 받아들이고 여성 성직자를 지지하는 우리의 '영적 상태'에 대해 많은 걱정과 우려를 표했다. 그리고 대화가 동성 결혼으로 바뀌자 나이든 남성분의 얼굴이 붉어졌다. 댄과 나는 이런저런 이유를 둘러대고 모임을 나왔다. 차 문을 닫고 들어와 외쳤다. "이 지긋지긋한 복음주의자들! 이제 됐어! 끝이라고!"

이런 일이 일어날 때마다 나는 일종의 탈진 상태가 되고 한두 달가량 신앙생활과 소원해진다. 그 기간에 나는 기도를 중단하고, 성경에 무관심해지며, 내게 활력을 불어넣고 도전을 일으키던 신학 담론들에도 관심을 잃는다. 복음주의 계열의 어떤 목사가 여성의 요가복이 남성에게 걷잡을 수 없는 성욕을 불러일으킨다는 글을 써도 나는 마태오의 복음서 5장 28~29절을 들면서 토론을 벌일

만한 기운을 찾지 못한다.[2] 이메일 계정에 그 목사에게 응답해달라는 독자들의 편지가 수십 개 쌓여있을지라도 말이다. 그럴 때 나는 답한다. "내가 깔아놓은 판도 아니니 내가 가서 묘기를 부릴 필요는 없어요." 또 다른 사람들이 우리를 초대해도 나는 집에 남는다. 일요일 아침이 다가올수록 나는 내 머리 위로 이불을 덮는다. 약간의 우울증, 종교적인 나태에 빠지고, 그동안 내 마음 어딘가 움츠러들고 있던 냉소와 비아냥이 활개 치도록 내버려 둔다. 그리스도교 페미니즘을 취재하고 있는 한 기자가 기사를 쓸 때 나를 복음주의자라고 언급하면 되겠냐고 물었을 때 나는 깊은 한숨을 내쉬며 말했다. "죽어도 안 돼요."

사람들은 내가 미국 개신교 복음주의의 미래에 일정한 역할을 맡고 있다고, 일정한 지분을 차지하고 있다고 생각한다. 하지만 될 수만 있다면, 난 그 지분이 사라지기를 바란다. 미국 개신교 복음주의는 나를 더는 원하지 않는데 왜 내가 여기에 매달려야 하는가? 내가 더는 신경 쓰지 않는다면 복음주의가 온갖 이상한 일을 벌인다 하더라도 지금처럼 아프지는 않을 것이다. 포기하면 간단히 해결될 일이고 나는 자유로울 것이다. 그리고 나는 우편함에서 어느 60세 여인이 보낸 편지를 꺼내 읽는다. 그녀는 블로그에서 나눈 대화를 통해 목사 안수라는 평생의 꿈을 좇기로 결단했다고 말한다. 그리고 내가 집을 비운 사이 복음주의자 이웃들이 댄을 초대해

---

[2] "나는 너희에게 이렇게 말한다. 누구든지 여자를 보고 음란한 생각을 품는 사람은 벌써 마음으로 그 여자를 범했다. 오른눈이 죄를 짓게 하거든 그 눈을 빼어 던져버려라. 몸의 한 부분을 잃는 것이 온몸이 지옥에 던져지는 것보다 낫다." (마태 5:28-29)

저녁을 함께한다. 그리고 나는 부모님 집에 들러 그분들과 성소수자 그리스도교인 연합에 관해 진지한 이야기를 나눈다. 그리고 집에 돌아오면 스캇 맥나이트의 신간이 와있다. 그러고 나서 난 다시 성찬례에 참여한다.

나는 다시 신경 쓰기 시작한다. 다시 마음을 쏟는다. 나는 부모님을 버릴 수 없듯 내 신앙의 배경을 버릴 수 없음을 깨닫는다. 더는 복음주의권 교회에서 예배를 드리지 않고 더는 복음주의 신학을 지지하지 않는다 하더라도 내가 보편 교회의 구성원인 이상 나는 내게 처음 예수님을 소개해준 공동체에 대한 지분을 갖고 있다. 마음에 들든 들지 않든, 복음주의는 내 삶의 일부를 이루고 있다.

그리고 복음주의자들은 다시금 미국 본연의 가치에 따라 성경을 읽어야 한다고 주장하고 우리는 또다시 갈라선다. 나와 복음주의의 관계는 사랑 노래인지 이별 노래인지 헷갈리는 테일러 스위프트의 노래가 반복 중이다.

월드비전 사태는 그 어느 때보다 깊은 회의와 체념에 빠지게 했고, 나는 여전히 거기서 빠져나오려 발버둥 치고 있다. 나는 이 일로 복음주의에서 완전히 돌아선 사람들을 많이 알고 있다. 그들 중 몇몇은 더는 교회를 찾지 않는다. 그들은 예수님을 통해 발견한 사랑과 그분을 따르는 이들이 행하는 정죄의 괴리를 좁힐 수 없었다. 그러나 이번 일을 통해 새로 배운 것이 있다. 그것은 내가 치유를 받으려면 먼저 내 안에 있는 고통을 인정해야 한다는 것이다. 그리고 냉소주의에서 벗어나지 못하면 우리는 자신의 고통을 직시할 수 없다. 냉소주의는 우리의 고통을 덜어주는 강력한 마취제이지만 동시에 진실과 기쁨의 감각 또한 마비시킨다. 누군가 어떤 일에 슬픔을 느낀다면 그것은 건강한 일이다. 심지어 어떤 일에 분노를 느끼는 것도 건강한 일일 수 있다. 그러나 냉소주의에 마비된 채 모든 일에 덤덤하게 되거나 비아냥으로 응한다면 그것은 어떠한 식으로든 건강하지 않은 일이다.

내가 모든 복음주의자가 혐오와 무지로 가득 찼다고 쓴다면 이는 스스로를 냉소주의로 마비시키는 것에 불과하다. 내가 복음주의자들의 약점을 조롱한다면 이 또한 나 자신을 냉소주의로 마비시키는 것이다. 내가 눈을 위아래로 굴리며 팔짱을 낀 채 "그래, 하느님께서 '저기'에 계실 리가 없지"라고 말할 때 이는 나 자신을 냉소주의로 마비시키는 것이다. 그 결과 나는 많은 것을 놓친다. 계시지 않으리라고 여기는 장소에 나타나셔서 우리를 놀라게 하는 하느님의 모습을 놓친다. 내게 하느님의 은총이 절실하듯 월드비전의 임용 정책에 반대해 후원 아동을 저버린 여성 또한 하느님의 은총을 절실히 필요로 한다는 사실을 놓친다. 냉소주의는 간단하게 이 세상을 착한 편과 나쁜 편으로, 현명한 편과 어리석은 편으로 나누는 서사를 제공한다. 하지만 그 결과 우리는 진실과 진리에 눈을 감게 된다. 냉소주의는 우리가 소름 끼칠 정도로 선과 악이 뒤섞인 존재라는 진실, 죄인임과 동시에 의인이라는 진실을 은폐한다.

이 세상과 오롯이 관계를 맺기 위해서 우리는 우리 자신을 정직하게 드러내야 한다. 불편하고, 짜증 나는 일이다. 더욱 짜증 나는 점은 때때로 자신을 정직하게 드러내면 상처를 입게 된다는 것이다. 우리가 보편 교회, 이 세상에 있는 모든 교회를 진짜 '가족'으로 여긴다면 우리는 상처를 입게 될 것이다. 그것도 아주 많이.

이는 건강하지 않은 교회에 계속 머물러야 한다거나 폭력적인 사람들이 계속 학대하도록 내버려 두어야 한다는 뜻이 아니다. 우리 삶의 질을 저하시키거나 소속감을 강화하기 위해 다른 무언가와 싸우게 만드는 교회에 계속 다녀야 한다는 뜻도 아니다. 내가 말하고 싶은 것은 우리가 입은 상처와 아픔(교회에서 받은 상처와 아픔까지 포함해)을 치유받고 싶다면 냉소주의에 빠지는 습관부터 떨쳐내야 한다는 것이다. 다른 사람과 관계를 맺을 때는 아픔, 기쁨, 두통이 따르기 마련이며 우리는 이를 감내할 수 있어야 한다. 그것이 진정한 '삶'이기 때문이다. 때로는 힘들고 때로는 모든 것을 잃는 위험이 따른다 할지라도 우리는 우리에게 주어진 길을 걸어가야 한다. 이 길이 유일한 길이기 때문이다.

제32장

교회의 종말에 관한 몇 가지 생각

내 죽음을 다룬 기사는 과장되었다.

- 마크 트웨인

2013년 어느 일요일 저녁, 논란을 일으키는 유별난 행동으로 유명했던 어느 시애틀 대형교회 담임 목사는 검은 영구차를 몰고 저녁 예배에 참석했다. 그는 장례식 때 입는 옷을 입고 등장했고, 기다리던 사진작가들은 그가 교회로 들어갈 때까지 온갖 포즈를 요청하며 사진을 찍었다. 저녁 예배를 인도하며 그는 미국 교회가 죽어가고 있음을, 이 죽어가는 교회를 소생시킬 책임은 그리스도교인들에게 있다고 설교했다. 몇 주가 지나고 나서 그는 『재기를 향한 부름 - 그리스도교를 기다리는 건 미래인가 죽음인가?』A Call to

Resurgence - Will Christianity Have a Funeral or a Future?라는 책을 펴냈다.* 아니나 다를까 책의 표지에는 흑갈색의 영구차가 실려 있었다.

최근 교회의 죽음, 혹은 그리스도교의 종말을 이야기하는 것이 일종의 유행처럼 번져 나가고 있다. 교단 연합 모임이나 온갖 대회에서 사람들은 낮은 목소리로 이런 대화를 주고받는다. 마치 크리스마스에 죽음을 앞둔 이모와 함께하는 식사 자리에서 이모를 제외한 사람들이 그분의 마지막 크리스마스이니 각별히 신경 쓰자는 말을 은밀히 주고받는 것처럼 말이다. 이러한 우려에 전혀 근거가 없는 것은 아니다. 통계에 따르면 1990년에는 미국 전체 인구 중 86%가 자신이 그리스도교인이라고 답했지만 지금은 76%로 떨어졌다. 반면 아무런 종교도 갖고 있지 않다고 답한 사람들은 16%로 증가했다.[1] 이러한 현상은 청년층에서 좀 더 두드러지게 나타나는데 젊은 그리스도교인의 5명 중 3명은 15세가 되면 더는 교회에 출석하지 않는다.[2] 미리 고백하면, 나 또한 온갖 강연에서 이 통계를 곧잘 인용한다. 특히 많은 교회가 취하는 정치, 성, 과학, 사회 정의에 대한 입장 때문에 젊은 세대가 신앙을 잃고 교회를 떠나

---

[1] Diana Butler Bass, *Christianity After Religion: The End of Church and the Birth of a New Spiritual Awakening* (New York: HarperOne, 2012), 13. 『교회의 종말』(KMC)

[2] 'Six Reasons Young Christians Leave Church', *The Barna Group*, September 28, 2011, http://www.barna.org/teens-next-gen-articles/528-six-reasons-young-christians-leave-church.

* 저자가 언급하는 목사는 마스 힐Mars Hill 교회의 담임목사였던 마크 드리스콜Mark Driscoll을 가리킨다. 2014년 그는 오랫동안 여러 신자에게 언어·정신적인 폭력을 가한 일, 자신의 저작에 다른 이들의 글을 무단으로 도용한 일, 자신의 저작을 베스트셀러로 만들기 위해 교회 예산을 사용한 일 등의 문제로 담임목사직에서 물러났다. 이 과정에서 한때 11,000명이 넘는 교인 수를 자랑했던 마스 힐 교회는 공중분해되었다.

고 있다고 설명할 때 그렇다. 언젠가 교회가 "적응하지 못하면 사라질 것"이라는 내용의 글을 한두 번 썼던 적도 있다. 어쩌면 나도 이미 교회의 종말을 선고하고 마지막 의식을 치렀는지도 모른다. 하지만 요즘 나는 오늘날 교회에 가장 필요한 것은 바로 죽음과 부활이 아닐까 생각한다. 이 모든 통계와 교회가 사회에 미치는 영향력이 줄어들고 있다는 현실은 우리가 세운 제국의 종말을 뜻할 수도 있으며 어떠한 측면에서는 좋은 일일지도 모른다.

죽음이나 종말을 두려워하는 것은 제국이나 지금 권력을 쥐고 있는 사람이다. 하루하루 끼니를 겨우 연명하는 이들에게 죽음이나 종말은 두려운 일이 아니다. 부활을 믿는 사람들에게는 더더욱 그렇다. G. K. 체스터틴G. K. Chesterton은 말했다.

> 그리스도교는 혁명을 수차례 겪었고, 매번 혁명이 일어날 때마다 죽음을 맞이했다. 그렇게, 그리스도교는 죽고 다시 살아나기를 반복했다. 그들에게는 무덤에서 나오는 법을 잘 아시는 하느님이 계셨기 때문이다.[3]

새로운 "혁명"이 정확히 어떠한 모습을 하고 찾아오는지 나는 모른다. 다만 그리스도교의 중심이 서구에서 동구와 남반구로 이동하고 미국 그리스도교인들이 점점 돈과 권력이 아닌 다른 기준들로 교회를 가늠하는 이 시점에, 나는 혁명이 일어난다면 제한된 사

---

[3] G. K. Chesterton, *The Everlasting Man* (New York: EMP Books, 2012), 213.

람들만 참여하는 제대가 모두가 함께 먹고 마시는 식탁으로, 닫힌 문이 모두에게 열리고 모든 '치료제'가 치유의 기름으로 바뀌는 식으로 일어나기를 바란다. 나는 교회가 부유하고 성공한 사람들의 나라가 아니라 가난하고 온유한 사람들의 나라이기를 바란다. 십자군과 수호자들의 나라가 아니라 평화를 일구는 사람들의 나라이기를 바란다. 그리스도교가 죽어야 한다면 남을 지배하고 통제하던 옛 모습은 죽어 없어지고 예수님의 길을 따라, 십자가의 길을 따라 부활하기를 기도한다.

나는 얼마 전 연합감리교회 소속의, 교세가 기울던 한 교회 이야기를 들은 적이 있다. 한때 노스캐롤라이나주 더럼 동부에서 잘 나갔던 이 교회는 교인 수가 40명까지 줄면서 아름다운 예배당을 유지하기에도 벅찬 상황에 처했다. 신학교를 졸업하자마자 이곳에 부임한 담임 목사는 교회를 살리려고 최선을 다했다. 재정위원회를 다시 세우고 교회의 은행 계좌들을 정리하고, 사용하지 않던 교회 차량을 매각하고, 교회 소유 건물의 임대료를 올렸다. 그럼에도 사정은 나아질 기미를 보이지 않았다.

변화는 인근 교회들이 감리교회 사람들을 만나 장소 사용에 관해 이야기를 나누면서 시작되었다. 한 흑인 교회가 일요일 저녁마다 예배당을 빌려 예배드리기 시작했고 그 대신 관리비와 공과금을 치를 헌금을 냈다. 한 침례교회에서는 히스패닉 주민들을 위한 영어 교실 공간을 빌려달라고 요청했다. 그리고 짐바브웨 이민자들이 중심을 이룬 감리교 개척교회가 매주 일요일 오전 11시에 예배드릴 수 있는 공간을 빌려달라고 요청했다. 감리교회는 이에 응했고 이후 1년간 이들은 2층 예배당에서, 짐바브웨 공동체는 같은 시각 1층 회의실에서 모국어인 쇼나어로 예배를 드렸다. 연합감리교회 목사는 그녀가 설교할 때마다 아래에서 들리는 아프리카 드럼 소리가 추임새 역할을 했다고 고백했다.

두 교회는 함께 식사를 나누고 종종 연합 예배를 드렸다. 크리스마스이브 예배에는 《고요한 밤, 거룩한 밤》을 영어와 쇼나어로 번갈아 가며 불렀다. 시간이 흐를수록 짐바브웨 이민자 개척교회는 교인이 늘었지만, 연합감리교회는 나이든 교인이 죽거나 이사가면서 교인이 점점 줄어들었다. 감리교회 목사는 성장일로에 들어선 짐바브웨 교회 사람들이 좁은 방에 비좁게 끼어 앉아 예배를 드리는 동안 30명 안팎의 사람이 500명을 수용할 수 있는 예배당을 사용하는 현실에 의문을 품기 시작했다. 자신이 섬기는 교회는 "이미 삶과 죽음의 경계"에 있었다. 그래서 연합감리교회 신자들은 기도와 분별의 시간을 가지며 마르코의 복음서에 나오는 말씀을 묵상하고, 또 묵상했다.

> 나를 따르려는 사람은 누구든지 자기를 버리고 제 십자가를 지고 따라야 한다. 제 목숨을 살리려는 사람은 잃을 것이며, 나 때문에 또 복음 때문에 제 목숨을 잃는 사람은 살릴 것이다. (마르 8:34~35)

결국 감리교회는 투표를 거쳐 교회 건물, 가구, 목사관 등 모든 재산을 짐바브웨 교회에 증여하기로 결정했다. 그리고 감리교회 신자들은 다 함께 다른 공동체의 초청을 받아 그곳에 합류했다. 그 감리교회는 죽었지만, 목사의 고백처럼 "좋은 죽음"을 맞이했다.[4]

성소수자 그리스도교인 연합에서 만난 여성은 내게 또 다른 죽음에 관한 이야기를 들려주었다. 스테이시Stacey는 (다른 많은 사람이 그렇듯) 복음주의 교회에서 자랐고 교회 생활을 진심으로 사랑했다. 적어도 자신이 동성애자라는 것을 깨닫기 전까지 말이다. "오랫동안 내게 성소였던 곳이 어둡고 무서운 장소가 되었어요." 사람들은 하느님과 성 정체성 중 하나를 포기해야 한다고 그녀에게 강요했다. 그녀는 자신을 이성애자로 만들어달라고 기도했다. 수년간의 기도 끝에 그녀는 어머니 뱃속에서 자신을 빚으신 하느님께서 자신을 아무런 조건 없이 사랑하신다는 것을 받아들였다.

2010년 스테이시와 아내 탬Tams이 캐나다 밴쿠버로 이사했을 때 그들은 복음주의 계열의 교회를 찾았다. 그들과 이야기를 나눈 목사들은 한결같이 스테이시와 탬을 환대하지만 교회에서 사역자로 활동할 수는 없다고 말했다. 하지만 스테이시와 탬은 사역자로 활동하기를 갈망했다. 결국 그들은 '더 코브'the Cove라는, 복음주의 계열의 작은 교회를 발견했다. '더 코브'에는 보수적인 사람들과 진보적인 사람들 모두 있었고 담임 목사는 모두를 환대했다. 탬과 스테이시는 그곳의 유일한 동성애자 부부였지만 금세 교회에 적응했고 공동체도 그들을 축복했다. 그들은 소모임에 들어갔고 성경 공부에 참여했으며 얼마 지나지 않아 찬양 인도와 주일학교 사역

---

[4] Cheryl M. Lawrence, 'A good death', *Faith & Leadership*, April 22, 2014, http://www.faithandleadership.com/content/cheryl-m-lawrence-good-death.

을 맡았다. 스테이시는 그곳에서 예수님의 말씀을 떠올렸다.

너희가 서로 사랑하면 세상 사람들이 그것을 보고 너희가 내 제
자라는 것을 알게 될 것이다. (요한 13:35)

스테이시와 탬이 교회에서 사역자로 활동한다는 소식이 교회가
소속된 교단에게 알려졌고 교단은 사람을 보내 조사했다. 교단법
에 따르면 성소수자들은 어느 정도 크기 이상 교회의 정식 회원이
될 수 없었다. "올 게 왔던 거죠. 우리는 알고 있었어요. 다시 우리
에게 모든 화살이 날아왔죠. 다른 성소수자 친구들이 교회에서 쫓
겨나거나, 자리에서 물러나거나, 스스로 나갈 때까지 외면당한 이
야기를 수없이 들었어요." 그녀는 자신들도 같은 길을 걷게 되리
라는 생각에 두려워했다. 예전에 다녔던 교회에서 경험했던, 거부
당하는 아픔이 되살아나는 듯했다. 그러나 '더 코브'는 달랐다. 교
회는 스테이시와 탬을 내보내기를 거부했다. 담임 목사는 교단 지
도자들과 여러 번 만나 입장 차를 해결하려 했지만, 교회는 결국
2013년 교단에서 모든 지원을 끊겠다는 통지를 받았다. 자립할 수
없던 작은 교회는 결국 해산되었다. "2013년 5월 26일 일요일, 우
리는 마지막으로 모였어요. 한편으로는 장례식 같았지만, 한편으
로는 축제 같기도 했지요. 목사님은 언제나 교회 벽 밖에 있는 우
리 공동체로 나아가 교회가 되라고 도전했고 이건 그 기회가 될 수
있어요. 우리는 마지막으로 함께 식사했고, 목사님과 목사님 가족
을 위해 헌금을 걷었어요. 그리고 원형으로 둘러앉아 하느님께서

이 모든 일을 당신의 영광을 위해 들어 쓰시기를 기도드렸어요. 제 마음은 너무나 슬펐지만 한편으로는 충만함을 느꼈어요. 저는 '더 코브'에 있으면서 늘 생각했어요. 여긴 정말, 정말 좋다고. 어쩌면 이건 어떤 운동의 시작인지도 모르겠어요. 율법주의를 뛰어넘고, 어떠한 대가를 치르든 사랑으로 사람들을 감싸 안는 운동 말이에요. 그리스도께서 우리에게 가르치신 게 바로 그것 아닌가요?" '더 코브'는 죽었다. 하지만 '더 코브'는 좋은 죽음을 맞이했다.

그리스도교의 모습이 변하고 우리의 교회가 새로운 세상에 적응해갈 때마다 우리는 선택의 길에 놓인다. 우리는 영구차를 운전하면서 교회에 드리운 죽음의 전조를 느끼고 신세를 한탄할 수 있다. 아니면 우리는 예수님을 죽음에서 살리신 하느님께서 교회를 다시 새롭게 살리시는 중이라고 신뢰할 수 있다. 빵과 포도주를 나누고, 병자를 치유하고 죄인에게 세례를 주고, 말씀을 선포하고, 성령의 활동에 주의를 기울이는 한 교회는 언제나 살아 숨 쉰다. 예수님은 지옥의 문조차 이를 이기지 못한다고 말씀하셨다. 우리는 그분을 신뢰해야 한다. 그분은 무덤에서 나오는 법을 잘 알고 계시기 때문이다. 바바라 브라운 테일러는 말했다.

새로운 삶은 어둠으로부터 시작한다. 땅에 심은 씨앗이든 뱃속의 아기이든 무덤에 잠든 예수든, 생명은 어둠으로부터 시작한다.[5]

---

[5] Barbara Brown Taylor, *Learning to Walk in the Dark* (New York: HarperOne, 2014), 129.

제33장

향유

향기는 헤아릴 수 없는 거리와 지금까지 우리가 살아온 시간을
뛰어넘는 강한 힘을 지니고 있다.

- **헬렌 켈러**Helen Keller

복음서 저자들은 처음부터 예수님을 따라다녔던 사람들을 열두
제자와 여성들이라는 두 집단으로 나누어 언급한다. 열두 제자는
예수님이 직접 부르신 유대인 남성들로 그분의 가장 가까운 동반
자였다. 교회의 기둥인 사도가 되는 그들의 숫자는 이스라엘의 열
두 지파를 상징했다. 그에 비해 예수님을 따르던 여성 제자들은 그
수가 정확히 알려지지 않았다. 여성들은 예수님을 따라다녔고 그
분을 자신의 집에 모셨으며 그분과 제자들의 활동을 물심양면으로

후원했고, 예수님을 랍비로 모시면서 그분의 말씀을 듣고 배웠다. 그리고 여성들은 그들의 신실한 활동을 통해 열두 제자들을 가르쳤다. 여성들은 복음서에서 자주 등장하지만, 특히 파스카 성삼일 Triduum Pasquale이라고 일컬어지는 성목요일부터 부활 주일까지 가장 두드러지고 빛을 발한다. 예수님의 수난 이야기, 즉 마지막 만찬부터 체포당하시고, 심판대에 서시고, 죽으시고, 부활하시기까지 대다수 사람이 두려움과 실망에 빠져 예수님 곁을 떠났지만, 여성들은 그분의 곁을 지켰다.

예수님이 배반 당하시기 며칠 전, 그분과 제자들은 베다니아에 있는 나병 환자 시몬의 집에서 식사했다. 식탁에 기대앉은 예수님과 제자들에게 한 여성이 1년치 품삯에 해당하는 값진 향유가 든 옥합을 갖고 왔다. 마리아는 순 나르드 향유가 든 옥합을 깨뜨리고 향유를 예수님의 몸에 부었다. 그분의 머리와 발 위에 기름을 붓는 동안 집은 순 나르드의 자극적이고 달콤한 나무 향으로 가득했다. 심지어 마리아는 자기의 머리카락으로 예수님의 발을 닦았다.

이 사건은 시작부터 끝까지 무례했다. 마리아는 식사를 중단시켰고 값비싼 물건을 낭비했으며 자신의 머리카락으로 남성의 몸을 만졌다. 마리아의 이러한 행동은 각각 남다른 의미가 있었다. 당시 이스라엘 문화에서 사람에게 기름을 붓는 행위는 특별한 역할과 활동을 맡긴다는 뜻이었기 때문에 왕이 즉위할 때 종교지도자는 그의 머리 위에 기름을 붓는 예식을 거행했다. 시몬의 집에서 마리아는 (전통을 거슬러) 예언자와 제사장의 역할을 맡아 메시아의 머리 위에 기름을 부었다. 선입견과 고정관념을 뒤집는 예수님의 나라의 특징을 더없이 잘 보여주는 행동이었다.

마리아가 예수님의 머리뿐만 아니라 발 위에 기름을 부었다는 점도 눈여겨보아야 한다. 발 위에 기름을 부은 행위는 예수님이 제자들에게 가르쳐주셨던 사랑과 섬김, 제자도라는 메시지를 연상시킨다. 여성과의 접촉을 엄격하게 규제하고 상황에 따라서는 부정하게 여겼던 당대 문화에서 마리아는 자신의 손으로 예수님의 발을 품고 자신의 머리카락으로 그분의 발목을, 발가락 마디마디를 씻고 닦았다. 그녀는 적당한 양의 향유를 덜어서 사용하지 않고 옥합을 깨뜨려 모든 향유가 예수님의 몸을 적시게 했다. 그녀는 예수님께 모든 것을 드렸고 하나도 자신을 위해 남겨두지 않았다. 어쩌면 이 향유는 자신의 죽음이나 사랑하는 사람이 죽음을 맞이했을 때를 대비해 오랫동안 보관해두었던 것일 수도 있다. 그런 향유를 그녀는 남김없이 붓는다. 그녀는 앞날을 생각하지 않았다. 이렇게, 마리아가 겸손으로 예수님의 발을 씻은 장면은 얼마 지나지 않아 예수님이 제자들의 발을 씻어주시는 장면의 복선이 된다.

하지만 예수님은 그녀의 행동에서 상징과 복선 그 이상의 것을 보셨다. 그분은 이 행동을 당신의 장례를 준비하는 행동으로 이해하셨다. 제자들이 마리아를 향해 가난한 사람을 돕지 않았다고 꾸짖자 이에 예수님은 말씀하셨다.

"참견하지 마라. 이 여자는 나에게 갸륵한 일을 했는데 왜 괴롭히느냐? 가난한 사람들은 언제나 너희 곁에 있으니 도우려고만 하면 언제든지 도울 수가 있다. 그러나 나는 언제까지나 너희와 함

께 있지는 않을 것이다. 이 여자는 내 장례를 위하여 미리 내 몸
에 향유를 부은 것이니 자기가 할 수 있는 일을 다 한 것이다."

(마르 14:6~8)

예수님은 자신의 죽음이 임박했다고 계속 말씀하셨지만 열두
제자들은 그분의 이야기를 받아들일 수 없었다. 그분이 당신은 고
난받고, 버림받아 사람들의 손에 죽었다가 다시 살아나야 한다고
베드로에게 말씀하시자 그는 분개하고 펄쩍 뛰었다. 그리고 예수
님은 그런 베드로에게 "사탄아, 물러가라!" 하고 꾸짖으셨다. 예수
님이 당신의 죽음을 담담하게 이야기하시는 동안 제자들은 누가
하느님의 나라에서 가장 큰 사람인지를 두고 다투기도 했다. 야고
보와 요한은 그분의 말씀에 담긴 뜻을 파악하지 못한 채 예수님의
보좌 우편과 왼편에 앉게 해달라고 요청했다.

그들은 이해할 수 없었다. 그들은 적을 죽이는 것이 아니라 적
의 손에 자신들의 선생님이 죽임을 당하실 때 비로소 하느님의 나
라가 시작된다는 것을 상상할 수 없었다. 제자들이 마리아의 돈 낭
비에 불만을 제기한 것은 바로 그 때문인지도 모른다. 그들은 예수
님이 자신들과 오랫동안 함께하시리라고 생각했다. 하지만 그분은
언제나 제자들과 함께하실 수 없다. 그분은 머잖아 삶의 가장 고통
스러운 순간을 홀로 마주하셔야 했다. 복음서에서 예수님이 제자
들에게 자신의 죽음을 상기하실 때 그 말씀에는 슬픔이 배어 있다.

마리아가 실제로 예수님의 임박한 죽음과 장례를 내다보았는지
는 알 수 없다. 하지만 나는 그녀가 본능적으로 이를 직감했다고

생각한다. 그녀는 부정한 병자의 집에 들어가 함께 식사를 하시고, 여성의 머리카락으로 자신의 발을 닦게 하시며 종교지도자들을 꾸짖고 창녀와 벗이 되시는 분이 자신들이 사는 세상에서 오래 계시지 않으리라는 것을 직감으로 알았을 것이다. 당시 사회에서 여성은 남성보다 죽음에 민감했다. 소외된 사람들은 언제나 죽음과 부활을 먼저 알아차리는 법이다.

제자들이 예수님을 배반하고 두려움에 떨며 뿔뿔이 흩어졌지만 여성들은 그분 곁을 지키며 그분의 죽음과 부활을 목격한 것도 어쩌면 그 때문인지 모른다. 그들은 예수님의 죽음이 피할 수 없는 일임을 알았다. 하지만 그들은 자신의 친구였던 예수님과 끝까지 함께하고자 했다. 그들은 예수님이 고통받으실 때도 예수님을 사랑했고 예수님이 죽음을 맞이하신 후에도 사랑을 멈추지 않았다. 그리스도께서는 그들의 아름다운 우애에 당신의 부활을 처음 목격하게 해주시는 것으로 화답하셨다. 주님께서 다시 살아나셨다는 복음을 가장 먼저 전한 사람들은 여성들이었다. 예수님은 자신을 찬미한 마리아에게 유례를 찾아볼 수 없는 칭찬을 하셨다.

"나는 분명히 말한다. 온 세상 어디든지 복음이 전해지는 곳마다 이 여자가 한 일도 알려져서 사람들이 기억하게 될 것이다." (마르 14:9)

얼마나 놀라운 말인가! 빵과 포도주를 나누는 곳마다, 부활절 예배를 드리는 곳마다, 모든 대성당과 부흥 집회가 열리는 곳마다, 이스라엘에서 아프리카까지, 유럽에서 중국까지, 이 여성의 이야기는 그리스도의 복음과 함께 기억되어야 한다. 우리 입에서 떠나지 않아야 한다. 우리는 우리에게 있는 모든 감각을 사용하는 순전한, 비합리적이고 '낭비'로 보이는 예배를 기꺼워한다. 예수님은 우리가 마리아를 기억하기를 바라셨지만, 우리는 손쉽게 그녀를, 그녀가 한 일을 잊곤 한다. 우리는 우리 각자가 지닌 값비싼 향유를 성찬을 할 때 바쳐야 한다. 어쩌면 성령의 도움으로, 향유의 향은 우리가 손쉽게 잊곤 하는 공통의 기억을 일깨울지 모른다.

7부

결혼

Marriage

제34장

왕관

야훼께서 되찾으신 사람이 이 길을 걸어 시온 산으로 돌아오며
흥겨운 노래를 부르리라. 그들의 머리 위에선 끝없는 행복이 활짝 피어나고
온몸은 기쁨과 즐거움에 젖어 들어 아픔과 한숨은 간데없이 스러지리라.

- 이사야서 35:10

신부의 어깨 위로 진홍색 비단이 우아하게 펄럭이고 비단 위 금색 자수에는 저무는 햇빛이 아른거린다. 그녀의 목에는 금과 진주 목걸이가 걸려있고, 그녀의 팔에 있는 헤나Henna 문양은 오래전부터 내려오는 여성들의 지혜를 담고 있다. 신부가 장미와 재스민으로 만든 화관을 신랑의 머리 위로 얹을 때 하객들은 그녀의 반짝이는 눈을 보고 감지한다. 순간이지만, 신비가 빛났다.

시끌벅적한 하객들의 손을 타고 위아래로 들썩이는 의자 한 쌍

이 보인다. 의자에 앉은 신랑과 신부는 겁먹은 표정으로 의자를 꽉 쥐어 잡지만 곧 흥겨운 하바 나길리아הבה נגילה 노래를 들으면서 웃음을 터트린다. 팔짱을 끼고 둥그렇게 서서 춤을 추는 사람들의 얼굴에도 웃음꽃이 핀다. 순간이지만, 신비가 미소 짓는다.

부부가 걸음을 내디딜 때마다 백파이프의 귀를 찌르는 소리가 울려 퍼진다. 이슬에 젖은 풀길 위로 타탄Tartan 무늬(스코틀랜드 전통의 바둑판무늬)의 대열이 행진한다. 장미와 엉겅퀴 꽃을 몸에 두른 부부는 걷다가 멈추고 입을 맞춘다. 휘파람 소리를 내고, 환호성을 지르던 하객들은 불타오르듯 빨갛게 물든 신부의 뺨을 보며 깨닫는다. 순간이지만, 신비가 입을 맞췄다.

샴페인 병을 신나게 흔들고 열면서 거품을 터트리고, 모두의 환한 미소 위로 카메라 플래시가 연신 번쩍인다. 드디어 오랫동안 준비해온 결혼 예복이 빛을 발하는 날이다. 서명을 마친 혼인 신고서를 접수하는 공무원은 이날을 간절히 꿈꾸고 기다렸던 부부의 얼굴 위로 흐르는 눈물을 본다. 순간이지만, 신비가 눈물을 흘렸다.

전통적인 정교회 결혼식에서는 금 왕관을 신랑과 신부의 머리 위에 씌우는 대관식 순서가 있다. 왕관은 지금 여기에서 시작하는 작은 나라가 하느님 나라처럼 되게 해달라는 간구와 축복을 상징한다.[1] 사제가 "오 주 하느님, 이들에게 영광과 존귀의 관을 씌우소서" 하고 외칠 때 성당에 있는 하객들은 번쩍이는 금빛 왕관을 보면서 이해한다. 순간이지만, 신비의 나라가 임했다.

---

[1]   Alexander Schmemann, *For the Life of the World*, 89.

제35장

신비

이 비밀은 큽니다. 나는 그리스도와 교회를 두고 이 말을 합니다.

- 에페소인들에게 보낸 편지 5:32

댄과 나는 가을에 뉴 유니언 침례교회 예배당에서 결혼했다. 그곳을 예식장으로 선택한 이유는 예배당이 모든 하객을 수용할 수 있고 피로연 장소가 가깝기 때문이었다. 하지만 나는 가끔 복도 선반 위에 있는 청첩장에 크게 적힌 '새로운 연합'new union이라는 교회 이름을 볼 때마다 기분이 좋다. 예사롭지 않은 이름을 가진 저 교회에서 얼마나 많은 부부가 자신들의 하나 된 삶을 시작했을까. 결혼식 날, 나는 웨딩드레스와 잘 어울린다는 이유로 신은 회갈색 하이힐 덕분에 발목을 부여잡고 싶을 정도로 심한 통증에 시달렸다. 댄이 나를 기다리는 예배당에 도착했을 때 더그 목사님은 성경을 읽어주셨다.

> 할렐루야! 주 우리 하느님 전능하신 분께서 다스리신다.
> 기뻐하고 즐거워하며 하느님께 영광을 드리자.
> 어린 양의 혼인날이 되었다. 그분의 신부는 몸단장을 끝냈고,
> … 어린 양의 혼인 잔치에 초대받은 사람은 행복하다. (묵시 19:6~9)

> 그 뒤에 나는 새 하늘과 새 땅을 보았습니다. 이전의 하늘과 이전의 땅은 사라지고 바다도 없어졌습니다. 나는 또 거룩한 도성 새 예루살렘이 신랑을 맞을 신부가 단장한 것처럼 차리고 하느님께서 계시는 하늘로부터 내려오는 것을 보았습니다.
> 그때 나는 옥좌로부터 울려 나오는 큰 음성을 들었습니다. "이제 하느님의 집은 사람들이 사는 곳에 있다. 하느님은 사람들과 함께 계시고 사람들은 하느님의 백성이 될 것이다. 하느님께서는 친히 그들과 함께 계시고 그들의 하느님이 되셔서 그들의 눈에서 모든 눈물을 씻어주실 것이다. 이제는 죽음이 없고 슬픔도 울부짖음도 고통도 없을 것이다. 이전 것들이 다 사라져버렸기 때문이다." 그때 옥좌에 앉으신 분이 "보아라, 내가 모든 것을 새롭게 만든다" 하고 말씀하신 뒤 다시금 "기록하여라, 이 말은 확실하고 참된 말이다" 하고 말씀하셨습니다. (묵시 21:1~5)

순간이지만, 그때 우리는 거룩한 신비를 엿보았다. 우리는 핀

터레스트Pinterest가 널리 사용되기 전에 결혼했기 때문에 즉석 사진 촬영 부스나 유리병, 검은 콧수염이 달린 막대기 같은 소품과 이벤트가 없었다.* 사진 기사가 우리를 예배당 앞에 세우고 마치 현상수배범 사진을 찍듯 계속 사진을 찍었을 뿐이다. 그때 우리는 낡은 액자 안에서 포즈를 취하거나 오래된 픽업트럭 앞에서 결혼사진을 찍을 생각을 하지 못했다. 우리는 가난했고 보수적인 복음주의 그리스도교인으로 삶을 시작했다. 종잡을 수는 없지만 지금까지는 행복하다. 댄 덕분에 나는 교회를 떠나 다시 교회를 찾는 이 여행이 외롭지 않았다.

대부분의 복음주의 그리스도교 부부가 그러하듯 우리는 약혼할 때부터 신혼 생활을 할 때까지 수많은 (그리스도교인이 쓴) 결혼 서적을 선물로 받았다. 그중 가장 쓸모없던 책들은 여성과 남성의 차이를 일반화하는 발언으로 시작해 부부의 성차별적인 역할 분담을 행복한 가정의 비결로 소개한 책들이었다. 이러한 책들은 대체로 특정 성경 구절들을 인용해 성경은 가부장제를 지지한다고 강조했으며 남편은 아내를 소유하지는 않지만, 의사결정권은 남편만 갖고 있으며 부부의 외식 장소, 다니는 교회 등을 모두 남편이 선택해야 한다는 내용을 상냥한 문체로 써 놓았다. 또한 가부장제라는 규범을 따라 각자 자신이 맡은 역할에 최선을 다한다면, 즉 남편이 앞에서 이끌고 아내가 열심히 뒷바라지한다면, 남편이 돈을 벌고 아내는 집을 지키며 양육을 담당하면 만사가 형통할 것이라고 이

---

* 이용자가 스크랩하고자 하는 이미지를 포스팅하고 다른 이용자와 공유하는 소셜 네트워크 서비스다. 결혼식, 생일파티 등의 이벤트에 자주 활용된다.

야기했다. 하지만 우리는 같이 살면서 전혀 다른 내용을 발견했다. 결혼은 미리 쓰인 각본처럼 진행되지 않는다. 결혼은 함께 삶을 이루어가는 것이다. 결혼은 차차차 노래에 맞춰 완벽하게 움직이는 춤이 아니다. 결혼은 손과 가슴을 맞대고 천천히 움직이는 느린 춤이다. 결혼은 단순명료한 공식으로 환원되지 않는다. 결혼은 신비다. 몇 권의 그리스도교 결혼 서적은 우리가 결혼이라는 모험을 준비할 수 있도록 도움을 주었는데 그 책들은 대체로 결혼이 때로는 즉흥적이고, 때로는 타협해야 하며, 살아가면서 서로에게 배우는 과정임을 강조했다. 심지어 독신으로 살았고 독신주의를 옹호했던 바울조차 에페소인들에게 보낸 편지에서 말했다.

> 이와 같이 남편 된 사람들도 자기 아내를 제 몸같이 사랑해야 합니다. 자기 아내를 사랑하는 것은 자기 자신을 사랑하는 것이 아니겠습니까? 도대체 자기 몸을 미워하는 사람은 없습니다. 오히려 자기 몸을 기르고 보살펴 줍니다. 그리스도께서도 교회를 기르시고 보살펴 주십니다. 우리는 그리스도의 몸의 지체들입니다. … 참으로 심오한 진리가 담겨져 있는 말씀입니다. 나는 이 말씀이 그리스도와 교회의 관계를 말해 준다고 봅니다.
>
> (에페 5:28~30, 32)

많은 사람이 이 편지를 가부장적인 위계에 기반을 둔 부부의 성 역할을 지지하는 근거로 쓴다는 것은 아이러니다. 특히 대표적인 구절로 쓰이는 것은 "아내 된 사람들은 주님께 순종하듯 자기 남편에게 순종하십시오"(에페 5:22)라는 바울의 권면이다. 바울의 이러한 권면은 기원후 1세기 그리스-로마 가정의 (아내'들', 자녀, 노예들을 다스리는 가장의) 전형적인 모습을 보여준다. 수 세기 전까지 그리스도교인들은 편지의 시대적인 맥락을 무시하고 이 편지를 노예 제도가 하느님의 뜻이라는 주장을 뒷받침하는 데 썼다. 오늘날 어떤 그리스도교인들은 이제 이 편지를 가지고 남성과 여성을 차별하는 것이 하느님의 뜻이라는 주장을 펼친다.

하지만 에페소인들에게 보낸 편지를 비롯해 신약성경에 기록된 신자의 가정에 대한 교훈들은 특정한 가정 구조를 강조하지 않으며 그보다는 (사회적 계층과 신분, 배경을 막론하고) 예수님을 본받아 살아야 한다는 데 초점을 맞춘다. 남편은 노예에게 친절을 베풀고, 아이를 보살피며 아내를 사랑해야 한다(에페 5:25~28, 6:4,9). 노예는 열심히 일할지라도 자신의 궁극적인 충성과 복종은 주인이 아니라 하느님에게 바쳐야 하며, 그리스도의 고난을 기억하며 위로를 얻는다(6:5). 아내와 남편은 예수 그리스도의 사랑이 담긴 희생을 본받아 서로를 존경하고, 사랑하고, 인내하면서 서로에게 순종해야 한다(5:21~33).

바울은 편지에서 기원후 1세기 그리스-로마 가정 구조가 인류의 번영에 가장 적합하다거나 하느님께서 모든 사람이 이루기를 바라시며 짜두신 최선의 모습이라고 말하지 않았다. 애초부터 그는 이러한 질문들에 신경 쓰지 않았다. 대신 바울은 신자들이 예수님을 닮으려 애쓰며 사람들과 사귀고, 남편과 아내가 사랑으로 서로를 섬기며 서로에게 순종한다면, 그들은 그리스도의 꺼지지 않는 사랑이 담긴 희생과 장차 완성될 사랑의 연합이라는 놀라운 신비를 엿볼 수 있음을 설명하려고 했다.

결혼이라는 '제도'가 성스러운 것이 아니다. 결혼은 정부가, 사제가, 심지어는 교회가 마법 같은 것을 부려서 거룩해지는 것이 아니다. 결혼은 우리의 삶을 통해 생명을 주시고 자기 자신을 내어 주신 예수님의 사랑을 비출 때 성스럽게, 거룩하게, 성사로 변하는 관계다. 결혼, 우정, 독신, 부모, 협력, 목회, 수도 서원, 입양, 이웃, 가족, 교회 등 모든 관계와 소명은 그리스도교인에게 하느님 나라의 은총과 평화를 비출 기회를 제공한다. 설사 우리가 하느님 나라를 왜곡하고 우리가 드러내는 하느님 나라의 모습이 불완전하고 미천하다 할지라도 말이다. 하느님과 하객들 앞에 선 두 사람은 단순히 그때 그곳에서만 유효한 서약을 하는 것이 아니라 평생에 걸쳐 그리스도를 따라 서로를 사랑하고 서로에게 순종하겠다는, 놀랍고도 신비로 가득 찬 맹세를 한다. 그러한 면에서 결혼의 서약은 언제나 한결같이 교회를 사랑하시는 예수님의 모습을 닮았다. 알렉산더 슈메만은 썼다.

> 우리는 결혼의 진짜 주제와 '내용'과 목적이 '가족'이 아니라 '사랑'임을 깨달아야 한다. … 우리 중에는 결혼한 이들도 있고 그렇지 않은 이들도 있다. 어떤 이들은 사제와 목사로 부름받았고, 어떤 이들은 그렇지 않다. 그러나 결혼이나 사제 서품이라는 성사는 모두 우리와 관계된 일이다. 둘 모두 우리의 삶이 소명임을 강조하기 때문이다. 모든 소명의 의미, 본질, 목적은 바로 그리스도

와 그분의 교회라는 신비다.[1]

빵과 포도주를 나누는 식사처럼 결혼은 지극히 평범하고 일상적인 상황이다. 그러나 하느님께서는 이 상황을 당신께서 우리의 삶으로 들어오시는 통로로 바꾸신다. 그러므로 우리는 결혼이라는 '제도'를 우상화해서도 안 되고, 결혼이 하느님 나라의 통로로 사용될 수 있다는 가능성을 간과해서도 안 된다. 전통적인 성 역할을 반영하면서 정해진 규칙과 주어진 임무를 따르고, 문화적인 규범과 기대를 만족시키는 것만으로 결혼은 거룩해지지 않는다. 두 사람이 서약한 삶 속에서 그리스도의 사랑이 나타날 때 결혼은 거룩해진다. 그렇기에 결혼은 함께 살면서 할 수 있는 가장 어렵고도 가장 커다란 기쁨을 가져다주는 활동에 대한 두 사람의 서약이자 맹세다.

성찬이 우리에게 예수님의 인간됨을 상기시키듯, 사랑에 빠졌을 때 일어나는 긴장과 갈급함은 하느님을 향한 우리의 갈망과 우리를 향한 하느님의 열망을 상기시킨다. 구약성경과 신약성경은 곳곳에서 두 사람의 사랑이라는 은유를 쓴다. 하느님과 이스라엘의 관계, 하느님과 교회의 관계, 하느님과 세상의 관계 등을 통해 하느님과 우리가 맺는 사랑과 헌신의 언약은 곧잘 결혼 관계로 표현된다. 우리를 향한 하느님의 열망은 창세기부터 요한의 묵시록까지 아름다운 노래가 되어 성경을 가득 채운다.

---

[1]   Alexander Schmemann, *For the Life of the World*, 89.

나를 알아보는 마음을 주어, 이런 일을 하는 것이 나 야훼인 줄 알게 하겠다. 그리하면 이 백성이 진심으로 나에게 돌아와 내 백성이 되고 나도 그들의 하느님이 되리라. (예레 24:7)

피상적이고 헛된 향락에 이끌린 하느님의 백성이 언약을 저버렸을 때도 하느님께서는 우리를 위해 진실하게 약속을 지키셨고 오히려 언약의 완성을 가로막는 모든 장애물을 치우셨다. 그분께서는 우리와 같은 인간이 되셨고 우리의 가장 추악한 면을 떠안으셨다. 그분은 십자가를 지심으로 우리를 사랑하셨고, 무덤에서 나오시고 나서도 우리를 계속 사랑하신다. 결혼에 빗대자면 그리스도는 교회라는 신부를 맞이하는 신랑이시며, 신부를 위해 성대한 결혼식을 준비하고 계신다. 그리고 결혼식이 끝나면 온전한 사랑의 연합을 이룰 것이다. 결혼식에서 하객들은 이렇게 노래할 것이다.

이제 하느님의 집은 사람들이 사는 곳에 있다. 하느님은 사람들과 함께 계시고 사람들은 하느님의 백성이 될 것이다. 하느님께서는 친히 그들과 함께 계시고 그들의 하느님이 되실 것이다.

(묵시 21:3)

성경에 나오는 은유들에 지나치게 집중하다 보면 은유는 오히려 문맥을 어지럽히고 본문의 뜻을 파악하지 못하게 할 수 있다. 성경의 은유는 다른 모든 은유가 그러하듯 어디까지나 은유일 뿐이다. 은유는 달이 아니라 달을 가리키는 손가락일 뿐이다. 이 모든 은유가 궁극적으로 가리키는 것은 바울이 지금은 우리가 "거울에 비추어보듯이 희미하게"(1고린 13:12) 볼 뿐이라고 말한 거대한 신비, 궁극적인 현실이다. 우리 한 사람 한 사람에게 있는 가장 거대한 갈망은 우리가 온전히 알려지는 것, 그리하여 온전히 사랑받는 것이다.[2] 그리고 놀랍게도, 하느님께서도 우리를 향하여 같은 열망을 갖고 계시다. 그분께서는 우리가 당신을 온전히 알고 온전히 사랑하기를 바라신다. 그리고 그분께서는 당신의 열망을 이루시기 위하여 모든 문제를 손수 해결하시겠다고 우리에게 약속하셨다. 하느님께서는 사랑의 완전한 연합을 위해 죽음까지도 견뎌내셨다. 바로 그렇기에 우리가 맺은 관계를 통해 우리의 본모습을 적나라하게 드러낼 때, 그렇게 노출된 모습에도 불구하고 사랑을 받고 있음을 경험함으로써 기쁨, 황홀함, 깊은 안정감을 느낄 때 우리는 하느님께서 언제나 우리를 향해 품고 계시는 사랑을 조금이나마 맛본다. 혹은 순간적으로나마 엿본다. 그리고 그때 우리는 우리 또한 하느님께 같은 사랑을 품기를 갈망한다.

정교회는 대관식 때 왕관을 씌우는 전통을 통해 이러한 신비를 아름답게 묘사한다. 알렉산더 슈메만은 약혼식betrothal과 대관식the crowning이라는 두 가지 특별한 예식이 정교회 결혼예식의 핵심을 이룬다고 말한다. 약혼식은 예배당이 아니라 세상과 가장 가까운 곳인 성당 현관에서 거행됨으로써 결혼의 사회적이고 법적인 차원을 인정한다. 여기서 부부는 반지를 교환하고 사제는 부부를 축복

---

[2] 팀 켈러 또한 비슷한 논의를 전개한다. 『팀 켈러, 결혼을 말하다』(두란노)

한다. 이렇게 약혼식이 끝나면 그들은 교회로 들어간다. 일생일대의 행렬이 엄숙하게 시작된다.

> 이것이 성사의 참된 형태다. 왜냐하면 이 행렬은 단순히 결혼이 교회 안으로 들어오는 것을 상징하는 것일 뿐 아니라, 세상이 "장차 올 세상" 속으로 들어가는 것, 그리스도를 통해, 그리스도 안에서 하느님의 백성이 하느님 나라 속으로 들어가는 것이기 때문이다.[3]

부부는 교회 안에서 왕관을 쓴다. 대부분의 경우, 왕관들은 같은 크기다(새로운 가정을 함께 "다스리기" 때문이다). 신랑과 신부의 곁에 있는 사람들이 부부의 머리 위로 왕관을 치켜드는 동안 사제는 외친다. "오 주 하느님, 이들에게 영광과 존귀의 관을 씌우소서!"

왕관은 모든 가정이 작은 나라라는 사실을, 그리고 수억 개의 작은 나라들은 세상에서 예수님의 나라를 대표할 수 있다는 사실을 알려준다. 처음 된 자가 나중 되고, 나중 된 자가 처음이 되는, 가난한 자와 병자가 환대받는, 온유한 자와 평화를 위하여 일하는 자의 집이 되는, 겸손한 자와 자기의 목숨을 내어주는 자가 영원히 다스리는 하느님의 나라를.

결혼 예식에서 왕관은 여기에 한 작은 나라가, 하느님의 나라를

---

[3]   Alexander Schmemann, *For the Life of the World*, 89.

닮은 무언가가 될 수 있는 나라가 이제 시작됨을 표현한다. 물론 이 기회는 상실될 수 있다. 심지어는 단 하룻밤 만에 그렇게 될 수도 있다. 그러나 지금 이 순간 이는 여전히 열린 가능성이다. 아니, 수천 번 상실되었다 하더라도, 두 사람이 함께 머무는 한, 그들은 언제까지나 서로에게 왕이자 왕비다.[4]

몇 번의 기도와 설교가 끝나면 사제는 부부의 머리 위에 쓰인 왕관들을 벗겨 제대 위에 놓고 기도한다. "이들의 왕관들이 하느님의 나라에 들어가게 하소서."

이제 왕관들은 부부와 부부의 가족, 하객, 사제, 심지어 이 결혼식에 함께하시는 하느님에게 "'이 세상' 모든 것의 궁극적 실재(이 세상의 외형은 지나간다)인 그 나라, 그 실재의 성사적 표징과 예기豫期가 된다".[5] 그들은 모두 함께 거룩한 신비를 엿본다.

댄과 내가 결혼한 지도 11년이 되었다. 우리의 결혼 생활은 때때로 하느님 나라를 닮을 때도 있고 그렇지 않을 때도 있다. 우리는 때로 환희와 은총으로 우리의 머리 위에 왕관을 쓴다. 때로는 서로의 머리 위에 놓인 왕관을 빼앗으려 싸우기도 한다. 하지만 우리의 결혼을 성스럽게, 즉 거룩하게 구별된 성사로 만드는 것은 지하실 어딘가에 있는 결혼 증명서 서류나 우리에게 주어진 규칙, 역할이 아니라 접시를 닦고, 농담을 나누고, 친구들을 식사에 초대하고, 아플 때 서로의 곁을 지키고, 의견 충돌과 다툼을 헤쳐나가는

---

4   위의 책, 89.
5   위의 책, 91.

일상에 나타나시는 하느님이다. 우리의 결혼이 거룩한 이유는 함께하시는 하느님을 알아차리고 그분께 주의를 기울일 기회를 주기 때문이다. 결혼은 모든 것을 새롭게 만드시는 부활의 하느님의 활동을 보여주는 길이다.

제36장

몸

여러분은 다 함께 그리스도의 몸을 이루고 있으며
한 사람 한 사람은 그 지체가 되어 있습니다.

- 고린토인들에게 보낸 첫째 편지 12:27

교회는 창녀지만, 그래도 내 어머니이다.

이 말은 아우구스티누스Augustine가 했다고 전해지지만, 정확한 출처는 아무도 모른다. 내게 누가 이런 말을 했을까 묻는다면 다른 것은 몰라도 남성이 쓴 것이 분명하다고 답할 것이다. 그리고 그다지 상상력이 풍부한 사람은 아닐 것 같다는 말도 덧붙일 것 같다. 물론 나는 위의 말이 전달하고자 하는 내용에 동의한다. 교회는 숱

하게 길을 잃었고 배반을 일삼았지만 동시에 교회는 우리에게 새로운 삶을 주었고 우리를 먹였고 우리를 하느님의 자녀라고 불러주었다. 다만 여성으로 불리는 교회에 대해 남성들이 신학적인 해석을 가하여 어떤 결론을 끌어낼 때 그 결론은 어느 정도 예측가능한 범주(처녀Virgin, 창녀Whore, 어머니Mother)로 끝난다. 하지만 여성이 여성인 교회에 대해 말한다면 어떨까? 몸으로, 때로는 신부로 표현되는 교회에 대해 여성은 어떻게 말할까?

어떤 여성은 이 세상을 살아가는 자신의 몸에 빗대어 교회에 관해 이야기할지 모른다. 여성은 언제나 변하며 완전치 못하다. 그러나 여성의 몸은 (단순히 자궁을 통해서가 아니라 손과 발, 눈과 목소리, 뇌를 활용해) 생명을 양육한다. 여성의 몸을 이루는 모든 부분에는 성스럽고 각기 고유한 역할과 기능이 있다.

어떤 여성은 불가능한 기대에 대해, 즉 온갖 잡지와 광고판이 무언으로 강요하는 바에 응하려 얼마나 많은 시간을 소모했는지를 말할지도 모른다. 혹은 남성들이 얼마나 오랫동안 '순결'이라는 이상한 개념을 가지고 여성을 판단했는지, 그들만의 기준과 목록을 가지고, 그들이 주고 빼앗을 수 있는 상태로서 저 개념을 남용했는지를 말할지도 모른다.

어떤 여성은 결혼식 날 거울에 비친 자신의 모습을 보고 얼마나 새삼스럽게 놀랐는지를 이야기할지도 모른다. 혹은 잔뜩 부은 유방과 계속되는 헛구역질, 더러운 기저귀와 아기의 첫걸음마, 늦은 밤 오가는 성난 목소리와 새로운 생명을 이 세상에 들이기 전까지는 상상하지 못했던 걱정과 근심을 이야기할지도, 매혹적이지는 않지만 형언할 수 없을 만큼 아름다운 생명을 낳는 경험을 이야기할지도 모른다.

어떤 여성은 자신이 여성이라는 이유만으로 과소평가를 당했던 일을, 혹은 반대로 자기 자신뿐만 아니라 다른 사람들을 놀라게 한 일을 이야기 할지도 모른다. 자신에게 고유의 힘과 능력이 있음을 발견하고 놀란 경험, 자신의 망각, 두려움, 피로, 약함 등을 발견하고 불안에 떤 경험을 이야기할지도 모른다.

어떤 여성은 산 정상 바위 위에 맨발로 서서 크게 숨을 들이쉬고 내뱉는 순간, 신체의 모든 세포가 다 같이 고개를 끄덕이면서 함박웃음을 지었던 순간에 '나는 살아있어! 나는 생명으로 가득 차있어!' 하고 깨달음을 얻었던 이야기를 할지도 모르겠다. 이 이야기를 한다면 그녀는 이를 얼마나 쉽게, 자주 잊어버리는지도 이야기할 것이다.

어떤 여성은 자신을 규정하는 그 어떤 범주와 표현도 자신을 다 담아내거나 자신의 참모습을 묘사하지 못한다고 말할지 모른다. 교회가 진정으로 인간의 몸, 혹은 신부와 같다면 우리는 바바라 브라운 테일러가 말한 "살을 입히는 연습"을 해야 할 필요가 있다.

> 당신이 아프든 건강하든, 사랑스럽든 그렇지 않든, 당신의 영적 건강을 위해 옷을 다 벗고 거울 앞에서 이렇게 말할 때가 올 것이다. "내가 여기 있어. 내 몸은 누구의 몸과도 같지 않아. 나는 여기 있고 이곳이 내 영혼의 집이야." 주위를 잘 살피고 모든 것을 곰곰이 생각해보면, 많은 것에 감사하는 마음이 생길 것이다. 우

리 몸은 상처를 입기 쉽다. 그러나 우리 몸은 스스로 회복한다. 더 놀라운 기적은 아이를 낳는다는 것이다.[1]

그녀는 자신이 이렇게 생각하고 말할 때 혐오가 아닌 감사의 마음을 갖게 된다고 고백했다. 자, 이제 거울을 보라.

이것이 바로 교회다. 여기, 교회가 있다. 사랑스럽고, 범상치 않고, 때로는 아프고 때로는 건강하다. 하느님께서 만드시고 빚으시고 세상에 두신 것 중에 이 몸과 같은 것은 그 어디에도 없다. 예수님이 여기에 살고 계신다. 이곳은 그분의 영혼이 머무는 곳이다. 이것저것 다 따져보면, 교회에게 감사할 것은 많다. 교회는 참으로 많은 고생을 겪었다. 매일 그녀는 지옥의 문을 만나고 매일 승리를 거둔다. 매일 그녀는 섬기고, 넘어지고, 상처를 주고, 고친다. 교회가 치유받았다는 건 지극히 과소평가된 기적이다. 그녀가 수많은 생명을 낳는다는 건 우리의 상상을 뛰어넘는 기적이다. 어쩌면 이제 교회와 화해할 시간일지도 모른다. 어쩌면 허물투성이인 그녀를 감싸 안아야 할 시간일지도 모른다.

거울에 비친 내 모습을 보면서 미소 짓듯 이제는 교회를 보며 미소로 반겨야 할 시간이 왔는지도 모르겠다. 교회에 관해 이야기할 때마다 가장 어려운 점은 우리 스스로가 교회에 대한 진실을 듣거나

---

[1]   Barbara Brown Taylor, *An Altar in the World*, 38.

보고 싶어 하지 않는다는 것이다. 분명 교회는 수많은 상처를 입힌다. 눈살을 찌푸리게 하는 추하고 일그러진 모습을 보일 때도 많다. 그러나 때로는 탄성을 자아낼 만큼 굳건하다. 이 모든 것을 직시할 때, 엉망진창이지만 아름다운 몸이 지금 우리 자신에게 충분하다는 진실을 받아들일 때, 우리가 이 세상을 헤쳐나가 그리스도의 품에 안길 때까지 우리는 교회로 충분하다는 진실에 눈을 뜨게된다. 교회는 단순히 어머니나 창녀가 아니다. 교회는 온전한 의미에서의 여성이다.

제37장

하느님 나라

신앙은 올바른 이야기를 통해 우리에게 찾아온다.

- 마이클 궁거Michael Gungor

예수님은 교회에 관해 그리 많은 이야기를 하지 않으셨다. 대신 그분은 하느님 나라에 관해 많이 이야기하셨다. 하느님의 나라는 작은 겨자씨가 자라 수많은 새가 둥지를 트는 크고 넓은 나무가 되는 것과 같다고 말씀하셨다. 그분은 하느님 나라가 숨겨진 보물이고, 성대한 잔치이며 갑작스레 많은 물고기를 낚은 그물과 같다고도 말씀하셨다. 예수님은 하느님 나라가 바로 여기 있다고 하셨다. 하느님 나라는 여기 있지만 보이지 않고, 모든 곳에 있지만 모든 것을 초월한다고 말씀하셨다. 하느님 나라는 우리가 죽을 때 가는 장소가 아니라 바로 우리 가운데, 그리고 우리 너머로 보이는 '이미'과 '아직'의 공간이라고 말씀하셨다. 하느님 나라는 무성한 가지 사이로 자라나는 밀과 부풀어 오르는 누룩, 단단한 껍질 안에 자라나는 진주와 같다고 말씀하셨고, 눈 깜짝할 순간이면 우리 앞을 지나갈 수 있다고도 하셨다. 이를 놓치지 않으려면 우리는 주의를 기울여야 한다.

이때까지 존재했고 존재할 모든 나라와 달리 하느님 나라는 가난한 사람과 평화를 위하여 일하는 사람, 자비를 베푸는 사람과 옳은 일에 주리고 목마른 사람의 것이라고 예수님은 말씀하셨다. 이 나라는 가장 멸시받고 천대당하는 사람을 가장 상석에 앉히고 제일가는 귀빈으로 모신다. 이 나라에는 지리적인 경계도, 정치 집단이나 정당도, 단일 언어나 문화도 없다. 그리고 이 나라는 물리적인 힘과 권력이 아니라 사랑과 기쁨과 평화의 행동을 통해, 자비와 친절과 겸손의 섬김을 통해 커진다. 이 나라는 커다란 나팔소리가 아닌 한 아이의 울음소리로, 적을 말살하는 대신 적을 용서함으로, 군마의 등 위에서 수많은 군대를 이끄는 것이 아니라 홀로 당나귀를 타고, 함성이 땅을 메우는 정복이 아니라 죽음과 부활을 통해 우리에게 당도했다.

하지만 예수님은 장차 올 하느님 나라는 여전히 우리에게 보여줄 것이 많다고 하셨다. 그래서 우리는 우리 눈에서 모든 눈물이 씻길 그날을, 정의가 영원히 굽이치는 강처럼 흐를 날을, 모든 족속, 모든 나라의 사람이 평화롭게 살 날을, 죽음이 없을 그날을 기다린다. 예수님은 그 무엇보다 하느님 나라의 복음을 많이 이야기하셨다. 그분은 복음서에서 복음을 100번도 넘게 말씀하셨지만, 교회는 단 2번 언급하셨을 뿐이다. 그리고 (예리한 독자들은 눈치를 챘겠지만) 예수님이 말씀하신 '교회'와 '복음'의 빈도는 사도들과 제자들이 쓴 사도행전과 서신에서 뒤집힌다. 사도행전과 서신에서 우리가 교회라고 번역하는 그리스어 단어 에클레시아ἐκκλησία는 수백 번 언급되지만, 하느님 나라라는 말은 전혀 찾아볼 수 없다. 이와 관련해 알프레드 로와지Alfred Firmin Loisy는 유명한 말을 남겼다.

> 예수는 하느님 나라가 도래했다고 가르치셨지만, 이 땅에 생겨난 것은 교회였다.

물론 이러한 문헌상의 불일치는 충분히 설명할 수 있다. 서신은 편지이기 때문에 복음을 전하기보다는 사역에 초점을 맞추고 있었다. 좀 더 구체적으로 말하면 서신의 저자들은 예수님의 통치에 관해 이야기하기보다는 예수님의 통치를 이미 받아들인 공동체의 구성원들이 함께 살아가는 구체적인 방법에 더 많은 관심을 가지고 글을 썼다. 베드로와 바울과 야고보와 요한은 하느님의 나라를 이야기하지 않지만, 하느님 나라를 구현하신 예수 그리스도를 자주 언급한다. 그리고 그들은 초대교회 신자들이 자신들이 처한 상황에서 어떻게 예수님의 가르침을 받아들이고 살아냈는지 생생하게 묘사한다(어떻게 바라보아도 초대교회 신자들의 노력은 흐트러지고, 제멋대로이고, 오르락내리락하고, 실수가 가득하고, 찬란하게 아름다웠다).

역사를 거쳐 교회가 저지른 좋지 않은 일들, 교회가 파괴하고 망쳐버린 모든 것을 떠올려보면, 하느님 나라와 얼마나 달랐는지를 생각해보면 예수님이 우리와 부당한 거래를 하신 것은 아닌가 하는 의구심이 들어도 이상하지 않다. 먹음직스러운 하느님 나라라는 미끼로 우리를 낚고 그 대신 우리에게 교회를 떠맡기셨다고 말이다.

이 책의 제목을 무엇으로 할까 고민하면서 나는 SNS를 통해 사람들의 도움을 요청했다. 한 독자는 이 책의 제목으로 '예수님은 천국으로 돌아가시면서 이렇게 형편없는 교회를 남기셨어요'를 추천했는데, 수많은 '좋아요'가 달렸다(내가 자초한 일임을 인정한다).

그렇지만 예수님은 베드로, 예수님처럼 물 위에서 걸으려다가 빠졌던 그 베드로, 예수님이 받으실 고난을 부정하고 역정을 내다가 사탄이라고 혼쭐난 그 베드로, 평화의 복음을 전하셨던 예수님을 3년 동안 따라다녔으면서도 칼로 종의 귀를 베어버린 그 베드로, 예수님이 붙잡히시자 그분을 모른다고 3번 부인한 바로 그 베드로에게 말씀하셨다.

> "잘 들어라. 너는 베드로이다. 내가 이 반석 위에 내 교회를 세울 터인즉 죽음의 힘도 감히 그것을 누르지 못할 것이다."
>
> (마태 16:18)

교회를 뜻하는 에클레시아는 회의나 전쟁을 위해 시민들을 소집하는 것에서 기원한다. 구약과 신약성경은 집회에 모인 하느님의 백성을 언급할 때 이 단어를 사용했다. 그러므로 교회는 본질적으로 하느님 나라의 시민들이 모이는 집회다. 신자들은 저마다의 개성을 지닌 개개인의 모습에서, 죄에서, 이전 행위와 모습에서, 세상의 방법과 규칙에서 벗어나서 서로 함께하는 하느님 나라라는 공동체로 들어간다.

나는 하느님 나라에 어떻게 참여하는지 정확하게 알지 못한다. 하지만 어떠한 식으로든 홀로는 그리스도교인이 될 수 없다. 좋든 싫든 예수님을 따르는 것은 함께하는 공동체 활동이다. 물론 교회 예배당이나 제도화된 종교라는 틀 안에서 언제나 이런 활동이 일어나지는 않는다. 그러나 밖으로 나가 제자를 삼으려면, 우리의 죄를 고백하려면, 빵을 떼고 나누려면, 성령의 활동에 주의를 기울이려면, 말씀을 선포하려면, 우리에게는 서로가 필요하다.

교회는 하느님 나라와 같지 않다. 조지 엘던 래드George Eldon Ladd 는 말한다.

> 하느님의 나라는 하느님의 통치이자 그분의 통치로부터 나오는 복을 경험하는 공간이다. 교회는 하느님의 통치를 경험하고 그 복을 누리는 이들의 모임fellowship이다.[1]

교회와 성사의 목적은 이 세상에게 하느님 나라를 엿볼 기회를 나눠주고 그 방향을 가리키는 것이다. 우리가 하느님 나라의 모습을 일상적인 모습에 입힐 때 우리는 우리의 물과 포도주, 섬김, 결혼

---

[1]   George Eldon Ladd, *The Presence of the Future*, 262.

과 우정, 잔치, 아픔과 용서가 거룩해질 수 있음을, 이들이 우리 너머에 있는, 우리 위에서 우리를 비추는 영원한 빛을 알려준다는 것을, 그 빛은 모든 것에 의미를 가져다주는 놀라운 신비라는 것을 깨닫게 된다. 하느님 나라를 닮은 무언가를 이 땅에서 이루고자 할 때 우리는 우리의 삶을 성사로 빚는다. 결혼은 서로 나누는 사랑과 순종으로 가득할 때 성사가 된다. 성찬은 부자와 가난한 자, 주류와 비주류, 죄인과 의인이 모두 동등하게 주님의 식탁에 참여할 때 성사가 된다. 지역 교회는 처음 된 자가 나중이 되고 나중 된 자가 처음이 되는, 목마르고 굶주린 자가 만족을 얻는 장소로 존재할 때 성사가 된다. 보편 교회는 지정학적 경계와 정치적인 입장, 지배적인 문화와 언어에 종속되지 않고 권력과 힘 대신 사랑, 기쁨, 평화의 활동과 자비와 친절과 겸손의 섬김을 이어갈 때 성사가 된다.

이렇게 볼 때 교회는 예수님께서 말씀하신 하느님 나라를 창조적으로 담아내는 그릇, 우리의 고유한 해석과 은유를 몇 가지 더할 수 있는 도화지가 된다. 우리는 하느님 나라가 브루클린의 성 리디아 교회처럼 낯선 사람들이 한자리에 둘러앉아 먹고 마시며 예수님을 기억하는 곳이라고 말할 수 있다. 우리는 하느님 나라가 덴버의 피난처 교회처럼 중독자와 학자, 빈곤층과 중산층이 함께 모여 자신의 진실을 낱낱이 고백하는 곳이라고 말할 수 있다. 우리는 하느님 나라가 가시밭 농장처럼 학대당했던 여성들이 서로 도우며 치유를 얻는 곳이라고 말할 수 있다. 우리는 하느님 나라가 '더 코브'처럼 동성애자라는 이유로 신자 두 명을 내쫓기보다 차라리 다 같이 죽음을 선택하는 곳이라고 말할 수 있다. 하느님 나라는 테네시주 클리블랜드에 있는 성 루크 성공회교회처럼 단지 가끔 얼굴을 비치는 것만으로 사랑을 내어주는 곳이라고도 말할 수 있다.

물론, 그럼에도 불구하고 하느님 나라는 여전히 온전히 잡히지 않는 신비로 남는다. 하느님 나라는 지금 여기 있지만 아직 오지 않았다. 무엇을 의미하는지 정확히 알 수 없지만 온전한 사랑의 연합이 아직 우리를 기다리고 있다. 그날이 오기까지 우리 모두에게 주어진 것은 비유와 은유다. 우리에게는 "이미"와 "아직", 그리고 길가의 예배당이 있다. 우리에게는 불완전한 세상에서 최선을 다해 자신에게 들어온 은총을 밖으로 드러내고자 몸부림치는 사람들이 있다. 즉, 우리에게는 교회가 있다. 이 형편없고 더럽지만, 아름답고 영광으로 가득 찬 이 교회는 하느님의 은총으로 우리에게 충분하다.

맺으며

어둠

새벽이 오는 시간을 모르는 나는 문을 모두 열어놓았다.

- 에밀리 디킨슨

이제 마지막에 이르렀다. 참으로 절묘하게도 이 글을 쓰는 시점
은 일요일 새벽이다. 집은 조용하고 창밖은 아직 어둡다. 복도 반
대편에 있는 침실에서 댄의 코 고는 소리가 들리고 나는 부지런히
키보드를 두드린다. 내가 이 글을 편집자에게 넘기면 한동안 밤샘
작업은 하지 않아도 될 것이다. 신기하게도 집 밖에서 흉내지빠귀
가 자정부터 새벽 세 시까지 울었다. 새는 마치 뉴욕 필하모닉 오
케스트라와 협연하는 가수처럼 소리를 드높여 노래한다. 왜 그럴
까. 모두가 깊은 잠에 빠진 시간에 우는 새는 뇌에 이상이 있는 걸

까. 아니면 우리가 모르는 어둠의 의미를 알고 있는 것일까.

하지만 이제는 새마저 노래하지 않는다. 어둡고 무거운 적막이 흐르는 시간, 밤은 짙은 암흑을 머금은 채 바다처럼 넓게 퍼지고 낮의 열기와 색채는 자취를 감춘다. 역사 속 그리스도교인도 이렇게 어둠의 절벽 위에 서 있었을 것이다. 부활을 기다리면서도 부활을 의심하고, 부활이 일어나지 않으면 어떻게 될까 걱정하면서 발 아래로 보이는 죽음의 골짜기를 바라보았을 것이다. 교회를 찾아 헤매는 순례자는 빛을 향해 나아가면서도 자신의 삶이 어둠 속에 잠긴 채 끝날지도 모른다고 불안해했을지도 모른다.

하지만 이 책에 기록한 내용을 삶으로 겪으면서 배운 것이 있다면 일요일 아침은 언제나 우리가 미처 눈치채지 못한 사이에 슬그머니 찾아온다는 것이다. 새벽과 부활, 한 올씩 진홍빛 띠를 띄우며 올라오는 태양이 그렇다. 우리는 나팔 소리가 크게 울려 퍼지는 영예로운 승리자의 행진을 기대하지만, 하느님께서는 (언제나 그러하셨듯) 그저 그렇고 평범한 것들, 빵과 포도주, 물, 말words, 질병과 치유, 죽음과 나무 구유, 어머니의 자궁과 빈 무덤을 통해 나타나신다. 교회는 단순히 당신이 가입한 공동체가 아니며 당신이 이르게 된 특정한 공간도 아니다. 교회는 누군가 우리의 어깨를 두드리며 귀에 속삭일 때 나타나는 사건이다. 그 누군가는 말한다. "주의를 기울여봐. 바로 여기가 거룩한 땅이야. 하느님께서는 바로 여기에 계셔."

어두운 와중에도 하느님께서는 모든 것을 새롭게 하시는 활동을 분주히 이어가신다. 그래서 우리는 얼굴을 들고, 우리 안과 밖에 있는 모든 문을 활짝 열고, (어리석어 보일지라도) 동쪽에 시신의 발을 향하게 하고, 흉내지빠귀가 한밤중에 울어대듯 부활을 기대할 수 있다. 이 부활을 맞이하고, 되새기는 교회는 집의 바로 옆 골목에 있을 수도, 100만 km 떨어진 곳에 있을 수도, 아니면 그 사이 어딘가에 숨어있을 수도 있다. 이제 다시, 찾아 나설 시간이다.

교회를 찾아서

– 사랑했던 교회를 떠나 다시 교회로

초판 발행 ｜ 2018년 10월 25일
지은이 ｜ 레이첼 헬드 에반스
옮긴이 ｜ 박천규

발행처 ｜ ㈜타임교육
발행인 ｜ 이길호
편집인 ｜ 김경문
편　집 ｜ 민경찬 · 양지우
검　토 ｜ 방현철 · 정다운
제　작 ｜ 김진식 · 김진현 · 권경민
재　무 ｜ 강상원 · 이남구 · 진제성
마케팅 ｜ 이태훈 · 방현철
디자인 ｜ 민경찬 · 손승우

출판등록 ｜ 2009년 3월 4일 제322-2009-000050호
주　소 ｜ 서울시 성동구 성수동2가 281-4 푸조비즈타워 1층
주문전화 ｜ 010-9217-4313
팩　스 ｜ 02-395-0251
이메일 ｜ innuender@gmail.com

ISBN ｜ 978-89-286-4413-1 04230
ISBN(세트) ｜ 978-89-286-4375-2 04230
한국어판 저작권 ⓒ 2018 ㈜타임교육